Cᵗ DE CONIGLIANO

UNE FAMILLE

TRADITIONS - SOUVENIRS

VIEUX PORTRAITS - VIEILLES DEMEURES

GÉNÉALOGIES

> « Un de mes amusements, c'est de
> « recueillir tont ce que je puis trou-
> « ver de nos pères et d'en faire une
> « petite histoire généalogique qui ne
> « vous déplaira peut-être pas »
>
> *(Bussy-Rabutin à Mᵐᵉ de Sévigné)*
> *Lettre du 12 Décembre 1670.*

LUNÉVILLE

Imprimerie du « Journal de Lunéville »

1928

UNE FAMILLE

Cᵗᵉ DE CONIGLIANO

UNE FAMILLE

TRADITIONS - SOUVENIRS

VIEUX PORTRAITS - VIEILLES DEMEURES

GÉNÉALOGIES

> « Un de mes amusements, c'est de
> « recueillir tout ce que je puis trou-
> « ver de nos pères et d'en faire une
> « petite histoire généalogique qui ne
> « vous déplaira peut-être pas ».
>
> *(Bussy-Rabutin à Mᵐᵉ de Sévigné)*
> Lettre du 1ᵉ Décembre 1670.

LUNÉVILLE

Imprimerie du « Journal de Lunéville »

—

1928

A tous ceux qui m'ont donné l'amour du Passé,
A tous ceux à qui je voudrais le transmettre.

H. C.

INTRODUCTION

Un ami de Ménage, M. Gaudin, disait qu' « Adam avait
eu moins de plaisir qu'un autre de n'avoir su ni histoire,
ni généalogie, ni blason ».

Je partage l'avis de ce bon M. Gaudin et je plains notre
premier ancêtre d'avoir ignoré tant de plaisirs rares et délicats. Pour moi, j'en ai pris un très vif à réunir dans ces
pages tout ce que j'ai pu recueillir sur ma famille : traditions, souvenirs, notes biographiques et généalogiques. Et
cependant, les éléments qui m'ont servi à composer cette
« petite histoire », suivant l'expression de Bussy-Rabutin,
ont été souvent insuffisants. C'est ainsi que, en ce qui concerne mes ascendants paternels, les documents authenti-
ques antérieurs au xviiie siècle m'ont fait totalement défaut.
Cette regrettable pénurie est due à bien des causes.

Tout d'abord, les Conigliano, dans leurs migrations de
Venise à Strasbourg, de Strasbourg à Lunéville, de Lunéville à Rosières-aux-Salines, puis de Rosières à Epinal et
derechef à Lunéville, ont certainement semé quelques par-
chemins sur les grandes routes.

De plus, mon quatrième aïeul, Marie-Joseph Conigliano,
« marchand et bourgeois de la ville de Strasbourg », qui, au
temps de la Régence, avait une boutique d'épicerie, « au
marché aux poissons, paroisse Saint-Laurent », a bien pu
mettre à contribution son chartrier pour recouvrir ses pots
de confitures et empaqueter sa cannelle.

Enfin, d'autres Conigliano, d'une humeur plus aventu-
reuse, qui s'en allèrent mourir au loin, ont aidé sans doute,

ii

eux aussi, à la dispersion de nos archives. Parmi eux,
Simon-Joseph, lieutenant au régiment de « Nassau-Cavalerie », qui s'en fut chercher fortune aux Indes, à la suite de
Dupleix ; son frère, *Jean-Chrisostôme*, d'abord capitaine au
régiment de « Nassau-Infanterie », puis propriétaire d'une
compagnie suisse au service du roi de Naples ; leur neveu,
Jean-Baptiste-Bernard, colonel de cavalerie, mort en Pologne,
vers 1770 ; le frère de ce dernier, *François-Jean-Chrisostôme*,
conseiller au Parlement de Metz, qui, devenu membre du
Conseil souverain de Saint-Domingue, fut ruiné deux fois
lors des troubles de l'île, capturé par un corsaire anglais et
périt, croit-on, dans un naufrage.

Malgré tant de circonstances défavorables, mon grand-
père possédait encore quelques papiers intéressants. Les
plus importants vinrent en la possession de mon oncle
Eugène, magistrat à Epinal. Ce dernier, après son mariage
avec Mlle Zoé de Montureux, s'en servit pour composer les
notices généalogiques publiées dans « le Livre d'Or de la
Noblesse européenne » et dans « Le Nobiliaire universel ».
Il voulut, plus tard, faire régulariser l'adoption de la particule dont, s'autorisant d'anciennes prétentions de famille,
il avait paré notre nom — prétentions injustifiées d'ailleurs
car l'adjonction de la particule (1) française à un nom patronymique italien est une anomalie. Il déposa, dans ce but,
ses papiers aux archives de l'Etat-civil de Paris, pendant
que la demande qu'il avait adressée au Garde des sceaux
suivait son cours. Cette demande dut être oubliée dans un
carton du ministère, car, à la fin du Second Empire, elle
n'avait pas encore reçu de solution.

La guerre avec l'Allemagne éclata sur ces entrefaites, puis
survint la Commune. Les archives parisiennes furent brû-
lées et, avec elles, ce qui restait de notre chartrier familial.
Ces papiers ne devaient pas être négligeables. Il s'y trouvait,
entre autres, la correspondance d'un Conigliano (Simon-
Joseph ou Jean-Chrysostôme), officier sous Louis XV. Cet

(1) Que de familles, il est vrai, et non des moindres, nous avaient donné le
    mauvais exemple, pour ne citer que les Médicis, les Gondi, les
    Mazarin, les Broglie !

arrière-grand-oncle y racontait à ses parents — je tiens ce détail de ma tante Amélie, qui avait lu ces lettres — qu'il avait été admis à l'honneur d'approcher la Reine, à Versailles, et qu'il en avait reçu des témoignages très particuliers de bienveillance. La Reine, c'était Marie Leszczinska, qui, aux jours sombres de sa jeunesse, avait, princesse errante, reçu l'hospitalité chez mon quatrième aïeul, Marie-Joseph Conigliano, dans sa maison de Wissembourg. Gardant un souvenir reconnaissant de cette hospitalité, elle avait accueilli avec beaucoup de bonne grâce le fils de Marie-Joseph et lui avait promis une lieutenance.

Malgré l'absence de documents sérieux, mon cousin Léopold, fils aîné de mon oncle Eugène, voulut cependant continuer à soutenir nos prétentions à la particule. Bien entendu, il n'eut pas gain de cause. Il mourut, en 1877, à Angoulême, où il dirigeait un journal, laissant des affaires fort embarrassées. Sa succession ne fut pas acceptée par sa sœur, Marie, et si, au moment de sa mort, il avait encore en sa possession quelques débris de nos archives familiales, ceux-ci échouèrent certainement aux vieux papiers.

J'ai pu néanmoins glaner ici et là certains documents relatifs à nos ascendants et reconstituer ainsi un modeste chartrier, qui n'est pas dépourvu d'intérêt.

Si seulement vivaient encore les êtres chers qui, à défaut de documents écrits, possédaient la tradition ! En exprimant ce regret, je pense tout particulièrement à ma tante Amélie, la sœur aînée de mon père. Cette excellente et originale vieille fille était, grâce à sa merveilleuse mémoire, la chronique vivante de la famille.

Le peu que je sais de mes ancêtres paternels, c'est à elle que je le dois. Je l'écoutais avec une curiosité passionnée me raconter les vieilles histoires qu'elle tenait, elle-même, de ses devanciers, « et l'on sait l'empreinte ineffaçable de certains récits d'ancêtres sur les cerveaux des enfants. Ils constituent de vrais poèmes, des espèces de chansons de gestes à l'usage des gamins, une épopée puérile et honnête » (1).

(1) Marcel Boulenger : « Le duc de Morny ».

Les récits de ma tante Amélie, aussi bien que ceux de mon père, de ma mère, de mes oncles L'Hotte, laissaient entrevoir un monde simple et paisible, où la petite noblesse se mêlait à la bourgeoisie aisée. « Rien dans la structure sociale de ce monde ne justifiait l'idée fausse que l'on se fait de la France d'alors, quand on l'imagine symétriquement étagée, séparée en castes tranchées, impénétrables les unes aux autres. Ce préjugé nous vient, sans doute, des historiens qui ont trop exclusivement concentré leur attention sur l'empyrée de Versailles, et aussi de la nécessité politique, qui fit reparaître entre les trois ordres, aux premiers jours de la Constituante, des distinctions personnelles en train de s'effacer dans la pratique journalière. A la fin du xviii⁰ siècle, la pénétration entre les classes était constante. Les vieilles cloisons cédaient sous la poussée des mœurs, l'instinct de sociabilité, le pouvoir grandissant de l'argent. Un bourgeois bien étoffé, pourvu de quelque épargne, achetait une charge et un fief noble, dont il prenait le nom. Ces acquisitions ne lui donnaient pas « la qualité », comme on disait alors, mais elles le faisaient participer aux droits de la classe privilégiée.

Les charges à l'encan étaient innombrables, offices de judicature et d'administration, places honoraires dans la Maison du Roi et dans celles des princes. Il y avait six mille charges de «Secrétaire du Roi », qui conféraient la noblesse. En 1789, lorsque les assemblées provinciales nommèrent leurs députés aux Etats généraux, le nombre des anoblis par les charges y dépassait de beaucoup celui des nobles de race et même des anoblis pour services militaires. En dehors de cette accession légale aux privilèges du premier ordre, la fusion des classes s'accomplissait insensiblement dans les cercles provinciaux par la communauté des intérêts et des plaisirs. Les fortunes ascendantes luttaient d'abord contre la résistance des anciennes vanités ; celles-là imposaient bientôt à celles-ci le pacte éternel que l'orgueil fait avec l'argent... » (1).

____

(1) « Une charretée révolutionnaire », par le Vicomte Eugène-Melchior de Vogüé (Revue des Deux Mondes, 1ᵉʳ sept. 1901).

« En droit, l'inégalité des conditions était réelle. En fait, elle était singulièrement effacée et les mariages en étaient la principale cause... Des alliances nombreuses unissaient les familles commerciales ou industrielles à la noblesse foncière ; celle-ci s'allie aux gens de loi ; ces derniers se mêlent au monde rural d'où ils sortent, et c'est une pénétration mutuelle à tous les degrés de l'échelle sociale » (1).

Toute l'histoire de ma famille paternelle et de ses alliances tient dans ces dernières lignes.

D'après une tradition constante, mais qu'il m'a été impossible de vérifier, les Conigliano auraient été, aux xvi⁰ et xvii⁰ siècles, des armateurs vénitiens. Les sauvages, qui servent de supports à leurs armes (2) semblent justifier cette tradition, en évoquant les pays lointains avec lesquels leur commerce les avait pu mettre en relations. La notice du vicomte de Magny les qualifie de « noble et riche famille qui se distingua dans les guerres d'Italie au xvi⁰ siècle ».

Ayant des preuves de la légèreté avec laquelle fut confectionnée cette notice, je n'ajoute aucune créance à la susdite assertion, qui serait basée sur le fait suivant : un certain Palmaro Conigliano aurait figuré dans « le rôle d'une monstre (revue) passée au port de Ferny, le 23⁰ jour d'avril 1557, de quarante-neuf hommes de guerre, tous bons gentilhommes de Bologne, ayant fourni chacun une paire de bœufs pour le service et le tirage de l'artillerie que le roi de France envoya en Italie pour la Sainte Ligue, dont le chef et lieutenant-général était Mgr le duc de Guise ».

Le document, d'où est tirée cette citation, était de ceux qui disparurent dans l'incendie de l'État-civil de Paris, mais il m'a tout l'air apocryphe. Il avait été procuré à mon oncle Eugène, en 1857, par l'agence du « Collège héraldique », un office de recherches généalogiques qui, dans les dernières années du xix⁰ siècle, avait ses bureaux 50, rue Taitbout.

---

(1) « La Société provençale à la fin du Moyen-Age », par Charles de Ribbe (Nouvelle Revue, juillet 1898).

(2) Conigliano. « D'argent à l'écureuil assis au naturel, au chef de gueules chargé de trois étoiles d'or ».
Supports : deux sauvages, casque à lambrequins aux couleurs de l'écu.

Or, mon oncle, tout en faisant l'acquisition de cette pièce, constatait, dans une lettre que j'ai vue au siège de ladite agence, que « le nom y figurant n'était pas absolument conforme au nôtre ».

Ce qui infirme davantage encore la valeur du document en question, c'est que, m'étant arrêté à Bologne au cours d'un voyage en Italie, je fis des recherches aux archives de cette ville et n'y trouvai pas trace de *Palmaro Conigliano*. J'ai, d'ailleurs, constaté combien, trop fréquemment, la vérité est déformée et amplifiée — la plupart du temps avec une entière bonne foi — par les traditions de famille et je ne sais ce qu'il faut retenir de celle qui représentait mes ancêtres comme ayant fait, jadis, assez bonne figure dans leur pays d'origine.

En 1900, j'eus l'aplomb d'écrire à M. Molmenti, l'éminent historien de Venise, pour lui demander si, au cours de ses travaux, il avait rencontré le nom de Conigliano. Sa réponse, assez décourageante, fut négative. Toutefois, il me proposait obligeamment, dans le cas où j'irais à Venise, de me mettre en rapport avec le commandeur Malagola, directeur des archives d'Etat (1). J'acceptai son offre avec empressement et, au mois d'octobre de cette même année, passant une semaine dans la Cité des Doges, j'allai me présenter au *signor Malagola*. Ce haut fonctionnaire mit à ma disposition un de ses collaborateurs qui explora, en ma présence, les archives notariales des années 1680 à 1690, époque probable de la naissance de mon quatrième aïeul, Marie-Joseph. Nous n'y trouvâmes mention d'aucun Conigliano. En revanche y figuraient quantité de Conegliano, semblant appartenir tous à une importante et savante famille (2) de médecins et de professeurs. Comme je ne pus faire la soudure entre cette famille et la mienne,

---

(1) La réponse de M. Molmenti a été fixée par moi dans un exemplaire de son ouvrage « **La Vie privée à Venise** », lequel se trouve dans ma bibliothèque du rez-de-chaussée.

(2) Sans doute originaire de la ville de Conegliano, dans la région de la Piave. Assez nombreuses sont en Italie les familles ayant pris le nom de leur localité d'origine.

mes recherches n'aboutirent, en somme, qu'à épaissir la
nuit sur mes origines. Il est vrai que, en raison du peu de
temps dont je disposais et de mon ignorance de la langue
italienne, ces recherches avaient été opérées dans des conditions très défavorables.

Quoi qu'il en soit, il ne subsiste, sans doute, plus personne de mon nom en Italie, car, à la fin du xviiiᵉ siècle —
encore une tradition de famille ! et je n'y ajoute plus qu'une
foi très limitée — le dernier des Conigliano de Venise serait
mort laissant un immense héritage — dix-huit millions dit
la légende. Ses cousins de France n'auraient appris sa mort
que beaucoup plus tard — beaucoup trop tard, car, dans
l'intervalle, les susdits millions avaient été confisqués par
la Sérénissime République, le délai pendant lequel les héritiers pouvaient faire valoir leurs droits étant expiré. Cette
histoire ressemble singulièrement à celle du fameux héritage Thierry, que des Lorrains réclament à la ville de Venise depuis deux siècles. Je me demande s'il n'y a pas eu
là une confusion résultant de deux situations à peu près
semblables.

C.

CHAPITRE I.

Marie-Joseph Conigliano — Les épiciers italiens en Alsace — Stanislas Leszczinski à Wissembourg — Les Joyaux du Roi de Pologne — Conigliano, homme de confiance de Stanislas. — Le " Magistrat " de Strasbourg — Le testament et l'inventaire de Marguerite Marigny — La noblesse des Conigliano.

Quittons la Légende et entrons dans l'Histoire — si toutefois il n'est pas trop prétentieux d'appliquer ce mot à des récits d'aussi modeste envergure. Le premier Conigliano connu d'une façon précise s'appelait Marie-Joseph. Il était né à Venise, ou dans les Etats vénitiens, [0] vers 1687, et s'était établi, au commencement du xviiie siècle, à Strasbourg. où il fonda une maison d'épicerie.

Me Charles Gérard. avocat à la Cour impériale de Colmar. a dit. dans son curieux ouvrage « L'Ancienne Alsace à table » [1]: « C'est de 1720 que date, dans toute notre Alsace. la constitution de ce commerce important (l'épicerie), qui fut, dans l'origine, exploité par des Piémontais, des Milanais. des Tessinois, dénommés sous le titre générique d'*Italiens*, et qui ont laissé à leurs boutiques la qualification encore en usage dans le peuple d'*Italiäner Löden*. Aujourd'hui, grâce à l'action du temps, l'épicerie n'est plus une science secrète et les enfants de l'Alsace en ont pénétré les lucratifs mystères, à l'égal des plus fins compatriotes de Mazarin ».

Marie-Joseph Conigliano fit, sans doute, partie de ces immigrants italiens qui, à l'époque de la Régence, importè-

[0] *Voir "Errata et addenda" p. 212.*

[1] « L'ancienne Alsace à table ». Colmar, chez Camille Decker, 1862. p. 191.

rent en Alsace le commerce des épices. A peine avait-il
transporté ses pénates dans sa nouvelle patrie qu'un événement important le mit en vedette parmi ses concitoyens
d'adoption. Il s'agit de l'hospitalité qu'il donna, en 1719,
dans une maison qu'il possédait à Wissembourg, à Stanislas
Leszczinski, roi de Pologne détrôné. La tradition de ma
famille sur ce point est très nette et, cette fois, il s'agit
d'un fait précis qui ne peut être déformé ou grossi par la
transmission orale. Et cependant j'ai douté longtemps de
son authenticité. Voici pourquoi :

M. Pierre Boyé, dans son son savant ouvrage : « Stanislas
Leszczinski et le 3ᵉ traité de Vienne », écrit (1) : « Tous les
historiens du roi de Pologne nous l'ont montré vivant à
Wissembourg, soit dans une commanderie de l'Ordre de
Malte, soit dans le délabrement d'un antique château. Cette
légende semble avoir été accréditée par l'historiographe
Duclos : « Stanislas, dit-il, se réfugia auprès du commandant de Landau et obtint du Régent la permission d'y de-
meurer en sûreté jusqu'à ce qu'on eût pris des arrangements
pour le fixer à Wissembourg, dans une vieille commanderie, dont la moitié des murailles était ruinée et qu'on ne
releva pas » (2). L'Ordre de Malte possédait bien à Wissembourg une *cour* dépendant de la commanderie de Gei-
tersloven, située dans le voisinage : il y avait aussi dans
cette ville une commanderie de l'Ordre Teutonique, appelée
Cammer Commenthurey ou *Deutsch Haus*, datant de 1250 et
qui fut reconstruite en 1745, mais ni l'un ni l'autre de ces
bâtiments n'étaient désaffectés lors du séjour de Stanislas (3).

En réalité, Leszczinski y avait pour demeure un hôtel, récemment construit, que la famille de Weber (4) avait mis à

---

(1) p. 31.
(2) Mémoires secrets... édit. Barrière, p. 373.
(3) Ch. Schœpflé : « Alsatia illustrata. — J. Baquol : « l'Alsace ancienne
   et moderne ou dictionnaire topographique, historique, etc., du Haut
   et du Bas-Rhin ». Strasbourg 1865, in-8°.
(4) Philippe-Michel Weber, conseiller de régence de l'Electeur Palatin,
   acheta les biens féodaux et allodiaux des Hatsel, parmi lesquels
   se trouvait le château de Rœderen et Geisberg, près de Wissembourg. Ayant ensuite obtenu des lettres de noblesse, il fut
   immatriculé en 1747.

sa disposition et qui, aujourd'hui encore, reçoit quelquefois le nom de son royal locataire ».

D'autre part, un historien alsacien, M. Le Roy de Sainte-Croix, dit dans son ouvrage « Les quatre cardinaux de Rohan, évêques de Strasbourg » : « le cardinal de Rohan lui fit obtenir (à Stanislas) une pension du gouvernement français. Cette libéralité décida le prince découronné à se fixer en France. Il choisit le château de Wissembourg, que la famille de Weber mit à sa disposition ».

Comment concilier mes traditions de famille avec les dires — un peu contradictoires, il est vrai — des historiens dont aucun ne fait allusion à l'hospitalité offerte par le négociant italien au roi en exil ?

J'en étais arrivé à ne plus ajouter foi à cette tradition, quand un article de M. André Hallays, dans *Les Débats* du 22 septembre 1904, me fournit un argument sérieux en sa faveur. Ce fut pour moi un trait de lumière. Voici ce que disait M. Hallays, en racontant un pèlerinage qu'il venait de faire à Wissembourg. « Je veux voir la maison où vécut Stanislas et d'où « la Polonaise » partit pour devenir reine de France. Cette maison est encore debout; elle appartenait à un certain Weber, qui l'abandonna au roi de Pologne... C'était là que Stanislas avait logé sa femme, Catherine Opalinska ; sa vieille mère, Anne Jablonowska ; son représentant auprès des cours étrangères, le comte de Tarlo ; son maréchal du Palais, le baron de Meszeck ; son premier gentilhomme de la Chambre, Wimpf; son secrétaire intime Biber ; les cinq officiers qui lui étaient demeurés fidèles et les trois dames d'honneur de la reine. En se tassant un peu cette cour modeste pouvait résider dans la maison des Weber.

Au moment de gravir l'escalier, je note la date gravée sur la muraille : 1722. Or, ce fut trois ans auparavant que Stanislas vint à Wissembourg. La maison a-t-elle donc subi une transformation tandis qu'il l'habitait, ou bien *Stanislas, avant de s'y installer, logeait-il ailleurs?* D'autres résoudront ce petit problème ».

Je rapprochai le « petit problème » posé par M. Hallays du mot de Pierre Boyé : « *un hôtel récemment construit* » et j'en conclus que l'hôtel Weber n'était pas encore construit ou, du moins, pas encore terminé, lorsque Stanislas vint à Wissembourg, et que, en attendant le moment de s'y installer, il habita provisoirement chez mon ancêtre, lequel possédait peut-être ce château délabré dont ont parlé quelques historiens.

Je proposai cette solution à M. André Hallays, qui, aimablement, me répondit le 4 décembre 1904 (1) : « Le problème est résolu grâce à cette tradition de famille dont vous me parlez. D'ailleurs, depuis la publication de mon article, mon attention avait été attirée sur le passage de Duclos que vous citez. Or, à côté de l'hôpital de Wissembourg, c'est-à-dire de la maison Weber, se trouvait autrefois une commanderie. Un incendie récent en a fait disparaître les restes. C'est là qu'est aujourd'hui le tribunal. Rien ne serait plus facile que de savoir si les bâtiments de la Commanderie n'appartenaient pas à votre aïeul, au xviiie siècle. »

Par suite de quelles circonstances le roi Stanislas avait-il pris un gîte — même provisoire — chez mon ancêtre ? Qui les avait mis en rapport ? Je l'ignore. Ce qui est certain, c'est que Marie-Joseph Conigliano devint l'homme de confiance de Leszczinski et que l'offre de son toit ne fut pas le seul service qu'il rendit au Polonais. « Les pierreries du monarque — trésor déjà plusieurs fois vendu et racheté — celles-là même que Stanislas devait à la générosité de Léopold de posséder encore, se trouvaient, en avril 1725, en gage chez un marchand de Francfort. Le terme fixé pour leur rachat allait expirer. Après plusieurs pourparlers infructueux en vue d'un emprunt, ne pouvant se procurer les 13.000 livres qui lui manquaient pour sa libération, l'infortuné monarque se crut à la veille de perdre définitivement ses joyaux. Il fallut que, sur une lettre suppliante qu'il adressa, éperdu, au comte du Bourg, le maréchal réunît à la hâte la somme exigée. Le sieur Conigliano, homme d'affaires de Stanislas, accourut pour la toucher à Strasbourg,

---

(1) Cette lettre autographe est fixée dans un exemplaire de « A travers l'Alsace », d'André Hallays, qui se trouve dans ma bibliothèque du rez-de-chaussée.

et, alors seulement, le précieux souvenir put être retiré de la boutique du brocanteur » (1).

Voici le reçu que Conigliano donna au maréchal du Bourg en échange des 13.000 livres : « Je certifie que Mgr le Maréchal du Bourg m'a remis la somme de treize mille livres, argent de France, en espèces sonnantes, dont je me charge, suivant l'ordre du Roy Stanislas, pour la remettre entre les mains de Sa Majesté. Fait à Strasbourg, le 10 avril 1725. Conigliano ». (Bibliothèque de l'Arsenal n° 6615).

Le 13 avril, Stanislas écrivait à du Bourg : « J'ai reçu par le sieur Cogliano (sic) les treize mille livres que vous m'aviez promises ; je vous en ai des obligations infinies, sachant la rareté extraordinaire de l'argent, j'ai évité par là une grande chicane des marchands de Francfort, auxquels j'avais marqué le terme du dégagement des pierreries » (2).

Remarquons, en passant, combien il est curieux de trouver déjà, sous la plume de Stanislas, la déformation de mon nom (Cogliano), qui est encore en usage aujourd'hui chez les bonnes gens de Lunéville.

Marie-Joseph continua ses fonctions d'homme de confiance de Stanislas (3), après le départ du prince pour Chambord. « La lettre que vous m'avez envoyée, qui est venue par l'adresse de Cogliano... — Cogliano pourra suivre cette affaire en s'informant, quand il arrivera à Strasbourg, et en nous avertissant... » (Stanislas au maréchal du Bourg, 19 mars 1726) (4).

Il est certain, que lorsque les jours heureux vinrent à luire de nouveau pour la famille polonaise, quand la bonne et laide princesse Marie eut fait son mariage de Conte de Fées,

---

(1) Pierre Boyé : « Stanislas Leszczinski et le 3ᵉ Traité de Vienne ». Nancy, Berger-Levrault 1898, p. 59.

(2) Id.

(3) Marie-Joseph Conigliano servait d'intendant à Stanislas : c'était son homme de confiance, et, plus tard, lorsque ce prince eût succédé au Duc de Lorraine, il devint son fournisseur « des marchandises étrangères ». (Gauthier-Villars « le Mariage de Louis XV »), p. 193.

(4) Pierre Boyé : « Stanislas Leszcinski et le 3ᵉ Traité de Vienne ». 1898. Paris, Berger-Levrault, p. 59.

quand le roi détrôné eut obtenu la souveraineté des duchés
de Lorraine et de Bar, la faveur de si hauts personnages ne
fit qu'affermir et agrandir la situation de Marie-Joseph Conigliano dans sa patrie d'adoption, situation que la probité et
l'intelligence du commerçant, son habileté en affaires
avaient déjà solidement établie.

Elu assesseur au Grand Sénat de Strasbourg, il faisait
partie des « Vingt-et-un » en 1744, comme délégué du
« Miroir », une des *tribus* de la ville.

Il n'est pas hors de propos de rappeler ici ce qu'était « le
Magistrat » de Strasbourg, titre singulier qui représentait
non seulement une municipalité, mais tout un gouvernement.

Les nobles formaient une tribu et nommaient le tiers des
sénateurs. Tous les autres, bourgeois, étaient partagés en
vingt tribus ou corporations de métiers. Chacune d'elles
élisait 15 échevins qui, à leur tour, choisissaient un sénateur. Ces 300 échevins formaient, à côté du Sénat, une
seconde chambre législative. Enfin, une troisième chambre
ou Conseil d'Etat, composée des anciens sénateurs ou hauts
fonctionnaires, assistait un consul noble et un consul plé-
béïen dans l'exercice du pouvoir exécutif. Ce nombreux
personnel, pris dans son ensemble, se nommait « le Magistrat » (1).

Le prince-évêque de Strasbourg, le magnifique cardinal
Armand-Gaston de Rohan-Soubise, honorait Marie-Joseph
Conigliano d'une particulière estime. On raconte même —
je ne l'ai jamais vérifié — que le prélat tint sur les fonts
baptismaux un des fils de l'épicier vénitien.

Dans l'inventaire fait après le décès de ma quatrième
aïeule, en 1751, figure « un grand tableau représentant le
cardinal, en cadre doré ». Ma tante Amélie et ma cousine
Clémence Parisot se souvenaient d'avoir vu chez leur grand-
père, à Rosières-aux-Salines, le portrait d'un cardinal, très
probablement le même. En 1893, j'achetai chez une mar-

____

(1) « La Cathédrale de Strasbourg », par E. Keller, ancien député de
l'Alsace. (Le Correspondant, 25 mai 1900).

chande d'antiquités de Lunéville, une ancienne copie du portrait, bien connu, du cardinal Armand-Gaston, par Rigaud. Cette toile serait-elle, par hasard, celle qui figurait sur l'inventaire de Marguerite Marigny, ma quatrième aïeule ? Elle répond, en tout cas, à la description que m'en avaient faite mes deux vieilles parentes (1).

Dans le même inventaire, un « Saint-Jean Népomucène, en cadre doré » pourrait bien être un souvenir de l'ancien roi de Pologne, car celui-ci avait des liens de parenté avec le martyr du secret de la confession.

Cet inventaire, joint au testament de Marguerite Marigny, femme de Marie-Joseph Conigliano, nous renseigne exactement sur la situation de fortune des deux époux (2).

Ils possédaient une maison « au haut du Marché aux Poissons , paroisse Saint-Laurent ; d'un côté, les héritiers de feu Georges-Guillaume Solt, vivant marchand de fer ; de l'autre côté. les sieurs Jean Balthazar et Georges-Frédéric Sattler frères et marchands de linge, aboutissant par derrière sur une fossée *(sic)* nommée Ulmergraben, estimée 12.000 livres.

Un jardin, contenant environ un arpent de terre, avec une petite maison, située hors de la porte des Juifs, entre les eaux, canton dit « Beckenwœldel » : d'un côté, le sieur Kommann, assesseur au Collège de Messieurs les Treize ; de l'autre côté, le sieur Marié, employé par le Roy, aboutissant par derrière sur la rivière ; le tout estimé 700 livres. »

Conigliano a, dans sa boutique, des marchandises pour 27.257 livres 12 sous 11 deniers,

Son argenterie se compose de quatre marcs de vermeil et de trente marcs d'argent (3).

Les bijoux de sa femme comprennent une paire de boucles d'oreilles, garnies de dix-huit diamants montés en

____

(1) Ce tableau est placé dans mon escalier.

(2) « Inventaire des biens délaissés par feue dame Marie-Marguerite Conigliano. née Marigny. vivante épouse du sieur Marie-Joseph Conigliano, ancien assesseur au Grand Sénat, marchand et bourgeois de la Ville de Strasbourg. dressé l'an 1751 ». (Archives de la famille Conigliano).

(3) Le marc valait huit onces ou la moitié de la livre de Paris.

argent doré, une bague d'or ornée d'un gros diamant, une autre bague d'or portant sept diamants, une croix garnie de neuf diamants montés sur argent. Sa fille, Marguerite Conigliano, femme de Michel Bussenne, a, pour sa part, « un collier de grenades (grenats ?) neuves ».

Dans l'écurie, il y a « deux chevaux noirs, hongres, âgés d'environ dix ans, et, dans la remise, une « berline coupée, garnie de vert, avec ses glaces de Bohème et son train peint en brun, une vieille chaise de poste et un traîneau ».

Quant aux meubles, leur prestigieuse énumération remplit soixante grandes pages de l'inventaire. Ce ne sont que fauteuils, bergères, écrans, canapés, banquettes et tabourets, au petit point ou en point de Hongrie ; des trumeaux et des glaces dans des cadres sculptés et dorés, des peintures en quantité extraordinaire : portraits, paysages, natures mortes, tableaux hollandais ; des broderies de soie et des cires sous verre ; une garniture de quatre tapisseries des Gobelins ; un lit « à la Duchesse » garni de taffetas vert et orné de rubans rouges ; un autre lit avec rideaux de satin blanc et rouge et housse de damas de mêmes couleurs ; une toilette garnie de damas cramoisi, galonné d'or, avec ses boîtes en vernis Martin ; des tables à jeux avec dessus au petit point ; des tables à pieds de biche en bois doré, avec tablettes de marbre ; des chenets et une garniture de foyer en « argent haché » ; d'autres en cuivre doré ; un crucifix d'ivoire avec son cadre doré ; un autre de bronze doré, dans un cadre d'écaille ; une vierge en bois sculpté et doré ; des bras de lumière en bronze doré ; deux cabarets « en bois de la Chine » ; deux réchauds et une aiguière en argent ; un service en fayence (de Strasbourg, sans doute) ; 83 tasses et 8 sucriers de porcelaine ; trois cents livres d'étain d'Angleterre ; une fantastique batterie de cuisine en cuivre rouge et en cuivre jaune, etc., etc.

Qu'est devenu ce fastueux mobilier ? Les partages le divisèrent ; puis on vendit les plus beaux objets quand vinrent les jours difficiles. Pour le reste, le temps a fait son œuvre. Je possède un bol de vieux Chine et quatre tasses de vieux Japon qui proviennent très probablement des 83 tasses de l'inventaire. Peut-être que mes quatre boîtes en vernis Martin jaune et rouge garnissaient autrefois la toilette aux falbalas de damas cramoisi. Quelques belles pièces de vieux Chine se trouvent encore chez mes cousins Parisot et ont, sans doute, la même provenance. Tout le reste a disparu.

D'après les détails ci-dessus, on voit que le sénateur Cenigliano n'était pas un épicier du commun. Il faisait des affaires non seulement avec toute l'Alsace, mais avec Paris et les principales villes de France, avec la Lorraine, la Flandre, la Hollande, le Wurtemberg, la Saxe, l'Autriche, la Suisse, l'Italie et les provinces rhénanes.

Sur la liste de ses débiteurs, on rencontre quantité de noms connus, voire illustres, d'abord toute la noblesse alsacienne : les Berckheim, Durckheim, Turckheim, Wangen, Boulach, Ratsamhausen ; Mgr le Cardinal de Soubise, la Comtesse de Linange, M. de Klinglin, « prêteur royal », les « stettmeister » de Müllenheim, de Hürtigheim, de Bock ; le baron de Planta, le prince de Birkenfeld ; des couvents, des abbés mitrés, tels que M. de Rutant, abbé de Munster, des Italiens émigrés comme mon aïeul et établis en Allemagne. Güaita (1), Brentano (2), de Francfort, Cetti (3), de Mannheim ; puis des officiers, des nobles et des bourgeois, le colonel de Salis, propriétaire d'un régiment suisse de son

----

(1) Les Güaita, par la suite, vinrent s'établir en Lorraine. Nous avons, avec eux, des alliances communes : les Perrin, Villatte d'Outremont, de Metz.

(2) Les Brentano, comme leur nom l'indique, étaient originaires des bords de la Brenta. Leur odyssée est absolument parallèle à celle des Conigliano. Partis des États vénitiens, les Brentano installèrent, au commencement du XVIIIe siècle, une maison d'épicerie à Francfort. Plus tard, ils se fixèrent en France.

(3) Les Cetti étaient originaires de Côme. Mme Deschars, mère de ma cousine Antoinette L'Hotte, était la fille de M. Cetti, intendant général de l'Armée, dont la famille s'était fixée à Strasbourg.
Aux Cetti devait se rattacher un riche marchand de denrées coloniales — encore un épicier italien ! — M. Cetto, né à Côme en 1756, mort le 25 mars 1847. Il avait été maire de Deux-Ponts au moment de la Révolution, fut créé baron bavarois le 9 septembre 1814 et avait épousé une fille de Christian IV, duc de Deux-Ponts, et de son épouse morganatique Marie-Anne de Fontevieux. Ce Cetto a laissé une nombreuse descendance en Angleterre, en Bavière et en France. (L'intermédiaire des Chercheurs et Curieux, octobre 1925, p. 783).

nom ; Mme du Montet ; le marquis de Bissy ; le comte de Beaujeu ; Laquiante, notaire royal ; Schneegans « le boucher »; La Rey *(sic)*, chirurgien ; de Golbéry, « receveur du Cardinal » ; de Fienne, capitaine au régiment d'Orléans; des officiers de la maison du prince de Condé, du prince de Darmstadt, du maréchal de Saxe, du maréchal de Broglie, du maréchal du Bourg, du prince de Waldeck, du cardinal de Rohan, de l'archevêque de Reims, de l'évêque de Langres, etc., etc.

Joseph Conigliano avait épousé Marie-Marguerite Marigny, née à Landau vers 1695. Elle était fille de Henri Marigny, négociant et bourgeois de cette ville, et mourut le 19 février 1750. Je possède un portrait de femme, peinture à l'huile dans un beau cadre en bois sculpté et doré d'époque Louis XIV. Le modèle, habillé à la mode du premier tiers du xviii* siècle : corsage bleu brodé d'or, manteau rouge, cheveux poudrés, doit être Marguerite Marigny. Je m'appuie, pour faire cette identification, sur ce que ma cousine Marie de Conigliano, d'Epinal, de qui me vient cette peinture, m'a affirmé tenir de son père que c'était le portrait d'une femme de la famille Conigliano. Or, d'après la date approximative du costume et l'âge probable du modèle, ce ne peut être que le portrait de ma quatrième aïeule.

Marie-Joseph mourut le 17 janvier 1754. Sa femme et lui furent inhumés dans l'église Saint-Louis, de Strasbourg.

On raconte — toujours la tradition ! — que le roi Stanislas, pendant son séjour à Wissembourg, avait voulu récompenser Conigliano de son dévouement en lui donnant le titre de comte. Mon aïeul refusa, dit-on, cette faveur, et l'on s'est transmis, dans ma famille, le mot que le roi de Pologne aurait prononcé à cette occasion : « Quel témoignage voulez-vous donc de ma reconnaissance ? Vous êtes noble. je ne puis vous anoblir et, comme vous êtes plus riche que moi, je ne puis vous enrichir ».

Tout cela est-il bien authentique ? J'en doute. Marie-Joseph est, dans tous les actes, qualifié de « bourgeois » de Strasbourg. Au grand Sénat, il fait partie des sénateurs plébéiens. En admettant qu'il eût eu de bonnes raisons de se dire noble — rien d'impossible à cela, puisque, dans les états vénitiens, on pouvait trafiquer sans déroger — une confirmation de noblesse bien en règle n'eût pas été à dédaigner, à cause non seulement de l'honneur, mais aussi des privilèges attachés à la caste.

Il n'est pas moins certain que, depuis plusieurs générations, mes ascendants ont manifesté des prétentions à la noblesse. Ce faisant, sur quoi se basaient-ils ? Rien n'a pu me documenter à ce sujet, puisque, comme je l'ai dit, ma famille ne possède aucune pièce d'archives antérieure au xviii° siècle.

Voici cependant quelques indications permettant de croire que ces prétentions n'étaient pas sans fondements :

1° Le « Nobiliaire universel » signale que Simon-Joseph Conigliano, fils de Marie-Joseph et officier supérieur à Pondichéry, fit preuve devant les autorités de cette colonie de quatre quartiers de noblesse. Cette assertion, si elle était confirmée, serait décisive, mais je n'ai jamais vu l'acte qu'elle mentionne.

2° Les lettres patentes d'anoblissement octroyées le 22 septembre 1760 par Stanislas à mon arrière grand-oncle Michel Bussenne portent que cette faveur lui est accordée « en raison des bons souvenirs de son beau-père, Marie-Joseph Conigliano, et de son beau-frère, Bernard de Conigliano (*sic*) (1) ».

Il est vraisemblable que, si les Conigliano avaient été considérés comme roturiers, Stanislas les eût anoblis, avant de donner « en souvenir » d'eux, par une sorte de ricochet, cette marque d'estime à leur allié, Michel Bussenne. Mais il n'y a là qu'une preuve morale.

3° Jean-Chrysostôme-Marie-Joseph Conigliano, frère de mon bisaïeul, d'abord conseiller au Parlement de Metz, puis membre du Conseil souverain de Saint-Domingue, est, dans plusieurs actes, qualifié d'*écuyer*. Son nom figure avec la

____

(1) Lepage et Germain. « Complément au nobiliaire de Lorraine ». Nancy, Crépin-Leblond, 1885, p. 137.

particule sur la liste des conseillers de Saint-Domingue
(Annales des Colonies - 1790). L'argument tiré de la qualification d'*écuyer* n'est, d'ailleurs, pas décisif, car un édit
royal de septembre 1658 déclarait nobles les présidents
conseillers, avocats, procureur général et greffier en chef
du Parlement de Metz. Mon arrière grand-oncle pouvait
donc avoir la noblesse personnelle, sans que sa famille eût
part à ce privilège.

4° Enfin, dit *la Tradition*, les demoiselles Fournier, filles
de Léopold-André Fournier, seigneur de Bathelémont, et
de Marguerite de Bussenne, furent élevées, pendant l'émigration, dans un couvent de filles nobles où, pour être ad-
mises, il fallait faire preuve de quatre quartiers de noblesse.
Marguerite Conigliano, femme de Michel de Bussenne,
grand'mère maternelle des demoiselles Fournier, aurait
donc été considérée comme noble dans l'établissement de
ces preuves.

Quant à la possession d'armoiries, elle ne peut entrer en
ligne de compte, un grand nombre de familles bourgeoises
ayant obtenu moyennant certaines conditions — et cela
dans tous les pays d'Europe — le droit d'avoir des armes.

CHAPITRE II

Les enfants de Marie-Joseph Conigliano — Joseph-Antoine — Ce qu'était le « syndic » d'une congrégation religieuse — Les tribulations de l'acteur Favart — Les Ossell, de Wissembourg — Jean-Baptiste — Joseph-Simon — Les régiments étrangers. « Nassau-Cavalerie » et « Nassau-Infanterie » — Marguerite — Les Bussenne et leur descendance. Le château de Bathelémont-les-Bauzemont. — Les derniers seigneurs de Bathelémont et d'Iguey — Jean-Chrysostôme.

Marie-Joseph Conigliano eut six enfants ; j'en parlerai successivement.

I. ANTOINE-JOSEPH

L'aîné, *Antoine-Joseph*, avocat au Conseil souverain d'Alsace, fut en même temps conseiller aulique du prince-évêque de Spire et receveur-syndic du Grand-Chapitre de cette ville. Ce dernier titre demande quelques explications.

« Contrairement aux principes du droit féodal, les canons ecclésiastiques permettaient de plaider par procureur. La raison de cette différence, c'est que, dans nombre de circonstances, la partie n'aurait pu être appelée en cause personnellement. Toutes les congrégations religieuses, églises, abbayes, étaient dans ce cas. Celui à qui était confié le rôle de les représenter devant la justice était appelé *syndic* (1) ».

Ces graves fonctions n'empêchaient pas Joseph-Antoine Conigliano d'avoir des amitiés dans le monde des arts,

____

(1) Lud. Lalanne « Dictionnaire historique de la France ».

voire du théâtre. C'est ainsi qu'il se lia intimement avec l'acteur Favart, sans doute par suite de leurs relations communes avec Lunéville. Bernard Conigliano, frère cadet de Joseph-Antoine, habitait, en effet, cette ville depuis 1737. D'autre part, Mme Favart — la célèbre Mme Favart — née Marie-Benoîte-Justine Cabaret du Ronçeray, avait fait, sous le nom de Mlle de Chantilly, ses débuts à Lunéville, où son père était musicien du roi Stanislas et où sa mère, également attachée au théâtre du prince, était cantatrice et danseuse.

« Le pauvre Favart, menacé de prise de corps par les demoiselles Meens, propriétaires du Théâtre de Bruxelles, persécuté secrètement par le maréchal de Saxe, le terrible amoureux de Mlle de Chantilly, parvint, avec quelques louis prêtés par Mlle Lamotte, de la Comédie-Française, à gagner Strasbourg, où il se réfugia chez son ami Conigliano. Il vécut là, trois ou quatre mois, blotti dans une cave, peignant des éventails à la lampe » (1). C'est peut-être dans cette obscure retraite qu'il composa son opéra-comique, intitulé « *Le Bal de Strasbourg* » et qui date des environs de 1750.

« Lorsque, un peu plus tard, la bourrasque fut apaisée. Favart reprit le chemin de Paris, où il trouva un modeste emploi, car il ne voulait rien devoir, pas plus aux talents de sa femme qu'aux libéralités insultantes de Maurice de Saxe.

C'est de Paris qu'il écrivait, le 30 août 1750, à son fidèle ami strasbourgeois : « Il me parait qu'on s'est lassé de me persécuter. Mon exil est expiré, mais je n'en suis pas plus heureux. Mes chagrins sont d'une nature à ne finir qu'avec la vie. J'ai cependant trouvé, au sein de mon infortune, un avantage précieux... votre amitié.

Donec eris felix multos numerabis amicos
Tempora si fuerint nubila, solus eris.

« Sans vous, je croirais que cette sentence d'Ovide ne pourrait trouver d'exception. Ceux sur qui je comptais le

---

(1) Alphonse Daudet « Le ménage Favart et le Maréchal de Saxe ». Revue dramatique du « Journal Officiel » du 5 janvier 1879.

plus m'ont abandonné, par crainte ou par intérêt... Vous, qu'aucune reconnaissance ne liait à moi, vous vous êtes déclaré mon ami par grandeur d'âme... Vous seul les remplacez tous... Je les verrais, si j'avais eu la lâcheté d'accepter des bienfaits deshonorants, s'empresser, se disputer à qui m'accablerait, le premier, de ses caresses. Qu'ils me méprisent ! Ma misère volontaire me justifiera. J'ai pu trouver un emploi, modique à la vérité, mais suffisant pour me faire vivre. On a pris plaisir à causer ma ruine ; je sais me borner, je suis assez riche. Cet emploi doit me fixer à Paris ; sans cela, vous me verriez à Strasbourg, chercher, dans la douceur de votre conversation, une tranquillité d'esprit qui me fuit et que je m'efforcerais de vous procurer à vous-même en vous dissipant.

« Je suis pour la vie votre ami Favart ».

Cette lettre est parfaite, comme, au reste, l'attitude tout entière de Charles Favart pendant ce long conflit (1). »

Par contrat signé le 6 mai 1763, Joseph-Antoine Conigliano épousa Philippine-Joseph Ossell, fille de Charles Ossell, greffier au grand bailliage de Bergzabern, et de Sophie Anthon. Philippine apportait une dot de 4.800 livres (2).

Mon arrière-grand-oncle se fixa à Wissembourg et y mourut, sans postérité, le 12 mai 1775, étant bourgmestre de cette ville. Voici son acte de décès, extrait des archives de l'église Saint-Jean, de Wissembourg.

« Anno Domini millesimo septingentesimo quinto, die vero decimâ tertiâ post secundam horam matutinam May, omnibus Ecclesiæ sacramentis necessariis rite præmunitus, pie in Domino obiit prænobilis, strenuus et consultissimus dominus, dominus Josephus-Antonius Conigliano, argentensis magistratis, urbis nostræ consul meritissimus et decimo quarto ejusdem a me infra scripto parocho extra et

---

(1) « Madame Favart », conférence de Funck-Brentano, faite à la Société des Conférences, le 12 mars 1909 et publiée dans la « Revue hebdomadaire » du 27 mars 1909.

(2) Archives de la famille Conigliano.

prope valvas ecclesiae nostrae parochialis majores sepultus fuit, praesentibus testibus mecum subscriptis.

L. ANTHON, Curé   Fr. BONIFACIUS
de Stundweiler   Cap. parochus.

Cet abbé Anthon, curé de Stundweiler, dont la signature se lit au bas de l'acte de décès, était un cousin germain de Philippine Ossell.

Celle-ci ne mourut à Wissembourg que le 30 mars 1826. Elle légua sa fortune à trois de ses petites-nièces par alliance: « Marguerite de Bussenne, veuve de M. Fournier, pensionnaire du roi, à Bauzemont, habitant à cette époque Nancy, d'une part ; Anne-Marie-Françoise Harvier, épouse de Jean-Charles-Marie-Thérèse, comte de la Tournelle, capitaine de cavalerie, et Thérèse-Albertine d'Aristay de Châteaufort, épouse de Nicolas-Sébastien-Auguste Boyé, négociant à Paris, demeurant à cette époque à Saint-Nicolas, d'autre part ». (1).

La veuve de Joseph-Antoine Conigliano laissait, de plus, une partie de ses meubles et « tous ses flambeaux » à « sa ménagère », Joséphine Brandt, et au mari de cette dernière, Jean Geschwind (2).

Un frère de Philippine, M. Charles Ossell, adjudant-général en retraite, chevalier de la Légion d'honneur, mourut en 1820, à Wissembourg, où il résidait depuis plus de cinquante ans. Il avait été maire de cette ville pendant douze ans et conseiller d'arrondissement (3).

II. BERNARD

Bernard, dont il sera question plus loin, continua la descendance.

III. JEAN-BAPTISTE

Jean-Baptiste, « marchand et bourgeois de Strasbourg », épousa Barbe Vulpelier. J'ignore s'il a laissé postérité.

---

(1) Archives de la famille Pichon de Châteaufort.
(2) Archives de la famille Pichon de Châteaufort.
(3) Archives de la famille Conigliano.

En octobre 1751, Barbe Vulpelier fut marraine, à Lunéville, de son neveu Jacques-Marie-Joseph Conigliano, le futur général Clarenthal. Voilà tout ce que je sais de ce couple de marchands qui dut, je m'imagine, continuer le commerce paternel.

IV. SIMON-JOSEPH

Simon-Joseph, né en 1725, fut d'abord lieutenant au régiment de « Nassau-Sarrebruck-Cavalerie », du 16 octobre 1744 au 24 avril 1748, période pendant laquelle il fit les campagnes du Rhin (1745) et de Flandre (1746) (1). Il passa ensuite à l'armée de l'Inde et fut officier supérieur à Pondichéry, où, dit le « Nobiliaire universel », il fit preuve devant les autorités de cette ville de quatre quartiers de noblesse paternelle et maternelle. Si, comme je l'ai dit plus haut, cette assertion était exacte, le fait serait pour nous de première importance,

Simon-Joseph figure, le 20 septembre 1765, au contrat de mariage de son neveu, Marie-Joseph-Michel Bussenne. Il y est qualifié de « Capitaine-commandant du Régiment de l'Inde ». (2).

Le régiment de Nassau, dans lequel Simon-Joseph entra, comme lieutenant, en 1744, à l'âge de 19 ans, « faisait partie des régiments dits « Allemands », de l'armée française. Ils étaient au nombre de huit : Alsace, Salm-Salm, La Marck, Royal-Suédois, Royal-Hesse-Darmstadt, Nassau, Bouillon et Royal-Deux-Ponts. Deux d'entre eux, Alsace et Royal-Suédois appartenaient au roi, les autres aux princes allemands, dont ils portaient les noms et qui en étaient les colonels-propriétaires. Ils se recrutaient dans les provinces riveraines de la Moselle, de la Meuse et du Rhin, en Alsace, ainsi que dans les principautés des colonels-propriétaires et recevaient, en outre, les déserteurs d'origine allemande, et dont le nombre était considérable, surtout en temps de guerre. Les commandements s'y faisaient en allemand ; ils

----

(1) Archives du Ministère de la Guerre.
(2) Archives de la famille Conigliano.

conservaient, sur le pied de paix, un effectif plus fort que la plupart des régiments français, et la solde y était un peu plus élevée. A part cela, ils étaient soumis à la même organisation et à la même discipline que les troupes nationales (1) ».

De ce que Simon-Joseph Conigliano eût obtenu, encore adolescent, une lieutenance dans « Nassau-Cavalerie », on ne peut conclure à une preuve de noblesse. La fameuse ordonnance du maréchal de Belle-Isle, réservant les lieutenances aux seuls nobles, ne date que de 1758, et, de plus, il fut toujours difficile de faire observer la décision royale dans les régiments étrangers, ceux de Nassau en particulier. « Dans ces corps, le colonel-propriétaire entendait disposer à sa guise de tous les emplois et cette prétention l'inclinait à consulter plus souvent son intérêt et ses préférences que le bien du service. Il y a dix régiments étrangers qui font, à ce sujet, le désespoir des inspecteurs. Le comte de Chabo (*sic*), lieutenant-général, mande au ministre le résultat décourageant de son inspection au régiment « Royal-Nassau-Hussards » : « Je suis forcé de dire que M. de Nassau n'a jamais tenu parole, qu'il perd ce régiment, qu'il n'est occupé que de chasser le peu de vieux officiers qui reste, pour les remplacer par *tous les fils de banquiers de Strasbourg* ou de Francfort, lesquels lui prêtent apparemment de l'argent, parce que ses biens sont à la Commission Impériale et qu'il est ruiné. Il veut faire ressource avec les emplois (Lettre du 18 mars 1774 — Travail du Roi, 2 juin 1774. Voir aussi le Travail du Roi du 1er janvier 1777) » (2).

En 1778, au régiment de « Nassau-Infanterie », où fut capitaine Jean-Chrysostôme Conigliano, le dernier des enfants du sénateur Marie-Joseph, « les officiers roturiers sont en majorité, malgré les efforts du colonel-commandant. Celui-ci, M. de Chamissot (*sic*), avoue au ministre que, sur 64 officiers, il y en a à peine 27 qui soient gentilshommes,

---

(1) « Intermédiaire des chercheurs et curieux », numéro du 10 janvier 1911, col. 9.

(2) Louis Tuetey, « Les officiers sous l'ancien régime ». Plon. 1908, pp. 171 et suivantes.

« et encore, de ces 27, y en a-t-il 10. dit-il, qui sont entrés
de mon temps, par l'effet de mes sollicitations et des opposi-
tions que j'ai faites contre ceux que l'on voulait y mettre,
n'ayant pas cette qualité » (Lettre du 12 septembre 1778 —
Travail du Roi, du 14 août 1778) ».

V. MARGUERITE

Marguerite Conigliano épousa. en 1739, à peine âgée de
14 ans, Michel Bussenne, né en 1705 à Armoires, en Franche-Comté. Celui-ci, installé à Lunéville, dès le début du
règne de Stanislas, succéda à son beau-père dans « la fourniture des marchandises étrangères nécessaires à la dépense
de la Maison royale » (Lettres de noblesse octroyées le 22
septembre 1760). Il s'associa son beau-frère, Bernard Conigliano. et lui laissa ensuite la succession de ses affaires.

En onze ans, les Bussenne eurent sept enfants, tous nés
à Lunéville.

1º Marie-Joseph-Michel, né le 6 mai 1740. Parrain : Marie-
Joseph Conigliano, son grand-père ; marraine : sa grand'-
mère, Marguerite Marigny, laquelle a signé sur l'acte de
baptème : « Marguerite Marigny de Conigliano » (1).

2º Une fille, mort-née le 19 mai 1741.

3º Christophe-François, né le 2 janvier 1745. Parrain :
Bernard Conigliano, son oncle ; marraine, Marie-Josèphe
Mathieu, femme du parrain. L'enfant mourait neuf jours
plus tard.

4º François-Simon, né le 1er septembre 1746. Parrain :
Joseph-Simon Conigliano, représenté par son frère Bernard ;
marraine : Marguerite Conigliano, la future Mme de Batilly.

5º Catherine, née le 19 mai 1747 et baptisée le 5 juin suivant. Parrain : Messire Charles, baron de Streiff de Lovens-
tein, maréchal de camp et commandant des Cadets du roi
de Pologne ; Marraine : Mme Catherine Jablonowska, duchesse Ossolinska (2).

---

(1) Archives de l'état-civil de Lunéville.
(2) Elle était femme du duc Ossolinski, grand-maître de la Maison du
Roi de Pologne, et cousine germaine du souverain.

6° Jean-Chrysostôme-Marie, né le 8 septembre 1748. Parrain : Jean-Chrysostôme Conigliano, capitaine au régiment de « Nassau-Infanterie », son oncle ; Marraine : Marie-Barbe Vulpelier, « épouse du sieur Conigliano, marchand à Strasbourg ».

7° Jeanne-Marguerite, la future Mme Fournier de Bathelémont, née le 17 mai 1750 (1).

Dans les actes de baptême de Catherine et de Jean-Chrysostôme, Michel Bussenne est qualifié « marchand du Roi ». Quelques années plus tard, dans l'inventaire des biens laissés par sa belle-mère, son nom est suivi de la mention « intéressé dans les affaires du Roi ». Le titre est plus vague et sent moins la roture. C'est que, dans l'intervalle, Bussenne était devenu un « Seigneur ». Le 29 décembre 1749, il avait acheté à Joseph-Sigisbert Magnien de Magnienville, « la terre et seigneurie de Bathelémont-les-Bauzemont, située sur le ressort du bailliage de Vic, ensemble la partie du village du dit lieu appelée « la rue de Lorraine ». Ce village, dont le duc de Lorraine et l'évêque de Metz se partageaient autrefois la seigneurie, formait un domaine considérable. Ses habitants étaient soumis à un droit de terrage et payaient annuellement au roi, pour droit de sauvegarde, un resal de grains, un chapon et quatre deniers. L'abbaye de Senones possédait aussi une partie de la seigneurie de Bathelémont, partie qu'elle céda à la maison de son ordre, située au Mesnil, près Lunéville » (2).

En 1900, au cours d'une manœuvre, j'ai visité, pour la première fois, ce petit village perdu dans les terres, à 15 kilomètres de Lunéville. De mauvais chemins le relient à Bauzemont, à Bures, à Réchicourt-la-Petite. Seule, la grande route d'Einville, qui passe à une demi-lieue, le rattache au monde civilisé. Il y a 160 ans, la solitude était bien plus complète encore et la vie des malheureux châtelains devait être d'une désespérante monotonie. J'ai visité le château, qui est situé à la sortie du village, du côté de la route

____

(1) Tous ces renseignements ont été pris à l'état-civil de Lunéville.
(2) Henri Lepage, « Le département de la Meurthe ». Nancy 1843.

d'Einville. Après avoir appartenu jusqu'à la Révolution à
M. Fournier, gendre de Mme de Bussenne, il fut confisqué
comme bien national. Au commencement du xixe siècle, il
appartint à la famille Le Prudhomme de Fontenoy — le
général de Fontenoy y est né. — Il fut ensuite la propriété
de la famille Boyé. M. Boyé, grand-oncle de ma tante L'Hotte
l'occupa jusqu'en 1859. A cette époque, il le vendit à Mme Le
Febvre de Montjoie. Le château appartient encore aujour-
d'hui (1922), je crois, à la petite-fille de cette dernière,
Mme Escal. Depuis le milieu du xixe siècle, il servait de
logement aux fermiers. Mais ceux-ci, ne s'y trouvant plus
en sécurité, parce qu'il menaçait ruine, le quittèrent au bout
de quelques années. Il fut alors complètement abandonné.
Une partie, qui s'écroulait, a été démolie. Des constructions
parasites, nécessitées par l'exploitation agricole, ont achevé
d'en défigurer l'ensemble. Ce devait être, d'ailleurs, une
habitation fort simple. Le côté le mieux conservé, celui du
Nord, présente un bâtiment long, élevé d'un seul étage, au
fond d'une cour que bordent deux ailes un peu plus basses
que le corps de logis principal. Un mur, percé d'un portail,
relie les deux ailes et sépare la cour du chemin. De hautes
fenêtres, garnies encore, lors de ma première visite, de
leurs petits carreaux, donnaient un certain caractère à cette
vieille maison.

A la même époque, c'était, à l'intérieur, le délabrement
le plus complet et cependant les quelques vestiges de décoration alors subsistants évoquaient l'idée d'une demeure
élégante et confortable. On entrait d'abord dans un vestibule, où une coquille de marbre s'encastrait dans une niche,
sans doute les restes d'une ancienne fontaine. Un escalier
de pierre, très large, veuf de sa rampe et encombré de gra-
vats, menait au 1er étage. Là, des pièces nombreuses et de
toutes dimensions communiquaient entre elles par des portes sans vanteaux. Des planches, des débris de boiseries et
de parquets, des plâtras, le tout saupoudré d'une épaisse
couche de poussière, de crottes de souris ou de chouettes,
voilà ce qu'on rencontrait en parcourant ces chambres vides.
Le vent y soufflait par les carreaux cassés ; les oiseaux y

nichaient ; les araignées, jamais dérangées, y avaient tissé des toiles invraisemblables.

Au rez-de-chaussée, en 1900, une grande salle à manger, d'aspect cordial, gardait de jolis lambris Louis XV, peints en gris. Quatre chambres à coucher — deux grandes et deux petites — avaient conservé des alcôves gracieusement contournées, décorées de sculptures d'un travail excellent. Les petites portes des cabinets encadraient encore leurs carreaux verdâtres dans une ornementation rocaille, d'un maniérisme très séduisant. Entre les fenêtres et au-dessus d'une robuste cheminée en marbre gris « veau de lait », des trumeaux, veufs de leurs glaces, montraient des attributs de jardinage enguirlandés de fleurs.

Pris d'admiration et de pitié pour ces vestiges d'un art exquis, destinés à périr dans un bref délai, si on les laissait dans ce « Château de la Misère », j'en fis l'acquisition après de laborieuses négociations (1903-1904). Ils décorent maintenant le rez-de-chaussée de ma maison.

Du parc, il ne reste à peu près rien que le mur d'enceinte. Au sud du château, une terrasse domine l'immense jardin en pente. Un pré, d'une désolante nudité, a remplacé les allées droites, les parterres encadrés de buis, les « carreaux » potagers bordés de plates-bandes fleuries, les vignes, le petit bois qui, jadis, occupaient le vaste enclos (1).

Un nommé Butin, qui fut longtemps le fermier du domaine, eut l'autorisation d'abattre les arbres du parc. Il ne s'en fit pas faute. Quelques sapins, un reste de charmille en prolongement de la terrasse, subsistent seuls des beaux ombrages d'autrefois.

La guerre de 1914-1918 a complété l'œuvre de destruction commencée par le temps et l'abandon. En août 1915, je commandais un sous-secteur entre Arracourt, Burès et Barthélémont et j'avais mon poste de commandement dans ce dernier village, où je logeais dans l'ancienne maison de Stofflet. A cette époque, le malheureux château était réduit

---

(1) Un grand plan, aquarellé, du domaine, se voyait encore, lors de cette visite, suspendu au mur de la salle à manger.

strictement à la maçonnerie. Toutes ses parties en bois ;
poutres, chevrons, parquets, restes de boiseries, fenêtres,
volets et portes, avaient alimenté les feux des « poilus ». A
l'heure qu'il est, les murs eux-mêmes sont-ils encore
debout ? Je l'ignore, n'étant pas retourné à Bathelémont
depuis la fin de l'été de 1915 (1).

Après cette longue digression sur le château de Bathelémont, il est temps de revenir à ses anciens habitants. Le
22 septembre 1760, le roi Stanislas octroya à Michel Bus_
senne des lettres de noblesse, qui furent entérinées le 25,
avec dispense de finances (Reg. B. 255 n° 37). « Lequel,
portent les lettres patentes de Stanislas, étant venu s'établir
en notre ville de Lunéville, il y a environ vingt-cinq ans,
après avoir épousé la fille de Marie-Joseph Conigliano, qui,
depuis quarante ans et plus, était attaché à notre service,
auquel ledit Bussenne, et ensuite Bernard de Conigliano
(*sic*), son beau-frère, ont succédé dans la fourniture des
marchandises étrangères nécessaires à la dépense de notre
maison... » (2). Les armes choisies par le nouvel anobli
furent : « d'or, à la bande de sinople chargée d'un cerf courant d'argent, et, pour cimier, un dragon d'or issant d'un
armet morné, orné de ses bourrelets et lambrequins aux
couleurs de l'écu ».

Michel Bussenne et sa femme n'avaient, d'ailleurs, nullement l'aspect de parvenus. Je me rappelle avoir vu autrefois leurs portraits à Nancy, chez leur arrière-petite-fille,
Mlle Sophie de Bonne. C'était un couple de très haute mine,
qui n'aurait déparé aucune galerie d'ancêtres. J'ai chez moi,
me venant de famille, un portrait que je crois être celui de
Marguerite Bussenne. Si mes souvenirs sont exacts, il serait
une réplique de la peinture qui se trouvait chez ma cousine
de Bonne : même petite tête poudrée au sourire moqueur,
même robe d'un blanc verdâtre, largement décolletée, et, à

---

(1) Depuis que ces lignes ont été écrites, j'ai appris que le château avait
été reconstruit avec des dommages de guerre, mais, bien entendu,
sa jolie décoration intérieure n'a pas été reconstituée.

(2) Voir Lepage et Germain, « Complément au Nobiliaire de Lorraine »,
p. 137.

la main, — détail caractéristique — même lettre cachetée
de cire rouge (1).

Peu après son anoblissement, Michel Bussenne acquit le
fief de Toupet et la vouerie de Bures. Toupet, à un kilomètre
d'Azoudange, est une cense-fief qui, en 1756, dépendait de
la paroisse de Maizières. « Bures est un petit village, voisin
de Bathelémont et tout proche de l'étang de Parroy. C'était
une seigneurie de haute et lointaine origine. Qualifiée, au
XIe siècle, de franc-alleu (allodium de Buris), elle fut donnée,
en 1097, au prieuré de Saint-Jacques de Neufchâteau. Au
XVe siècle, elle était devenue la propriété des comtes de
Blâmont, et, en 1470, Androuin de Vathimont, seigneur de
Létricourt en partie, reprit en fief, de Ferry de Blâmont, la
vouerie de Bures. Les habitants devaient, par chaque conduit, un resal d'avoine ; les femmes veuves, la moitié » (2).

Les grandeurs ne tournèrent pas la tête au seigneur de
Bathelémont. Sa noblesse, quoique récente, sa belle fortune, la faveur du souverain, auraient pu lui permettre de
marier son fils aîné à quelque fille de châtelain des environs. Il préféra une alliance d'une solidité plus sérieuse et
lui fit épouser une jeune bourgeoise de Metz. L'esprit pratique de Marguerite Couigliano ne fut peut-être pas étranger à ce choix. Elle avait un ordre qui frisait l'avarice. Une
tradition de famille rapporte qu'elle ne se gantait jamais
que d'une main, pour prolonger du double la durée de ses
paires de gants. Cette économie rigide se fût, sans doute,
mal accommodée de voir les belles épargnes des Bussenne
mises à la disposition d'une jeune femme habituée à la vie
moins parcimonieuse des familles aristocratiques. Marie-
Thérèse Mary, que Marie-Joseph-Michel Bussenne, « conseiller du Roy, substitut du Procureur général au Parlement
de Metz », épousa, le 1er octobre 1765, à Metz, paroisse St-
Simplice, appartenait, d'ailleurs, à une famille de haute
bourgeoisie, fort bien apparentée. Son père, « feu le sieur
François Mary », était en son vivant conseiller-échevin de

---

(1) Ce portrait est actuellement (1925) dans mon escalier.
(2) Lepage, « Le département de la Meurthe », Nancy 1843.

l'hôtel-de-ville de Metz et juge-consul. Les évènements de la
fin du siècle devaient donner à plusieurs de ses proches une
singulière illustration. C'est ainsi qu'une cousine-germaine
de la jeune Mme Bussenne, Marie-Madeleine Barbé, épousera en 1769, François-Christophe de Kellermann, capitaine
de hussards au régiment de Conflans, plus tard maréchal
des camps et armées du roi, plus tard encore maréchal de
l'Empire et duc de Valmy. Un cousin germain de Mme
Bussenne, Etienne Barbé, deviendra le célèbre marquis de
Barbé-Marbois, d'abord conseiller au Parlement de Metz,
puis président du Conseil des Anciens, conseiller d'Etat sous
l'Empire, président de la Cour des Comptes en 1808, sénateur en 1813, garde des sceaux de France sous Louis XVIII,
et membre de l'Institut. La seconde fille de Barbé-Marbois
sera duchesse de Plaisance, par son mariage avec le fils de
Lebrun — Lebrun, le troisième consul, le futur architrésorier
de l'Empire. Une autre cousine de Marie-Thérèse Mary,
Louise-Charlotte Dosquet, avait épousé, en 1749, Albert
de Lasalle, baron de Dillingen, seigneur de Berweiler, lieutenant-général au bailliage de Sarrelouis. Un de ses neveux
sera le célèbre général Lasalle.

Les Bussenne pouvaient donc considérer comme fort honorable une alliance avec les Mary. Michel Bussenne apportait en dot l'office de Conseiller du Roi - substitut du Procureur général au Parlement de Metz, estimée 12.000 livres. De
plus, ses père et mère lui assuraient « pour en jouir après
leur mort, la propriété des château, terre et seigneurie de
Bathelémont, sur le pied de 12.000 livres, à charge de faire
état à ses frères et sœurs, à l'ouverture de la succession de
ses dits père et mère, de ce qui pourrait excéder sa portion
virile » (1).

Cinq ans après, Marie-Joseph-Michel, pour éviter toute
contestation ultérieure avec ses frères et sœurs, renonça au
bénéfice de la clause ci-dessus, par transaction du 11 mars

---

(1) Contrat de mariage de Marie-Joseph-Michel Bussenne et de Marie-
Thérèse Mary, en date du 20 septembre 1765. Archives de la famille
Conigliano.

1772. Dans cet acte de rétrocession, les Bussenne ont adopté la particule, bien qu'il n'en existe pas trace d'autorisation. Marie-Joseph-Michel n'y est plus qualifié de « substitut de M. le Procureur général au Parlement de Metz »,—il avait en effet, résigné sa charge vers 1767. En revanche, il porte le titre de « Seigneur d'Igney » (1), car il avait acheté récemment cette terre au baron de Sailly. Il fit foi et hommage de son fief le 22 janvier 1772.

Nous le voyons, par contrat du 26 janvier 1787, prêter une somme de 7.600 fr. à son cousin-germain, Louis-Etienne Conigliano (mon bisaïeul), en prenant une hypothèque sur l'habitation de ce dernier, « dite « le Château du Prince Charles » et située à l'extrémité orientale de Lunéville, au faubourg dit de la Fonderie » (2).

Plus tard, nous le retrouvons sur une liste d'émigrés du district de Blàmont, dont les biens ont été confisqués par la Nation, sous cette simple mention : « Bussenne à Blàmont ». Il figure également sur la liste des émigrés du département de la Meurthe du 19 juillet 1792, sous la rubrique « Bussenne et sa femme, Blàmont ». Il avait fait, sans doute. l'acquisition d'une maison dans cette ville, la plus proche de son château d'Igney. Ce château qu'on dit avoir été un rendez-vous de chasse de Stanislas, fut détruit par un incendie le 19 septembre 1867 (ou 1869). Sur son emplacement s'élève, à présent, une maison appartenant à M. Edmond Gadel, parent de mon beau-frère.

En 1804, Michel de Bussenne est fixé à Paris, avec sa femme, ainsi qu'il appert d'actes relatifs à un procès entre Mathias-Richard de Batilly et ses neveux, les enfants de Louis-Etienne Conigliano (3).

A partir de cette date, on perd la trace du dernier seigneur d'Igney. J'ignore s'il a laissé postérité. Les dates de sa mort et de celle de sa femme me sont inconnues.

------

(1) Igney, près Avricourt (Meurthe-et-Moselle).
(2) Le « Petit Château » actuel.
(3) « Sinification (sic) faite au nom de Mathias-Richard Batilly, ancien lieutenant-colonel d'infanterie, 18 pluviôse, an XII ». (Archives de la famille Conigliano).

Cette liste d'émigrés, sur laquelle figure « Bussenne. à Blâmont », contient aussi le nom de « Marguerite Conigliano, femme de Barail de Bussenne, à Igney ». D'autre part, sur le procès-verbal de l'assemblée de l'ordre de la noblesse du bailliage de Blâmont, en date du 16 mars 1789, on trouve également le nom de « Barail de Bussenne ». Ce nom de « Barail » me déroute complètement et je ne puis l'expliquer que par un second mariage de Marguerite Conigliano. devenue veuve de Michel Bussenne, le 26 octobre 1773 (1), bien que la tradition soit muette à ce sujet. Barail est, en effet, non pas un nom de terre que mon arrière-grande-tante eût pu ajouter au sien par suite d'une acquisition, mais le nom patronymique d'une famille, anoblie en 1720, occupant une grande situation à Blâmont, dans la seconde moitié du xviiie siècle, et précédemment à Nancy. Il est vraisemblable que Marguerite Conigliano se sera remariée, la cinquantaine sonnée, à un membre de cette famille, peut-être François Barail, avocat au Parlement, demeurant à Nancy, qui, en 1776, avait assisté à Blâmont, comme témoin au mariage de son frère, Jean-Baptiste Barail, « ancien officier au service de l'Empereur », avec Anne-Gabrielle-Françoise Cordier du Timat (2). Dans tous les cas, Marguerite Conigliano, qui figure sur la liste des émigrés du département de la Meurthe du 19 juillet 1792, sous la rubrique « Coligliano (*sic*), veuve Bussenne (Marguerite). Igney », devait être bien et dûment veuve, au moment de la Révolution, eût-elle même convolé en secondes noces. Elle ac_compagna, sans doute, la famille Fournier, qui émigra en Russie. J'ignore où et quand elle mourut.

De son mariage avec Michel Bussenne, elle avait eu — on

---

(1) Il était mort à Bathelémont.

(2) 30 décembre 1776. Mariage de Pierre-Joseph Barail, officier au service de l'Empereur, fils majeur des défunts Jean-Baptiste Barail. aussi officier impérial. et de Françoise de Beaucharmois, avec Anne-Gabrielle-Françoise Cordier du Timat, fille mineure de feu Pierre-Joachim Cordier, seigneur du Timat, chevalier de Saint-Louis, capitaine de grenadiers au service de France, et de Marie-Anne-Françoise Hardy de Vidembourg. Archives de Meurthe-et-Moselle. Série E. Supplément 1766.

l'a vu précédemment — sept enfants. Nous avons suivi,
aussi loin que nous l'avons pu, la carrière de l'aîné, Marie-
Joseph-Michel. Le second et le troisième étaient morts en
naissant. Le quatrième, François-Simon de Bussenne, dit
« de Schlagberg », épousa Marie-Vincent-Nicole de Schlagberg, née Audoul de Saint-Julien. En 1788, il habitait à
Metz, rue du Ponttifroy. Il y est qualifié, à cette date, dans
un procès-verbal, « d'écuyer, conseiller du Roi, commissaire
des guerres au département du Haut-Dauphiné, lieutenant
du Roi en la ville de Charmes-sur-Moselle » (1). Nous igno-
rons ensuite tout de lui.

Le cinquième enfant, Catherine, et le sixième, Jean-Chrysostôme, n'ont laissé aucune trace. Ils sont vraisemblablement morts sans s'être mariés.

Le septième, Jeanne-Marguerite, a épousé, à l'âge de 22
ans, le 20 juillet 1772, à Bathelémont, Léopold-André Fournier, capitaine d'infanterie au service du grand-duc de
Toscane, fils de feu Henri Fournier, écuyer, avocat à la
Cour souveraine de Lorraine, substitut du Procureur général à la Chambre des Comptes, et d'Anne-Marthe Le Febvre,
de la paroisse Saint-Sébastien, à Nancy.

Les Fournier avaient été anoblis le 7 juillet 1720, en la
personne de Claude Fournier, demeurant à Thiaucourt,
grand-père de Léopold-André. Leurs armes étaient : « d'azur
à trois étoiles d'argent posées deux et une, au chef de même
chargé d'une tête de lion arrachée de gueules ; pour cimier,
un lion de gueules, issant d'un armet morné, orné de ses
bourrelets et lambrequins, aux métal et couleurs de l'écu (2). »

La mère d'André Fournier, Anne-Marthe Le Febvre, d'une
illustre famille de parlementaires lorrains, avait pour frère
le fameux président Le Febvre : Nicolas-Joseph, seigneur
de Hénaménil, Montjoie et Holmez, né à Epinal, le 11 juillet 1664, mort à Nancy le 27 octobre 1739. Nous le voyons
successivement Conseiller d'Etat et privé des ducs Léopold
et François III, premier président de la Chambre des En-

---

(1) Archives de la famille Conigliano.
(2) Trésor des Chartres, fol. 92, reg. 1720. (Dom Pelletier, p. 258).

quêtes, procureur général puis premier président de la
Chambre des Comptes de Lorraine. Ambassadeur à Rome
et à Vienne, il fut le plus habile diplomate du duc Léopold
et se trouva mêlé à toutes les grandes affaires du règne de
ce souverain. C'est lui qui négocia le mariage de François de
Lorraine avec l'archiduchesse Marie-Thérèse, héritière de la
Maison d'Autriche.

Il avait été anobli par lettres patentes du 14 août 1706 (1)
Après la mort de Michel Bussenne, en 1773, Léopold-André
Fournier et sa femme héritèrent la seigneurie de Bathelémont et en prirent le nom. C'est à Bathelémont que naquirent leurs nombreux enfants : trois fils et cinq filles. L'examen de leurs actes de baptême nous donne des renseignements intéressants. En 1774, le ménage Fournier-Bussenne
appartient à la paroisse de Saint-Nicolas-du-Port. Il y avait
donc acquis une maison de ville, où, sans doute, il passait
les mauvais mois d'hiver, réservant le séjour de Bathelémont pour la belle saison. En cette même année 1774, le
mari de Marguerite de Bussenne est qualifié « d'écuyer ».
Un peu plus tard, il est mentionné comme seigneur de
Bathelémont. A partir de 1783, il s'appelle « Monsieur de
Fournier », nouvel exemple de la facilité avec laquelle les
anoblis lorrains se paraient de la particule sans autorisation. En 1784, l'ascension continue ; M. de Fournier est
titré « chevalier », au mépris de toutes les règles héraldi-
ques.

Que devinrent Léopold-André de Fournier et Marguerite
de Bussenne ? Le 23 mars 1789, le seigneur de Bathelémont
figure, sur le procès-verbal de l'assemblée générale des trois
ordres du bailliage de Vic. La même année, le cahier de
l'ordre de la Noblesse du bailliage de Lunéville compte, au
nombre de ses six signataires, mon arrière-grand-oncle
« Daristay de Châteaufort et Fournier de Bathelémont, se-

---

(1) Fol. 107, reg. 1703.
   Armes : « D'azur à trois pals d'argent, surmonté d'un chef de gueules,
   chargé de trois étoiles d'or, et, pour cimier, une étoile de l'écu sou-
   tenue d'un casque morné, orné de ses bourrelets et lambrequins aux
   métaux et couleurs de l'écu ». Dom Pelletier.

crétaire de la Noblesse ». D'après la tradition, Fournier émigra en Russie, mais il ne dut y rester que peu de temps car il ne figure pas sur la liste des émigrés du département de la Meurthe du 19 juillet 1792, et, d'autre part, les 12 et 29 floréal de l'an vii, il est membre d'un conseil de famille réuni à Lunéville pour établir les droits des enfants mineurs de Louis-Etienne Conigliano dans la succession de leur grand'mère Hugard. Les procès-verbaux de ce conseil de famille le mentionnent comme habitant alors Lunéville (1). Je ne sais quand il mourut, et je suis dans la même ignorance en ce qui concerne sa femme. Je sais seulement, d'après le testament de Philippe Ossell, veuve de Joseph-Antoine Conigliano (2), que Mme Fournier vivait encore en 1826 et que, à cette époque, elle habitait Nancy.

Aucun des fils de Léopold-André Fournier ne semble avoir laissé de postérité. L'aîné, Léopold-Charles, qui, en 1784 (3), âgé de 11 ans, est « étudiant à Strasbourg », a dû mourir jeune, car, après cette date, on n'en retrouve plus trace.

Le second, Marie-Joseph-François-Léopold, seigneur voué de Bures, est à quatorze ans, en 1788, « clerc tonsuré du diocèse de Nancy » (4) et fait ses études au séminaire Saint-Claude de Toul. La Révolution lui a-t-elle permis d'entrer dans les ordres ? A-t-il vécu ? Autant de questions qui restent sans réponses.

Sur le troisième, Léopold-Marie-Simon-Auguste, absence complète de documents.

Une des filles mourut aussitôt après sa naissance. Des quatre qui vécurent, deux, Louise et Joséphine, ne se marièrent pas et finirent leur vie à Vandœuvre, près Nancy, où elles sont enterrées. Joséphine mourut en mai ou juin 1853. J'ai le portrait d'une des deux demoiselles Fournier, une miniature rectangulaire, représentant une dame en

---

(1) Archives de la famille Conigliano.
(2) Archives Pichon de Châteaufort. Voir la présente notice, p. 16 bis.
(3) Acte de baptême de Louise-Léopoldine de Fournier, 12 septembre 1784.
(4) Acte de baptême de Marie-Cécile-Adélaïde de Fournier, 28 octobre 1788.

costume « Restauration », blanc et rouge, au revers, une mèche de cheveux.

Marie-Cécile-Adélaïde, née en octobre 1788, épousa, le 7 septembre 1813, Ardant du Picq, poète et littérateur, conservateur des hypothèques, et mourut en 1827. Elle est la mère du colonel Ardant du Picq, qui a laissé un nom dans la Cavalerie. Cette famille, qui occupait à Limoges une situation de premier plan, était représentée, en 1892, par Mme Charles Ardant du Picq, sans doute belle-fille de Mlle Fournier, MM. Léon et Georges Ardant du Picq, ce dernier marié et juge au tribunal de Mauriac, et Paul Ardant du Picq, lieutenant au 2ᵉ bataillon d'infanterie légère (1).

La dernière des demoiselles Fournier épousa M. d'Olivier de Bonne — un Limousin, lui aussi, je crois —. Il prétendait appartenir à l'illustre maison de Bonne qui, après la mort de François de Bonne, duc de Lesdiguières, grand connétable de France, s'éteignit, quant à la branche aînée du moins, dans la maison ducale de Créquy. J'ignore comment il pouvait établir sa filiation. Ce qu'il y a de certain, c'est que sa fille unique, ma vieille cousine Sophie de Bonne, morte à Nancy, en 1892, sans avoir été mariée, avait une argenterie timbrée aux armes pleines des ducs de Lesdiguières. Dans son petit cercle, très aristocratique et très fermé, on l'appelait « la Connétable » (2).

VI. JEAN-CHRYSOSTOME

Jean-Chrysostôme Conigliano, né à Strasbourg en 1731, fut nommé capitaine au régiment de « Nassau-Infanterie », le 23 février 1748 — il n'avait pas dix-sept ans ! —. C'est en cette qualité qu'il fit la campagne de Flandre de 1748 (1).

---

(1) Billet de part de la mort de Mlle Caroline-Sophie-Madeleine-Louise d'Olivier de Bonne [7 janvier 1892]. Les Ardant du Picq possèdent les beaux portraits d'ancêtres, qui garnissaient l'appartement de Mlle de Bonne, à Nancy, rue Sainte-Catherine.

(2) Pour cette notice sur les Bussenne, et les Fournier, j'ai fait de nombreux emprunts à mon étude intitulée : « Quelques familles d'anoblis lorrains au XVIIIᵉ siècle ».

(3) Archives du Ministère de la Guerre.

Plus tard. il acheta une compagnie au régiment suisse de
Dauch, qui était au service du roi de Naples (1). Il avait
épousé à Strasbourg, le 2 août 1736, Frédérique-Charlotte
Hammerer, d'une vieille famille protestante, récemment
convertie au catholicisme. Ses parents, Jean-Frédéric Hammerer, membre du Conseil des XIII (corps municipal in-
vesti des plus hautes attributions gouvernementales et formant le Sénat politique de la République de Strasbourg) et
Anne-Marguerite Nicolai, faisaient partie de la haute bourgeoisie de sa ville. Je ne sais si Jean-Chrysostôme a laissé
postérité. Son acte de mariage est le dernier des registres
paroissiaux strasbourgeois où figure le nom de Conigliano.
Il est donc probable que les Conigliano quittèrent tous
Strasbourg dans la seconde moitié du xviiiᵉ siècle.

---

(1) Dans le contrat de mariage de son neveu, Marie-Joseph-Michel Bussenne, il est appelé Christophle [sic] Conigliano, capitaine-proprié-
taire au régiment de Diauch [sic] service de Naples.

CHAPITRE III

Bernard Conigliano. — Les Mathieu — Marie-Josèphe Mathieu. — Les portraits de mon trisaïeul et de sa femme. — Veuvage de Marie-Josèphe. — Ses démêlés avec la demoiselle Broche. — Un exemple de sa bienfaisance.

Bernard Conigliano, né à Strasbourg en 1722, suivit Stanislas à Lunéville, et, tout jeune encore, s'associa, comme nous l'avons vu, à son beau-frère Bussenne, « intéressé dans les affaires du Roi ». Ce dernier ne tarda pas à lui laisser la succession complète de ses affaires et Bernard s'intitula, dès lors, « marchand du Roi », puis, plus tard, « agent du Roi ». Il me reste, venant de lui, quelques vieux bouquins à tranches rouges, solidement reliés en veau, et portant sur le plat antérieur, son nom : « B. Conigliano », doré au fer. Parmi ces volumes est un barème, qui dut lui servir dans son commerce.

Il épousa, à l'âge de 19 ans, le 25 octobre 1741, Marie-Josèphe Mathieu, plus âgée que lui de quatre ans, car elle était née à Lunéville, le 18 mars 1718. Elle était le douzième enfant de Jean-Claude Mathieu, marchand (1655-4 mars 1741) et de Marie Le Clerc (1676-8 mars 1754). Claude Mathieu habitait « rue de la Cour », et, le 7 octobre 1787, fut taxé de 12 livres « comme don de joyeux avènement de Sa Majesté le roi de Pologne » (1).

Marie-Josèphe eut pour parrain Jean-Nicolas du Perron,

____

(1) Archives de Lunéville.

fils d'André du Perron (1), homme de chambre de S. A. R.,
qui avait été anobli le 10 février 1701. Sa marraine fut
Christine Mathieu, une de ses nombreuses sœurs. Ces
Mathieu étaient, dit-on, des bourgeois de Lunéville, riches
et considérés. Un des frères de Marie-Josèphe, Nicolas-
François, épousa, en 1759, Barbe Georges, et en eut entre
autres enfants, Nicolas-François, chirurgien. C'est, je crois,
par les Mathieu que nous sommes parents de la famille de
Metz, mais j'ignore par suite de quelle alliance.

Quant aux Le Clerc, ils étaient légion à Lunéville, au
XVIIIe siècle, et je n'ai pu déterminer à laquelle de ces
familles appartenait la mère de ma trisaïeule.

Avant de s'épouser, Bernard Conigliano et Marie-Josèphe
Mathieu s'étaient fiancés solennellement. Le texte de l'acte
de fiançailles est assez curieux pour être reproduit intégralement :

« Nous, Bernard Conigliano et Marie-Josèphe Mathieu,
confesons et certifions avoir levez la main au Ciel et fait
serment au pied de l'hôtel de la paroisse de cette ville, que
jamais nous ne retirerons la parole d'honneur que nous
nous sommes donné de nous épouser Ensemble, malgré
tous les Empêchemens qui pouroit survenir, soient parens
et autres, Eplustost que de changer nous engageons à nous
attendre l'un et l'autre vingt ans et plus s'il le faut. En fois
de quoit et jour du présent billet écrit, nous nous donnons
une bague en promesse, comme liain sincère et légitime de
notre amitié. Et signons tous deux au bas du présent, fait
double à Lunéville, le huit septembre mil sept cent quarante et un.

« Conigliano   Marie-Josèphe Mathieu » (2).

Je possède deux magnifiques portraits de mon trisaïeul
Bernard et de sa femme. Lui, remarquablement beau, a

---

(1) André du Perron, écuyer, valet de chambre de S. A. R., mourut à
Lunéville le 18 avril 1730, âgé d'environ 60 ans, et fut inhumé le
lendemain dans l'église des Minimes. Il avait épousé Marguerite
Gaillard.

(2) Archives de la famille Conigliano.

conservé le type des ancêtres vénitiens : un teint ambré, l'ovale du visage allongé, des yeux foncés, intelligents et doux. Il est vêtu d'un deshabillé de velours violet à reflets changeants, doublé de soie vert d'eau et tient un papier à la main. Il a vraiment très grand air avec sa poudre, ses dentelles, l'élégant négligé de son habit et surtout sa physionomie sérieuse, un peu hautaine (1).

Elle, sans beauté, a un sourire d'indulgente finesse. L'arrangement théâtral de son costume a fière allure. Un voile léger couvre ses cheveux. Des agrafes de pierreries relèvent ses manches sur ses beaux bras qui retiennent l'élan rageur d'un bichon noir (2).

Ce ménage de marchands a vraiment grand air.

La notice généalogique insérée dans l'ouvrage du vicomte de Magny rapporte que Bernard Conigliano fut nommé, par un décret du 15 septembre 1755, daté de Dresde, consul à Strasbourg de Frédéric-Auguste, électeur de Saxe et roi de Pologne. Ce décret devait faire partie du dossier disparu dans l'incendie des archives de l'état-civil de Paris ; je n'ai donc pas eu connaissance de la pièce originale. Le renseignement semble très précis, mais ne laisse pas que de m'étonner grandement. En 1755, Bernard Conigliano habitait Lunéville depuis de nombreuses années. De plus, je doute fort qu'il ait accepté les fonctions de consul de Frédéric-Auguste, alors qu'il était au service de Stanislas, rival malheureux de l'électeur de Saxe, et pour lequel il professait le plus sincère attachement. Il me paraît qu'il doit y avoir confusion et que le renseignement ci-dessus concerne Antoine-Joseph ou Jean-Baptiste Conigliano, restés à Strasbourg.

Bernard Conigliano mourut à Lunéville le 22 janvier 1760

---

(1) Je possède également une miniature rectangulaire (0ᵐ039 × 0ᵐ053), copie du portrait décrit ci-contre. Elle provient de ma grand'tante Pierson, née Conigliano.

(2) Ces portraits sont certainement d'un maitre. Ma cousine Marie de Conigliano, aidée du peintre Monchablon, en avait fait, au pastel, deux bonnes copies, dont elle fit don, dans la suite, à ma nièce André, née Clotilde Gadel.

à 4 heures 1/2 du matin, n'étant âgé que de 37 ans. Il avait eu onze enfants et en laissait sept vivants, dont l'aîné n'avait pas dix-sept ans. Sa veuve, restée seule pour administrer une fortune importante et élever sa nombreuse famille, fit preuve d'intelligence et d'énergie.

Dès le lendemain de la mort de son mari, elle intenta un procès à la demoiselle Marie-Thérèse Broche (1), aux fins de lui faire rendre ses comptes dans l'association que cette dernière avait formée avec Bernard Conigliano, le 20 mai 1754.

Un acte du 14 mars 1760 (2) porte dissolution de cette association et règle les conditions dans lesquelles la dissolution s'effectuera. Il y est dit, entr'autres articles, que « toutes les marchandises de la boutique » seront remises à la dame Conigliano. Mon trisaïeul avait donc encore une boutique au moment de sa mort. Où était-elle ? Une tradition prétend que Bernard habitait la maison formant l'angle des rues Thiers et Banaudon, aujourd'hui le numéro 2 de la rue Thiers. Je n'ai pu vérifier ce renseignement, le propriétaire actuel de cette maison ne possédant pas de titres relatifs à son immeuble antérieurs à la Révolution. Ce qu'il y a de sûr, c'est que, en 1769, Marie-Josèphe Mathieu habitait le numéro 8 de « la petite Place de la Cour » (à présent place Stanislas), peut-être l'ancienne maison de son père, Jean-Claude Mathieu. Sur le contrôle général des habitants de Lunéville, qui donne cette précision, à la date du 26 septembre 1769, elle est qualifiée de « rentière ».

D'autre part, lors du service funèbre du roi Stanislas, le luminaire fut fourni par la « veuve Conigliano, marchande-épicière du Roi », pour la somme de 13.698 livres 17 sous 9 deniers (3).

C'est donc entre 1766 et 1769 qu'elle quitta son commerce,

---

(1) Le 2 septembre de la même année (1760), Mlle Broche épousa Charles-François-Joseph Blanchard, aide-major de la place de Besançon, fils du sieur Michel Blanchard, ci-devant aide-major de la dite place, chevalier de St-Louis, etc., et de Marie-Josèphe Blaux.

(2) Archives de la famille Conigliano.

(3) Archives nationales.

sans doute aussitôt après la mort du roi de Pologne. A ce moment, elle est portée sur l'état des pensions (testament de Stanislas) pour une somme de 100 livres.

Je possède, dans mes archives, de nombreux acquêts faits par ma trisaïeule pendant son veuvage, notamment à Domjevin. Non contente de bien gérer la fortune de ses enfants, elle sut procurer à ses fils des établissements avantageux et faire contracter à ses filles de brillantes alliances.

C'était une femme de tête, dans toute l'acception du mot. C'était aussi une femme de cœur. Des écrits du temps mentionnent ses actes de bienfaisance, montrant qu'elle savait mener de front les affaires et la charité. Témoin ce fait que je trouve relaté dans deux ouvrages différents. Je cite intégralement :

« Mme Conigliano, de Lunéville, a sauvé de la misère deux veuves et leurs enfants, en leur procurant argent, meubles et logement » (1).

Thiébaut, dans son « Tableau moral du département de la Meurthe, ou Recueil des belles actions qui y ont eu lieu depuis 1787 jusqu'à l'an quatorze » (Nancy 1806) (2), raconte le même fait avec un grand luxe de détails attendrissants.

« La veuve et l'orphelin consolés. — Un artisan de Lunéville, après une maladie très longue, meurt, vers l'an 1787 ; il laisse sa femme et cinq enfants dans la plus grande douleur et sous le poids d'une dette considérable.

« Le créancier, homme très dur, vient ajouter au malheur de cette famille ; il en connaissait le mobilier suffisant pour se procurer son payement. Il avait obtenu, précédemment, une autorisation de saisie des meubles de cet artisan, et, pendant que l'on procède à l'enterrement du défunt, il fait sceller les portes de la maison de la veuve.

« Au retour de l'enterrement, cette pauvre veuve et ses cinq enfants sont sans asile, sans ressources ; une autre veuve, leur parente, les recueille et les alimente, mais cette parente fait un sacrifice qu'elle ne peut prolonger.

____

(1) Michel, « Biographie des hommes marquants de l'ancienne province de Lorraine », Nancy 1820, p. 220.
(2) pp. 33 et 31.

« Madame Conigliano, informée de l'état de ces deux veuves, loue un appartement, le meuble, y fait porter des lits, des vivres et une bourse suffisamment remplie pour aider à reprendre le travail, et, lorsque tout est prêt, elle appelle la parente de la veuve mère de famille, lui remet le bail et les clefs de l'appartement loué et payé et lui fait promettre de taire le nom de celle qui vient au secours de cette pauvre mère.

« Cette parente, sensible et joyeuse de surprendre cette famille désolée, remplit au plus tôt sa mission et garde le secret. Des larmes, des cris de reconnaissance éclatent dans cette maison ; cette veuve prend possession du tout, elle demande le nom de son bienfaiteur ; elle ne l'apprit que longtemps après, c'est-à-dire à la mort de Madame Conigliano ».

C'est une intéressante et belle figure de grande bourgeoise que ma trisaïeule ; le type en fut assez fréquent au xviii° siècle.

Je ne sais où ni à quelle date exacte elle mourut. Les archives de Lunéville sont muettes à ce sujet. Toutefois j'ai appris par ces archives que, en 1800, elle vivait encore et habitait 75, rue de Brutus (rue d'Alsace-actuelle), le « château du Prince Charles », propriété de son fils Louis-Etienne. D'autre part, le récit que je viens de reproduire montre qu'elle n'existait plus en 1806, date à laquelle parut l'ouvrage dont ce récit est extrait. Il est probable que lorsque Louis-Etienne, après avoir vendu le Petit-Château à son beau-frère Batilly, en 1804, alla se fixer à Rosières, sa mère l'y suivit et mourut très peu de temps après son arrivée dans cette nouvelle résidence. [1]

(1) Voir "Errata et addenda" p. 212.

CHAPITRE IV

Les enfants de Bernard Conigliano — Le colonel (?) Jean-Baptiste-Bernard et sa mort en Pologne. — François-Jean-Chrysostome : les tribulations d'un parlementaire lorrain pendant l'insurrection de Saint-Domingue. — Simon : encore le régiment de Nassau. — Madame de Brunet — Les Brunet — Le général de Brunet et sa fin tragique — Anne-Gabrielle et ses deux mariages — Les Harvier et les Châteaufort — Leur descendance. — La « Ménagerie » du duc Ossolinski. — Le testament de Panpan. — Le général Clarenthal, sa carrière, son mariage, sa mort. — Madame de Batilly. — Les Batilly et les Marie de Fréhaut. — Un aide-de-camp du roi Joseph ; une dame d'honneur de la reine Julie. — Mlle de Fréhaut prise pour la duchesse de Berry. — M. et Mme de Pierrefitte.

I

ANNE-MARIE-JOSEPH

Elle est née le 9 août (ou juillet) 1742. Son parrain fut Marie-Joseph Conigliano, son grand-père, représenté par Michel Bussenne. Elle eut pour marraine sa grand'mère maternelle, « dlle Marie Le Clerc, veuve Mathieu ». C'est tout ce que je sais de cette arrière-grand'tante, qui, sans doute, est morte jeune.

II

JEAN-BAPTISTE-BERNARD

Né le 17 juin 1744, il eut le même parrain que sa mère, « Jean-Nicolas du Perron, chevalier, conseiller du Roi, gentilhomme de feu S. A. R. Madame de Lorraine et receveur

du roi au département de Neufchâteau ». Sa marraine était
sa tante, Marguerite Bussenne. Ce Jean-Nicolas du Perron
devait être parent ou ami très intime des Mathieu. En 1744-
46, il habitait Vézelise. Comme je l'ai dit précédemment,
il était fils du sieur André du Perron, écuyer, valet de
chambre de S. A. R., et de Marguerite Gaillard, de la paroisse Saint-Sébastien de Nancy. Il avait épousé à Lunéville
le 31 août 1735, dlle Françoise Grozelier, fille du sieur
Pierre Grozelier, trésorier des troupes de S. A. R., et de feu
dlle Françoise Charles, « de la dite paroisse Saint-Sébastien
de droit, et de celle-ci de fait depuis plusieurs années ».

La notice du « Nobiliaire universel » consacrée à notre
famille dit que Jean-Baptiste-Bernard fut colonel de cavalerie et qu'il mourut en Pologne vers 1770. Il devait faire
alors partie du petit corps de troupe français que le duc de
Choiseul avait envoyé, en 1769, au secours de la Pologne,
sur les instances de l'évêque Kraminski. Il ne m'a pas été
possible de vérifier l'authenticité de ces assertions.

III

FRANÇOIS-JEAN-CHRYSOSTOME

Date de son baptême : 19 octobre 1745. Parrain : son oncle, Jean-Chrysostôme Conigliano, capitaine au régiment
de « Nassau-Infanterie ». Marraine : dlle Louise Danière.

Reçu avocat du Roi au Parlement de Metz, le 30 septembre 1768, ce qui lui donne le titre d'écuyer, il devient Conseiller du Roi et avocat général au dit Parlement, puis, vers
1780, est nommé Conseiller au Conseil souverain de l'île de
Saint-Domingue. En 1789, son nom figure, avec la particule,
sur la liste des membres du Conseil supérieur de l'île, dont
le premier président était Barbé de Marbois, un cousin germain de sa cousine de Bussenne. Par édit du mois de janvier 1787, les deux conseils supérieurs de Saint-Domingue
avaient été réunis pour former un seul Conseil, séant à
Port-au-Prince.

La vie de cet arrière-grand'oncle, du moins dans sa dernière partie, fut singulièrement agitée, ainsi qu'en témoigne

une curieuse lettre que je détiens dans mes archives et que je transcris intégralement. Elle est adressée à son frère, Louis-Elienne, et datée de « Port républicain » (Port-au_Prince), le 30 Germinal, an 9.

« C'est aux maux inouïs, aux maux incalculables de cette cruelle révolution que je dois, mon bon ami, la privation de vos nouvelles et de celles de ma famille. Depuis dix ou douze ans je n'en ai pas reçu. Je vous ai écrit plusieurs fois et toutes mes lettres ont été sans réponse. Que fait ma respectable mère ?... (1). Je tremble en vous demandant des nouvelles. Existe-t-elle et a-t-elle de quoy exister ?... Votre femme, mes frères, mes sœurs, mes nièces, ma tante (2), mes cousins, que font-ils tous !... Deux mille lieues me séparent d'eux et mon cœur en est inséparable. Je vais vous rendre à (mon) tour un compte exact de ma conduite et de mes malheurs. Quels qu'ils soient — ils sont bien grands — celui qui m'affligerait le plus, celui qui me serait le plus sensible serait votre oubli.

En 1790, époque des troubles qui ont commencé à agiter Saint-Domingue, ce commencement n'eut rien d'inquiétant, Nous étions bien éloignés d'imaginer que ces maux allaient prendre de telles racines que la génération présente et peut-être la postérité, pourront à peine les extirper. Nos esclaves accoutumés à une vie uniforme et, la plus grande partie d'eux, heureux assez, naturellement indolents, eurent infiniment de peine à se soulever, à s'insurger. Ils restèrent dans cet état d'apathie et d'incertitude jusqu'en 1792, et encore fallut-il qu'ils fussent poussés à bout par leurs incitateurs, pour se décider à la révolte. En 1791, des bataillons d'Artois et de Normandie descendirent icy et, le surlendemain de leur arrivée, assassinèrent M. de Mauduit, colonel du régiment de Port-au-Prince et embarquèrent, quelques jours après, son régiment, après l'avoir désarmé. L'agitation et les craintes augmentèrent ; une assemblée coloniale, dont la majeure partie des décrets étaient marqués au coin

<hr>

(1) Marie-Josèphe Mathieu.
(2) Mme de Bussenne.

du délire, se fit embarquer par un soulèvement général; une assemblée provinciale de l'Ouest cassa, de son autorité privée, le Conseil souverain de la colonie, séant icy, et, par suite, tous les tribunaux. Voilà le commencement de l'anarchie.

« Les premiers commissaires, MM. Mirbec (1) *(sic)* et Saint-Léger, hommes de bien, ne purent rien obtenir. Les têtes étaient déjà trop exaltées. Ils partirent. Ils furent bientôt remplacés par trois autres. L'un, M. Alliot, était un très honnête homme. Aussi, ne resta-t-il pas : les deux autres, dont les noms sont gravés dans tous les cœurs, *Polverel* et *Sontonax*, nos descendants aux degrés les plus éloignés, ne prononceront encore leurs noms qu'avec horreur ; ces hommes, rares par l'atrocité de leurs crimes, ces monstres enfin, après avoir fait canonner cette ville, qui voulait résister à l'oppression, après avoir fait périr un grand nombre de ses habitants, firent enfin emprisonner tous les esclaves dans tous les lieux de la Colonie par des gens à eux, les déportèrent, firent brûler, égorger, piller, livrer aux supplices les plus inouïs, hommes, femmes, etc. On a vu icy faire scier des hommes entre deux planches, faire arracher les yeux à d'autres, couper cuisses et bras, les livrer après à la férocité et à la voracité des animaux ; des femmes enceintes, leur arracher leur enfant, le faire manger, la mère encore vivante, par des cochons, etc. Tous ces crimes, familiers à ces deux hommes, ne leur coutaient rien. Sontonax, dans ses accès de gayeté, signait l'arrêt de mort de 30 et 40 blancs et obligeait souvent leurs bourreaux à les luy faire porter pour s'assurer qu'ils fussent morts. Enfin, l'incendie du Cap, qui elle seule coûta sept cent millions à la France, sans parler de

______

(1) Frédéric-Ignace de Mirbeck, avocat à la Cour Souveraine de Lorraine, né à Lunéville en 1737, mort en 1818. Envoyé en 1791, par le Roi, à Saint-Domingue, pour y rétablir le calme, il eut assez d'ascendant pour arrêter, pendant quelque temps, le cours de l'insurrection qui avait éclaté dans cette colonie. On cite à ce sujet que 10.000 noirs, qui avaient massacré les députés envoyés pour leur faire des propositions de paix, rentrèrent dans le devoir, aux sollicitations énergiques de M. de Mirbeck. (Michel « Biographie des hommes marquants de la Lorraine ». Nancy 1829).

celle d'icy, a fait partir à peu près le reste des propriétaires que les corsaires en mer ont achevé de dépouiller et ont fait prisonniers çà et là.

« Je reviens à moi (dans un in-folio, je ne pourrais qu'ébaucher les maux de cette infortunée colonie et tous, faits et ordonnés par ces monstres : *Sontonax* et *Polvéret*). J'ai été trois à quatre mois en prison ; ma maison fut mise au pillage, d'ordre de ces deux scélérats ; je perdis pour plus de trente mille livres de tableaux d'un grand prix et de meubles précieux, que mes domestiques ne purent sauver ; ils cachèrent mon argenterie, mon linge et mes livres, et à peu près trente mille livres en argent, prix d'une maison que je venais de vendre. Le jour indiqué pour mon embarquement, j'emportai avec moi plus de cinquante mille livres, avec lesquelles j'espérais vivre pendant quelques années à Philadelphie, lieu de ma destination. A 3oo lieues de nos côtes, je fus pris par un corsaire anglais, qui ne me laissa que la chemise que je portais et me conduisit prisonnier à la Providence, où je restai pendant quelque temps, bien traité, parce que je connaissais lord Dummour, qui en est gouverneur, qui me retira au Gouvernement et qui eut pour moi infiniment d'égards ; il me permit de continuer ma route. J'arrivai enfin à Philadelphie, ville immense, superbe et très riche, dépouillé, dénué de tout. Quelques uns de mes amis que j'y retrouvai me soutinrent jusqu'en 1794 et, apprenant que l'Anglais venait de s'emparer d'une partie de Saint-Domingue, je me rendis au Port-au-Prince, aujourd'huy Port républicain. lieu de ma résidence habituelle. Mon état me fut rendu et nos lois ; je l'exerçai trois ans et demi, temps de son séjour. Il fut malheurement trop court pour les colons de Saint-Domingue, quoi qu'ils ne l'aiment pas, mais ils jouissaient, sous son règne, du calme et de la tranquillité. biens inapréciables après les maux qui venaient de les accabler. A son évacuation, la Colonie fut remise à Toussaint Louverture. nègre. général de l'armée, se disant français. Le tems qui s'est écoulé (trois ans) depuis le départ de l'Anglais ne nous a que trop prouvé qu'il ne l'était pas et qu'il voulait régner à Saint-Domingue et se soustraire

à la France. La confusion, l'anarchie et la guerre ont recom_
mencé. C'était bien ce que voulait l'Anglais en remettant
ce pais-ci, le perdre, détruire la plus riche, la plus superbe
colonie du monde, qui, elle seule, rendrait infiniment plus
que la France, quelque reculées que puissent en être ses
limites. J'oubliais une circonstance qui n'est pour moi que
trop intéressante : l'Anglais parti, j'avais des économies
assez conséquentes, que je plaçai dans une maison de commerce qui, peu de temps après, fit faillite ; ainsi, je suis
encore dans l'état ou le corsaire me mit en me prenant, sans
pain. Je continue mon narré — Toussaint Louverture eut
une guerre longue et très désastreuse à soutenir, à son installation, avec Rigaud, mulâtre, c'est-à-dire né d'une né-
gresse avec un blanc, aussi général, pourtant en sous-ordre,
mais disputant, à son tour, à Toussaint la possession de la
Colonie. Cette guerre vient de finir. Elle a coûté encore au
moins vingt cinq mille âmes et nous n'en sommes pas plus
heureux. Le général Toussaint vient de créer plusieurs im-
pôts, dans une colonie qui en connut à peine lors de sa
prospérité, qui anéantissent à jamais les Blancs ; ils sont
dans l'impossibilité de les payer ; ils sont tous ruinés. Toutes les terres sont affermées et prises par les nègres ou les
Noirs, à l'exclusion de tous les Blancs ; les chefs noirs, tous
généraux, ont des fortunes collausalles, tous les .... sont
chez eux, et ne sachant presque tous ny lire ny écrire, ils
sont forcés d'avoir des Blancs pour faire leurs affaires. Le
général, aujourd'hui, voulant encore paraître attaché à la
France, vient de créer une assemblée composée de dix personnes, choisies par lui pour donner des lois à la Colonie et
soumettre son travail, dit-il, à la sanction du gouvernement français. Quel que soit le résultat de ce travail, il est
indispensable (et il parait que c'est son vœu) qu'il y aye un
tribunal ou d'appel ou supérieur, où ressortiront les juge-
ments des premiers juges. Dans ce cas, je me crois fondé à
en demander la présidence. Mes titres sont vingt années de
magistrature à Saint-Domingue, et depuis la révolution et
encore à présent, je suis le seul des membres de l'ancien
Conseil du Cap avant la réunion des deux tribunaux et de

celui de Saint-Domingue, le dernier créé. J'ai écrit à M. de Marbois (1), qui vous fera parvenir cette lettre. à M. Moreau de Saint-Méry (2), un de mes anciens confrères, et à M. Rœderer (3), que j'ai connu un peu autrefois à Metz et qui est Conseiller d'Etat, pour les prier de m'obtenir la place de président du Tribunal ou des tribunaux à créer. Joignez-vous, mon bon ami, à eux, et faites, à cet égard, en mon nom, toute pétition nécessaire. Je ne demande (qu') à revivre à Saint-Dominque, où il ne me reste aujourd'hui que beaucoup de terres sans cultivateurs ; on me les a tous pris pour en faire des soldats ; j'en ai même qui ne sont pas éloignés du grade d'officier général, parmi ceux-ci un de mes cuisiniers. Tous mes domestiques mâles m'ont été enlevés ; il ne me reste que deux femmes, mais je suis si certain (au moins je suis fondé en raison pour le croire), je suis si certain, dis-je, que la France viendra à notre secours, n'abandonnera pas ce pays, que je demande avec confiance de reprendre mes fonctions et d'être *primus inter pares*. Je crois l'avoir mérité. J'aime Saint-Domingue et je voudrais y réparer mes pertes.

M. Huin, adjudant général, est député par le général Toussaint auprès du Premier Consul ; il est frère d'un M. Huin, marchand à Nancy ; il est actuellement à Paris, ou peut-être à Nancy. Si vous avez occasion de le voir, gardez-vous bien de lui parler de ce que je vous marque. Je

------

(1) Barbé-Marbois, alors conseiller d'Etat et ministre du Trésor. Nous avons vu qu'il était cousin-germain de Mme de Bussenne, elle-même cousine-germaine de l'auteur de cette lettre.

(2) Moreau de Saint-Méry était conseiller au Conseil supérieur de Saint-Domingue en 1787. C'est, sans doute, ce même Moreau de Saint-Méry, qui, en 1803, faisait imprimer à Parme, chez Bodomi, un opuscule, intitulé « De la Danse », dans lequel il montrait l'analogie existant entre les danses coloniales et celles des Maures et des Grecs.

(3) Pierre-Louis Rœderer, né à Metz le 15 février 1754, conseiller au Parlement, membre de l'Académie royale de Metz, député à l'Assemblée Nationale, Comte de l'Empire, grand officier de la Légion d'honneur, mort à Paris en décembre 1836. Il avait épousé : 1° Eve-Régine-Louise Güaita, fille d'Antoine-Marie Güaita, banquier de Francfort, conseiller intime de S. A. le prince de Lœwenstein-Wertheim, et de Catherine-Claire Bessel, 2° N. Decrétot, fille d'un manufacturier de Normandie.

vous demande vis-à-vis de cet homme-là surtout la plus
grande discrétion.

« J'écris à ces Messieurs dont je viens de vous donner les
noms que, si le Gouvernement n'a pas la volonté ou la pos-
sibilité de nous secourir, quelque cruelle soit une traversée
dans un temps où la mer est hérissée de corsaires, si je
puis avoir en France un état, j'y passerai, mais il m'en coûterait de quitter cet infortuné pays, que j'ai tant aimé et
que j'aime encore, quoiqu'il n'y aye plus de comparaison à
faire de son état passé ou présent ; il m'en coûterait infiniment de le quitter dans l'horrible misère où je suis, et
comment le quitter ?

Je suis votre frère, votre parrain et j'étais toujours votre
meilleur ami. Ces titres sont assez puissants sur une âme
comme la vôtre pour être certain, mon cher Louis, que vous
ferez pour moi tout ce que vous pourrez.

J'ai oublié de vous marquer plus haut que j'ai écrit aussi
à M. de Vaivre. Ainsi, M. de Marbois, M. de Vaivre,
M. Moreau de Saint-Méry et M. Rederer (sic) sont les quatre personnes auxquelles je me suis adressé pour le même
objet. Je voulais aussi écrire à M. François de Neufchâteau (1), mais je lui crois peu d'influence ; au moins me le
dit-on. Si pourtant cela était nécessaire, un mot de votre

(1) François de Neufchâteau (Nicolas, Comte), né en 1752 à Saffais, près
de Rosières-aux-Salines (où Louis Conigliano possédait, du chef de sa
femme ~~jeunesse~~, des biens considérables), mort à Paris en 1827. Lieutenant-
Général au Présidial de Mirecourt, subdélégué de l'Intendant de
Lorraine de la même ville (1781). Conseiller honoraire au Conseil
supérieur de Saint-Domingue (1782). Administrateur dans le département des Vosges (1790). Député à l'Assemblée législative dont il fut
secrétaire et président (1791). Juge au Tribunal de Cassation après
le 9 Thermidor : Commissaire dans le département des Vosges ;
Ministre de l'Intérieur en 1797 ; Membre du Directoire ; Membre du
Sénat au 18 brumaire, il en devient secrétaire, puis président jusqu'en 1806 ; grand-officier de la Légion d'honneur ; Comte de l'Empire (1808), Membre de l'Académie Française (1816). François de
Neufchâteau, alors qu'il était subdélégué de l'Intendant de Lorraine
à Mirecourt, avait demandé, mais sans succès, la main de Jeanne-
Françoise Hugard, belle-sœur de Louis-Etienne Conigliano. Mᵐᵉ
Hugard épousa Jacques-Joseph Pouponot d'Alancour, mon bisaïeul
maternel.   H. C.

part suffira bien pour m'obtenir son suffrage, j'ose vous le promettre.

Rappelez-moi, mon bon ami, au souvenir de Battilly (*sic*), sa femme et sa fille, des Châteaufort et des leurs, de Clarenthal, de ma Bonne, etc., etc. A tous, les sentiments les plus tendres, à votre femme, à toute notre famille, à ma respectable mère. Enfin, faites à leur égard ce que je ferais moi-même si j'étais auprès d'eux.

Tout à vous pour la vie

Votre meilleur ami et frère,

CONIGLIANO.

Cette longue missive porte la mention suivante, écrite par ma grand'tante Pierson : « Cette lettre est de notre oncle Conigliano, mort en Américque ».

François-Jean-Chrysostôme est donc resté à Saint-Domingue, suivant son désir. A-t-il obtenu la situation qu'il ambitionnait ? Je l'ignore. Ma grand'tante Parisot, sœur de Madame Pierson, avait eu entre les mains une lettre du même, dans laquelle il annonçait à son frère Louis qu'il avait réalisé sa fortune, environ quinze cent mille francs — sa ruine n'était donc pas aussi complète qu'il voulait bien le dire — qu'il allait revenir en France pour habiter avec lui et que sa fortune appartiendrait plus tard à ses neveux. Voilà un héritage aussi chimérique que celui de Venise ! On n'eut plus aucune nouvelle du conseiller de Saint-Domingue ; on croit que le vaisseau, qui le ramenait dans la mère-patrie, fit naufrage.

IV

SIMON

Il naquit le 27 octobre 1746, eut pour parrain son oncle, Simon Conigliano, alors lieutenant au régiment de « Nassau-Cavalerie », pour marraine, sa tante, Marguerite Conigliano, femme de Michel Bussenne, et mourut très jeune.

V

MARIE-JOSÈPHE

Née le 7 janvier 1748, Marie-Josèphe épousa, le 2 juillet 1765, au château de Bathelémont-les-Bauzemont, chez sa tante Bussenne, « Gaspard-Jean-Baptiste de Brunet, chevalier gentilhomme ordinaire de S. M. le roi de Pologne, duc de Lorraine et de Bar, capitaine aide-major au régiment des Gardes-Lorraines, fils majeur de feu Messire Jean-Baptiste de Brunet, écuyer, chevalier de Saint-Louis, capitaine de dragons, gouverneur de la ville de Manosque, et de dame Anne-Rose de Salve ».

M. de Brunet était né à Valensole, en Dauphiné. Le village de Brunet, dont il portait le nom, est situé sur l'Asse, affluent de la Durance, tout près de Valensole et de Manosque. Par cette alliance aristocratique, la veuve de Bernard Conigliano inaugurait la série des brillants mariages qu'elle allait faire contracter à ses filles. Pendant les fêtes nuptiales, sous les fins lambris du château de Bathelémont, on dut être tout à la joie, car l'avenir, pour les nouveaux mariés, s'annonçait plein d'heureuses promesses. Nul ne pouvait prévoir la destinée éclatante et tragique du jeune époux.

Nommé maréchal-de-camp en 1791, M. de Brunet servit dans l'armée du Var en 1792 et 1793, se signala à l'attaque de Sospello, s'empara du Belvédère, d'où il délogea 5.000 Piémontais et fut nommé général en chef de l'armée d'Italie, le 20 mars 1793. Ayant alors éprouvé quelques revers, il fut accusé de trahison, arrêté, envoyé à Paris et jugé par le tribunal révolutionnaire. Condamné à mort, il écouta son arrêt avec autant de sang-froid que s'il se fût agi d'un autre et monta sur l'échafaud avec une grande fermeté, exemple que ne suivit pas Manuel, son compagnon d'infortune. Son exécution eut lieu le 15 novembre 1793.

Il avait eu un fils, Jean-Baptiste-Joseph, né à Lunéville, le 1ᵉʳ septembre 1766. Cet enfant vécut-il ? Eut-il des frères et des sœurs ? Je ne sais. Le « Dictionnaire des généraux français », de Courcelles, et la « Biographie nouvelle des Contemporains », d'Arnault, Jay, etc., donnent pour fils à celui qui fut général en chef de l'armée d'Italie, en 1793, un autre général Brunet — Jean-Baptiste, né à Reims vers 1765, simple sergent au moment de la Révolution (Grand Dictionnaire Larousse), général de brigade en 1794, général de division à Saint-Domingue en 1803, prisonnier des Anglais de 1803 à 1814, etc. Mais, dans un erratum d'un volume suivant, Courcelles dit que cette filiation est erronée et que le second général Brunet n'est pas le fils du premier. Cependant la similitude de prénoms et de dates de naissance est assez troublante — une erreur au sujet du lieu de naissance ne serait pas la première de ce genre — et je serais disposé à croire que le jeune général de 1794 était le fils du général guillotiné en 1793.

On perdit toute trace de Mme de Brunet, après qu'elle eût quitté sa ville natale. Jamais ni sa mère, ni ses frères, ne surent ce qu'elle était devenue.

Il existe encore actuellement plusieurs familles de Brunet sans lien entre elles. Peut-être en est-il une qui descende de l'ancien gentilhomme ordinaire du roi de Pologne et de Marie-Josèphe Conigliano? Une famille de Brunet, mais qui n'a rien de commun avec celle qui nous occupe, possédait le château d'Herbéviller pendant la première moitié du XIXᵉ siècle.

Au corps de la Gendarmerie de France, ont figuré, lorsqu'il tenait garnison à Lunéville, deux Messieurs de Brunet qui pourraient bien être cousins de mon arrière grand-oncle, car ils étaient, comme lui, originaires du Dauphiné.

C'étaient Jean-Joseph et Etienne-Dominique de Brunet, fils de Joseph-Augustin, ancien officier, chevalier de Saint-Louis, et de Marie-Thérèse Allart. Ils étaient nés à Beaurepaire, en Dauphiné, diocèse de Vienne, généralité de Grenoble, le premier le 4 novembre 1753, le second le............ .... Jean-Joseph fut retraité le 7 septembre 1781, et Etienne-Dominique le 25 mai 1783.

VI

ANNE-GABRIELLE

Elle naît le 23 mars 1749 et a pour parrain Didier Pierre, pour marraine Anne Cuny.

Elle se marie deux fois et épouse d'abord, à peine âgée de 16 ans, le 12 février 1765, Jean-François Harvier, né à Metz, paroisse Saint-Gorgon, le 1er novembre 1742, mort dans la même ville le 10 février 1769. Il était fils de Jean-François Harvier, avocat au Parlement de Metz, et de Marguerite Gilbert. Il avait eu, pour marraine, sa grand'mère maternelle, Madeleine Toussaint, veuve d'Antoine Dubouchet, chevalier de Saint-Louis, capitaine au « Régiment-Royal ». Il fut reçu avocat au Parlement de Metz le 16 août 1762 et avocat du Roi au baillage de cette ville en 1766. De son mariage naquit à Metz, sur la paroisse Saint-Victor :

1° Un fils, Pierre-Antoine, le 5 février 1767. J'ignore s'il vécut. Je crois, dans tous les cas, qu'il ne laissa pas de descendance ;

2° Une fille, Anne-Marie-Françoise, qui épousa, à Lunéville, le 3 mars 1789, « haut et puissant seigneur, Messire Charles-Marie-Thérèse, comte de la Tournelle (1), seigneur de Solgue et Ancy, ancien capitaine de cavalerie, fils des défunts haut et puissant seigneur, Georges-François, vicomte de la Tournelle, seigneur de Solgue et autres lieux, brigadier des armées du Roi, et de haute et puissante dame, Anne-Louise Le Vayer, de la paroisse St-Martin de Metz »(2).

Madame de la Tournelle, née Harvier, n'eut qu'un fils, Charles, né en 1790, mort en 1860, lequel épousa Thérèse du Coëtlosquet (3) (1801-1880), fille du baron Jean-Baptiste-Gilles du Coëtlosquet, mestre-de-camp du « Régiment-Dauphin », puis colonel du « Régiment de Bretagne », gentilhomme d'honneur du comte d'Artois, chevalier de Saint-

----

(1) La Tournelle : « De gueules à trois tours d'or. Supports : deux lions ».

(2) Archives de Lunéville.

(3) Coëtlosquet : « De Sable, semé de billettes d'argent, au lion morné de même brochant sur le tout ».

Louis et de Saint-Lazare, né à Morlaix, le 20 août 1751, et
de Charlotte-Eugénie de Lasalle. Par sa mère, la comtesse
de la Tournelle était nièce à la mode de Bretagne du célèbre
général Lasalle. Elle mourut sans laisser d'enfants.

Anne-Gabrielle, devenue veuve, en 1769, se remaria, le 24
février 1772, avec François-Pascal-Gabriel d'Aristay de Châteaufort (1), chevalier, seigneur de Delouze et de la Ménagerie, capitaine de cavalerie, chevalier de Saint-Louis. Il
était le second des onze enfants du célèbre Châteaufort (2),
conseiller à la Cour souveraine de Lorraine, qui sut défendre avec tant de courage et d'énergie les libertés lorraines
contre la tyrannie du chancelier La Galaizière. Sa mère était
Anne-Cécile Senturier, petite-fille et nièce de deux Marcol,
prévôts de Nancy, et veuve, en premières noces, de son cousin-germain, Sébastien-Alexandre de Marcol.

Les Châteaufort (3), originaires de Biscaye, et d'une noblesse fort ancienne, étaient venus en Lorraine, en la personne du bisaïeul de Gabriel-Pierre d'Aristay de Châteaufort, page du Roi Louis XIII, puis capitaine au Régiment de
la Ferté-Sennecterre, gouverneur des ville et château de
Void et capitaine-major de la garnison de Nancy. Il avait
épousé, dans cette dernière ville, en 1644, Catherine de
Mirville, dame de Troussey, et ce mariage le fixa complètement en Lorraine. Il mourut à Nancy en 1658 et fut inhumé
dans le chœur des Cordeliers.

Le journal de Mme de Châteaufort, publié par le baron
de Braux, nous renseigne sur les premières années de son
fils, François-Pascal-Gabriel. « Il est né à Nancy, dit-elle,
un samedi, à 6 heures du matin, le 8 novembre 1738. Il a

---

(1) Châteaufort : « De gueules au lion d'or, chargé d'un chevron d'argent, portant à dextre une branche de sinople, et, à senestre, trois roses
de gueules. Support : un château fort, couronne de comte ».

(2) François-Xavier d'Aristay de Châteaufort, chevalier, conseiller à la
Cour souveraine de Lorraine, commissaire extraordinaire de l'Empereur
près la Cour de France, né à Troussey, le 3 mai 1702, mort à Paris, le
15 mars 1765, inhumé à Saint-Eustache.

(3) Lire sur les Châteaufort :
1° « Le mémoire secret de M. de Châteaufort (Mémoires de la Société
d'archéologie lorraine, 1898) ;
2° « Le journal de Madame de Châteaufort ». (Id. 1900).

eu pour parrain M. Marcol, mon oncle et, pour marraine.
Mme de Châteaufort (1). Ma chère mère (2) la représentait
parce qu'elle était trop infirme pour venir ici. Il a eu la
petite vérole au mois de juin 1741. Il a fait sa première
communion, le 18 avril 1751, jour de la Quasimodo. Il a
été confirmé, au mois de juin 1752 par M. Bégon (3) ; il a
reçu la tonsure au mois de septembre 1755 par M. Drouas (4).
Il a fait trois années de séminaire à Strasbourg et a quitté
l'état ecclésiastique le 14 novembre 1759. Il a fait deux
années de droit et n'a pas été reçu avocat. Il est parti pour
aller à l'armée du Haut-Rhin, le 23 avril 1762, joindre le
régiment de « Choiseul-Dragons », où il avait une cornette.
Il a été reçu le 14 mai et je crois que son brevet est du mois
de mars 1762. Il a été fait capitaine de houzards (5) au mois
de juin 1765. Il a quitté le service en 1770 ; il s'est marié
avec une veuve de Lunéville (6), qui avait deux enfants, le
25 février 1772. Il a eu une petite fille au mois de février
1773, et une autre, le 1er janvier 1779 ».

Ces deux filles étaient Cécile-Gabrielle-Marguerite-Josèphe.
célibataire. et Thérèse-Albertine, morte à Lunéville en
1862. Cette dernière épousa. en 1795, Nicolas-Sébastien-
Auguste Boyé, receveur des finances à Aix-la-Chapelle. Un
seul enfant naquit de ce mariage, Marie-Louise Boyé, qui
épousa Alexandre-Xavier-Ferdinand Pichon, percepteur à
Rosières, appartenant à une des premières familles de
Pont-à-Mousson. Leurs enfants furent 1°) Albert-Emile
Pichon. né en 1839. qui releva le nom de Châteaufort.
Marié à Ida Saucerotte, il mourut à Luvigny le 17 août

---

(1) La grand'mère paternelle de François-Pascal-Gabriel : Marie-Henriette de Barrois de Nonancourt, née en 1665, morte le 11 juin 1744. mariée le 17 mai 1695 à Georges d'Aristay de Châteaufort, écuyer, capitaine
au régiment de Villeroy.

(2) Barbe Marcol, fille de Pascal Marcol, prévôt de Nancy, mariée en
novembre 1713 à Alexandre Senturier. dont le père, conseiller de l'hôtel-
de-ville de Nancy, fut anobli, le 23 mai 1716, par le duc Léopold.

(3) Evêque de Toul.

(4) Drouas de Boussey, évêque de Toul.

(5) Dans tous les actes de l'état-civil de Lunéville, M. de Châteaufort
est mentionné comme « capitaine de dragons ».

(6) Madame Harvier, née Conigliano.

1900 ; 2°) Hippolyte, marié, à Langres, à Marie Petitjean de Courcelles ; 3°) Marie-Augusta-Gabrielle, née à Villers-sous-Prény, le 13 septembre 1832, morte à Luvigny le 26 août 1909, qui avait épousé Louis-Jules Le Paige de Dommartin, mort en septembre 1879.

Les enfants d'Albert sont : Henriette, morte fille en janvier 1917 ; Ferdinand, marié le 1er juin 1922, à Paris, à Adeline Freun, veuve de José J. de Machaïn, ancien ministre plénipotentiaire du Paraguay à Washington [o] ; Marie, célibataire ; Claire, mariée le 5 avril 1902 à Edmond Gauthier. d'où un fils ; Alexandre qui épousa à Chambéry, en 1920, Jeanne du Noyer de Lescheraine. d'où postérité.

Hippolyte eut comme descendance un fils, resté célibataire, et deux filles. L'une, Marie, épousa le 8 septembre 1908, Paul Jaigu ; l'autre, Magdeleine, épousa Georges Vangoul, le 15 juin 1910. De son mariage avec M. Le Paige de Dommartin, Marie Pichon eut Gabriel, marié à sa cousine, Mlle de Boret, et fixé à Tunis, d'où postérité ; Louise, morte fille, à Nancy, le 9 février 1925 ; Henri, ancien officier de cavalerie ; Hippolyte, inspecteur des douanes, qui épousa, à Bayonne, le 21 avril 1903. Carmen de Libès, d'où postérité.

L'étude de toute cette descendance nous a éloignés de ses auteurs. François-Pascal-Gabriel de Châteaufort et sa femme, Anne-Gabrielle Conigliano achetèrent, le 22 juillet 1774, à la veuve de Nicolas Latron, secrétaire des commandements de Stanislas, « la Ménagerie de Monsieur le Duc » (1). C'était un vaste domaine, maintenant morcelé, situé en bordure du Champ de Mars de Lunéville et dont une partie s'appelle, encore aujourd'hui, « la Ménagerie ». Il fut repris sur les époux Châteaufort, comme bien national, le 19 floréal an II (8 avril 1794), pour être vendu, après avoir été divisé en douze lots, le 27 frimaire an III (17 novembre 1794).

Je tiens du Colonel de Blanchaud, petit-fils de deux

[o] Voir "Errata et addenda" p. 213
(1) Le duc Ossolinski, qui avait été grand-maitre de la Maison du Roi de Pologne.

« gendarmes rouges » (1), que la vieille société de Lunéville allait, en partie fine, manger la « quiche » à la Ménagerie, chez Mme de Châteaufort. Ce détail savoureux montre bien la simplicité, pleine de bonhomie, des mœurs du temps.

Devaux, le fameux « Panpan », l'ancien lecteur de Stanislas, devait être de la bande qui se livrait à ces agapes champêtres, car il était très lié avec mes arrière-grands-oncles et grandes-tantes. Dans son testament, en date du 23 ventôse an IV (2), il dit : « Je lègue à mon ami, le citoyen Batilly (3), mes jeux de loto et de cavagnol qu'il m'a demandés, peut-être en riant. J'y joins mon trictrac. Au citoyen Châteaufort (4), un de mes plats à barbe de porcelaine et, à sa femme, un petit Saint François d'yvoire, que je leur ai promis quelques jours avant leur mariage, s'il avait lieu ; à leur fille aînée, deux petits flacons ronds ».

M. de Châteaufort figure, le 23 mars 1789, parmi les gentilshommes du bailliage de Lunéville qui prirent part à l'Assemblée des trois Ordres. Il signe, comme « Commissaire », le cahier de l'ordre de la Noblesse, à côté de son cousin par alliance, Fournier de Bathelémont, « secrétaire de la Noblesse ». A la même époque, il est major général de la Garde citoyenne (5).

Les Châteaufort durent émigrer, puisque « la Ménagerie » fut confisquée comme bien national. Mais ils émigrèrent certainement très tard. Leur nom ne figure pas sur la liste des émigrés du département de la Meurthe du 19 juillet 1792, et, d'autre part, du 1er juillet au 19 octobre 1793, Gabriel d'Aristay de Châteaufort, « portant perruque », prit les eaux de Plombières. Il y était logé « au Grenadier de France », chez Thomas Rouveray (certificat de rési-

---

(1) MM. de Blanchaud et de Malvoue.

(2) Conservé à l'étude de Mᵉ André, notaire à Lunéville.

(3) Mathias-Richard de Batilly, marié à Marguerite-Charlotte Conigliano.

(4) Pascal-Gabriel d'Aristay de Châteaufort, marié à Anne-Gabrielle Conigliano.

(5) Archives de Lunéville.

dence) (1). Pendant cette saison d'eaux, il se montra d'une extrême prudence, car, le 10 août 1793, il signa avec 18 autres baigneurs, appartenant presque tous à la noblesse, le procès-verbal de la fête célébrée par la Municipalité de Plombières pour glorifier la chute de la Royauté (2). Il émigra, sans doute, peu après son séjour dans les Vosges. puisque c'est l'année suivante que la Ménagerie fut confisquée, mais, à l'exemple des Bussenne et des Batilly, il obtint assez vite l'autorisation de rentrer en France. Je sais, en effet, que, ruiné, sans asile, le ménage Châteaufort fut recueilli par mon bisaïeul Conigliano, qui le reçut d'une façon permanente à sa table et le logea dans une dépendance de son habitation, « le Château du Prince Charles ». Cette dépendance était une petite maison, fort modeste, attenant à la grille d'entrée et qui fut démolie dans les dernières années du xix\u1d49 siècle. Sur son emplacement s'élève, à présent, le n° 121 de la rue d'Alsace.

Mme de Châteaufort dut, nécessairement, transporter ailleurs ses pénates, lorsque mon bisaïeul vendit le Petit-Château, à moins que son beau-frère Batilly, qui l'avait acheté, n'ait continué à offrir l'hospitalité au couple malheureux (3). Ce qui me le ferait assez croire, c'est que mon arrière-grande-tante de Châteaufort mourut le 7 novembre 1821 chez sa sœur, Madame de Batilly, au château de Vittonville (4). On voit encore sa tombe dans le cimetière du village (5). Quant à la date et au lieu du décès de M. de Châteaufort, ils me sont inconnus.

----

(1) Le Pays Lorrain : « Une station thermale pendant la Révolution », par Jean Kastener.

(2) Id.

(3) Le 1ᵉʳ mai 1806, les Châteaufort firent, à Lunéville, une vente de meubles à l'encan.

(4) Près Pont-à-Mousson.

(5) Cette tombe se trouve à droite de la porte de l'église, on y lit l'inscription suivante :

D. O. M.

Ici repose le corps de Dame Anne-Gabrielle d'Aristay de Châteaufort, née Conigliano, morte de la mort des justes le 7 novembre 1821, à Vittonville. Elle a emporté les tendres regrets de sa famille et les pauvres bénissent sa mémoire. Priez pour le salut de son âme ! « Ave Maria »,

VII

JACQUES-MARIE-JOSEPH

Celui qui devait s'illustrer sous le nom de Général Clarenthal naquit à Lunéville le 6 octobre 1751. Il fut tenu sur les fonts baptismaux par le sieur Febvrel, notaire royal, intendant du Prince de Craon, et par dame Vulpelier, femme de Jean-Baptiste Conigliano, négociant à Strasbourg.

Le sieur Febvrel habitait, rue d'Allemagne, une maison voisine et dépendant de l'hôtel de Craon, et qu'on appelait « le petit hôtel de Craon ». Elle a été démolie en 1913 pour faire place à la maison Hellé (59 rue de Lorraine). Sur le chambranle de la porte d'entrée, dans un cartouche, était gravée l'inscription « Notaire royal ».

A l'âge de 16 ans, le 12 mai 1768, Jacques-Marie-Joseph s'enrôla comme volontaire dans un régiment de « Royal-Nassau-Hussards », où son oncle Simon-Joseph avait fait ses premières armes. « Les « Volontaires » étaient des jeunes gens qui venaient servir dans les régiments pour y apprendre le métier des armes. Ils ne recevaient aucune solde, n'avaient aucune attache officielle et pouvaient se retirer comme ils étaient venus. Il suffisait, pour se faire admettre comme volontaire dans un régiment, d'être agréé par le Colonel ou le Mestre-de-Camp, sur la présentation du capitaine qui voulait bien vous prendre dans sa compagnie.

La plupart des volontaires étaient fils d'officiers ». (1).

Ce n'était pas le cas de Clarenthal, mais il dut, sans doute, cette faveur à la protection de ses oncles, tous deux anciens officiers dans « Nassau-Cavalerie » et « Nassau-Infanterie ».

Je donnerai dorénavant à mon arrière-grand-oncle le nom de « Clarenthal », sous lequel il s'est rendu célèbre, bien que ses états de service ne mentionnent que son nom patronymique. Le quartier de cavalerie, dit anciennement « de l'Orangerie », (2), à Lunéville, porte, depuis 1887, le nom de « Quartier Clarenthal ».

---

(1) Léon Hennet.

(2) Il avait été construit en 1824, sur l'emplacement de l'ancienne Orangerie de Stanislas.

Conigliano de Clarenthal ! Ce nom panaché d'Italien et d'Allemand sent un peu son aventurier et fait songer à Casanova de Seingalt. Je n'ai pas pu trouver l'origine du nom de Clarenthal. Était-ce celui d'une terre ayant appartenu à ma famille ? Ce serait assez vraisemblable, car un village, ainsi denommé, se trouve non loin de Wissembourg, aux confins de l'Alsace et du Palatinat. Ou bien n'était-ce qu'un nom de guerre, suivant l'habitude si répandue chez les militaires de l'époque ?

Successivement brigadier et maréchal-des-logis, Clarenthal fut nommé sous-lieutenant le 26 janvier 1774.

Le 1ᵉʳ juillet 1776, il est affecté aux Hussards de Chamborant, (1), ce fameux régiment qui avait pour devise « Noblesse oblige, Chamborant autant ». Il y est nommé lieutenant en second le 10 juin 1781, capitaine en second le 10 mars 1782, puis passe au régiment « Colonel-Général » (Hussards) le 9 septembre 1783. Il y est maintenu comme chef d'escadrons le 31 mai 1789, devient lieutenant-colonel du 6ᵉ régiment de Cavalerie le 27 mai 1792, colonel le 1ᵉʳ novembre de la même année ; maréchal-de-camp le 8 mars 1793, inspecteur des troupes à cheval de l'Armée du Nord le 9 février 1794, et meurt à Compiègne, des suites de ses blessures, le 9 mars 1795, âgé de 43 ans et 5 mois.[o]

Il avait fait la campagne de 1792 et 1793 à l'Armée du Nord et avait eu le poignet droit emporté par un boulet, le 22 mai 1793, à l'affaire de Pellenberg (Belgique). Dans le même combat, un autre boulet l'avait atteint à la cuisse. Il avait été fait chevalier de Saint-Louis le 30 mai 1792. (2).

Louis Conigliano qui, nous le verrons plus loin, avait contracté mariage, en 1778, avec une riche héritière de Lunéville, Marie-Magdeleine Hugard, aurait voulu faire épouser à son frère Clarenthal sa belle-sœur, Jeanne-Françoise Hugard. Mais celle-ci ne se prêta pas à la combinaison. Elle devait devenir ma bisaïeule maternelle en épou-

---

(1) 5ᵉ Régiment en 1791, plus tard 2ᵉ Hussards.

(2) Etats de services de Jacques-Marie-Joseph Conigliano. (Archives du Ministère de la Guerre).

(o) Voir « Errata et addenda » p. 213.

— 58 —

sant, en 1787, un « gendarme rouge », M. d'Alancour. Leur
fille sera ma grand'mère L'Holle.

Clarenthal se maria, le 21 avril 1789, à Compiègne (paroisse Saint-Antoine), avec Marie-Suzanne Morant, née dans
la même ville le 25 juin 1751. Les conjoints avaient donc
tous deux le même âge : 37 ans. En raison de sa situation
de chef d'escadrons au régiment « Colonel-Général », il dut
demander une autorisation de mariage au duc d'Orléans,
qui était colonel du dit régiment.

Marie-Suzanne Morant était l'une des filles de Jean-Pierre-
Simon Morant, ancien garde du Corps, conseiller du Roy et
contrôleur du grenier à sel de Compiègne, décédé en cette
ville le 23 juillet 1758, et de Marie de Perticoz (1), sa
femme.

Les témoins du mariage avaient été, « du côté de l'époux :
Messire Louis-Joseph Le Feron, chevalier, lieutenant-colonel de cavalerie, et aide-maréchal-général-des-logis de l'Armée, mandataire de la veuve, mère de l'époux, et René-
Thomas Leroux d'Agincourt, capitaine de Dragons au régiment de La Rochefoucauld ; du côté de l'épouse : la dame
veuve Morant, sa mère ; Messire Louis de Perticoz, lieutenant-colonel au Corps royal de l'Artillerie, son oncle maternel, et Messire Jean-Hyacinthe Esmangard de Beauval, lieutenant des Chasses de Compiègne, son cousin ».

Le mariage Clarenthal-Morant, qui resta sans postérité,
ne fut pas très heureux, car, au bout de peu d'années, les
époux divorcèrent d'un commun accord.

On lit, en effet, dans le Registre de Correspondance de la
Municipalité de Compiègne, à la date du 30 Vendémiaire an
III (21 octobre 1794), ce qui suit : « Clarenthal, inspecteur
général des Dépôts de Cavalerie, est un brave militaire qui
a perdu un bras à la bataille de Nervindez (sic), qui a toujours été très estimé de ses frères d'armes et qui a montré,
dans l'exercice de sa place, de l'intelligence et de l'activité,
malgré l'état presque toujours souffrant de sa santé : il s'est

____

(1) En 1771, un chevalier de Perticoz, était « gendarme rouge », compagnie de Berry, ce devait être le cousin de Madame de Clarenthal.

(2) Dans la parenté de mon arrière-grand'tante Clarenthal on remarque Louise-Félicité Esmangard
de Beauval (1765-1856), mariée en 1782 à d. de
Frayale, plus tard maire de Chauny. M.lle de Fre-
gale fut dame d'atours de la reine Marie-Antoinette. On voit un charmant portrait d'elle au
musée Carnavalet.

séparé de son épouse, mais cette désunion, fondée apparemment sur l'incompatibilité, n'a produit aucun scandale. »

Moins de cinq mois après cette séparation, le général Clarenthal mourait.

Voici la décision que prit le Conseil municipal de Compiègne, à l'occasion de son décès : « Le 20 ventôse an III (10 mars 1795), le citoyen Rabache, secrétaire du général Clarenthal, ayant prévenu que ce brave officier était mort hier, à 8 heures du soir, et que sa famille invitait la municipalité à donner l'heure à laquelle le convoy pourrait se faire et qu'elle espérait que, dans ce triste moment, le Conseil général voudrait bien donner à ce digne chef militaire des preuves de l'attachement et de l'estime qu'il mérite.

« Le Conseil arrête que l'heure choisie pour le convoy est 5 heures du soir, que le commandant de la place et le commandant de la garde citoyenne seront invités à faire rendre au général défunt tous les honneurs dûs à sa qualité et à ses vertus ; même invitation au commissaire des guerres et avis donné au district et au Comité de surveillance de l'heure de la pompe funèbre » (1).

Je ne sais si le divorce des époux Clarenthal ne fut pas plutôt une simple séparation, car Suzanne Morant est qualifiée « veuve de Clarenthal » dans plusieurs actes notariés consécutifs au décès du général. Dans l'un d'eux, elle déclare même se charger volontairement, jusqu'à sa vente, de la garde d'un cabriolet, « dont la caisse est peinte en bleu », provenant de la succession de son mari » (2).

De ce même acte, il semble résulter que les Châteaufort et la mère du général furent ses seuls héritiers.

Mme de Clarenthal vivait encore en 1806, ainsi qu'il appert d'un acte de vente, par lequel elle cède plusieurs pièces de terre à Charles-Augustin Mareschal, marchand-épicier à Compiègne (3). Je n'ai aucune indication sur la date de sa mort.

---

(1) Intermédiaire des chercheurs et curieux. XLIII° vol. 7 mai 1901 p. p. 783-784.

(2) Procès-verbal de reconnaissance d'un cabriolet du feu citoyen Clarenthal. 9 Nivôse an V. (Archives de la famille Conigliano).

(3) Archives de la famille Conigliano.

VIII

MARIE-ANNE-THÉRÈSE

Née le 12 novembre 1752. Parrain : Bernard Conigliano, son frère ; marraine : Marie-Anne Guetrich. Elle dut mourir jeune, car elle n'a pas laissé de trace.

IX

MARIE-THÉRÈSE

Née le 16 mai 1754. Parrain : Jacques Grabez ; marraine : Marie-Thérèse Broche. La marraine était cette demoiselle Broche, qui devait, le 20 mai 1754, quatre jours après le baptême, former une association commerciale avec Bernard Conigliano, le père de sa filleule.

Marie-Thérèse Conigliano, de même que sa précédente sœur, Marie-Anne-Thérèse, ne dut vivre que très peu de temps.

X

LOUIS-ÉTIENNE

Ce fut le seul des cinq fils de Bernard Conigliano qui continua la descendance. Nous le retrouverons plus loin.

XI

MARGUERITE-CHARLOTTE

Née le 27 février 1758, Marguerite-Charlotte fit, comme ses sœurs, un mariage aristocratique, justifiant ainsi ce passage des mémoires de M. de Montlosier : « Dans la haute bourgeoisie... il y avait avec la noblesse... égalité d'éducation, quelquefois supériorité de fortune et d'instruction... Les alliances, les anoblissements rapprochaient, dans quelques cas, les deux classes et équilibraient leurs rapports ».

Marguerite-Charlotte épousa, le 19 avril 1774, Messire Mathias Richard de Batilly, chevalier, seigneur de Batilly et autres lieux, lieutenant au régiment de « Lorraine-Infanterie » et chevalier de l'ordre de Saint-Lazare. C'était un des sept enfants des « défunts Messire Claude Richard de Batilly, chevalier, seigneur de Batilly, Jouaville et Séry, chevalier de Saint-Louis, commandant de bataillon au régiment de « Royal-Bavière », et dame Jeanne-Marguerite de La Lance, de la paroisse d'Etain, diocèse de Verdun » (1).

Ces Richard étaient une ancienne famille d'Etain (2). Nicolas Richard, seigneur de Batilly et Jouaville était, en 1672, lieutenant-général du baillage de cette ville. L'époux de Marguerite-Charlotte Conigliano, lequel était né à Etain le 6 avril 1742, devait être son arrière-petit-fils. Un oncle de Mathias, Godefroy Richard, chevalier, seigneur de Rouvres, Lanhère et Béchamp, fut la tige des seigneurs de Rouvres, éteints, dans la seconde moitié du XIXᵉ siècle, en la personne de Mᵐᵉ Préhac, née Richard de Rouvres.

Mathias de Batilly, plus tard capitaine dans « Lorraine-Infanterie », et chevalier de Saint-Louis, prit sa retraite comme lieutenant-colonel. C'était un ami du charmant « Panpan ». Nous avons vu celui-ci lui laisser, par testament, son loto, son trictrac et son jeu de cavagnol. Un peu avant la Révolution, M. de Batilly habitait à Metz. Il quitta cette ville pour l'émigration, car il figure sur la liste des émigrés du département de la Meuse, en date du 5 février 1793. On y lit, en effet : « Batilly, officier, demeurant à Metz (Moselle), propriétaire à Rouvres, district d'Etain (Meuse), émigré le 5 février 1793 ».

« Batilly (femme de), demeurant à Metz, et propriétaire à Pont-aux-Planches, district de Gray (Haute-Saône), émigrée le 9 juillet 1792. » Mon arrière grand-oncle obtint sa radiation provisoire par le district d'Etain, le 5 nivôse an III, et sa radiation définitive le 24 thermidor suivant. Il rentra

---

(1) Archives de l'Etat-Civil de Lunéville.

Au procès-verbal de l'Assemblée des trois ordres du baillage d'Etain, le 23 mars 1789, on remarque les noms suivants :

« Jean-Baptiste Richard de Batilly, Seigneur du fief de Chenois, demeurant à Brabant ».

« De Batilly, tuteur des Demoiselles Vatin, d'Etain, et François-Nicolas Richard de Rouvres, y demeurant ».

Les deux premiers devaient être des frères et le troisième un cousin germain de Mathias de Batilly.

(2) Richard de Batilly : « D'argent à l'alérion d'azur ».

alors en France et attendit la fin de la tourmente révolutionnaire, avec sa femme et sa fille, dans une ferme qu'il
possédait près de Forbach.

En 1804, ayant acheté à son beau-frère, Louis Conigliano,
le « château du Prince Charles », moyennant la somme de
27.100 livres, il vint s'établir à Lunéville et y mourut en
1833.[c] C'est sans doute à cette dernière date que le Petit-
Château sortit de notre famille et fut acheté par les Castara,
avant d'appartenir aux Saucerotte.

Madame de Batilly mourut à Metz le 24 février 1820 et fut
enterrée à Villonville, où sa tombe existe encore (1).

Le ménage Batilly n'avait eu qu'une fille : Catherine-
Charlotte-Joséphine, née à Lunéville, le 7 janvier 1776,
morte à Villonville le 27 janvier 1866. Elle épousa à Metz,
vers 1797, Jean-Baptiste-*Firmin* Marie, né en 1769 à Epoisse
(Bourgogne). Ancien élève à l'Ecole des Ponts-et-Chaussées;
il était alors — et depuis 1792 — officier du Génie. Le culte
catholique étant encore interdit, le mariage fut célébré dans
un grenier, par un prêtre insermenté.

Le jeune lieutenant du Génie devait avoir une brillante
carrière. Il se distingua aux sièges de Figuière et de Rose,
où il fut nommé capitaine. Il fit, avec ce grade, toutes les
campagnes jusqu'à l'an XIII et fut chargé de l'exécution
d'importants travaux dans les places fortes de Metz, de
Thionville et au camp de Boulogne. « La bataille d'Austerlitz fut, pour lui, une nouvelle occasion de déployer ses
talents militaires et sa bravoure. Avec 400 hommes, il en-
leva une batterie de quatre pièces d'artillerie et fit 500 prisonniers, ce qui lui valut le grade de chef de bataillon » (2).

Peu après, il fut nommé aide-de-camp du roi de Naples,

(0) Voir "Errata et addenda" p. 213.

(1) Cette tombe, voisine de celle de sa sœur, Mme de Châteaufort, est à
droite de la porte de l'église. On y lit l'inscription suivante :

D. O. M.

Ici repose le corps de Dame Charlotte-Marguerite Conigliano de Batilly,
décédée à Metz le 24 février 1820, à l'âge de 62 ans, veuve de Mathias de
Batilly, lieutenant-colonel, chevalier de Saint-Louis et de Saint-Lazare.
Priez pour le repos de son âme !

(2) Michel, « Biographie historique et généalogique des hommes marquants de l'ancienne province de Lorraine », Nancy 1829.

Joseph Bonaparte, et, à l'issue du siège et de la prise de Gaëte (1806), promu colonel. L'Empereur lui confia, l'année suivante. une délicate mission près de l'empereur Alexandre. Elle avait pour objet le mariage projeté entre Napoléon et la grande-duchesse Catherine de Russie. Alexandre ayant mis à son consentement la condition que la future impératrice des Français garderait la religion orthodoxe, les négociations furent rompues. Napoléon. malgré cet échec, fut tellement satisfait du tact dont avait fait preuve son ambassadeur extraordinaire. qu'il lui donna une bague, ornée d'un magnifique rubis, qu'il portait habituellement (1).

Appelé au grade de maréchal-de-camp, Marie quitta, en 1813. l'Espagne, où il avait suivi le roi Joseph, se rendit près de l'Empereur et se trouva aux mémorables batailles de Leipzig et de Hanau, où il acquit de nouveaux titres de gloire. Grièvement blessé dans la retraite, et après avoir arrêté, pendant quatre heures, avec des forces numériquement inférieures, un corps prussien de 14.000 hommes, il fut fait prisonnier et ne recouvra sa liberté qu'en 1814. Pendant les Cent-Jours, il eut le commandement de la place de Sedan. Mis en disponibilité en 1815, il se retira dans sa terre de Villonville, où il obtint sa retraite en 1825.

Louis XVIII lui avait accordé le grade honorifique de lieutenant-général en 1818. De plus, il avait érigé pour lui, en majorat, avec le titre de vicomte, la forêt de Fréhaut. près de Pont-à-Mousson.

Le général vicomte de Fréhaut, officier de la Légion d'honneur et chevalier de Saint-Louis, maire de Villonville. mourut dans le château qu'il possédait dans cette localité, le 22 janvier 1835.

Les circonstances qui l'avaient attaché à la personne du roi Joseph méritent d'être racontées :

M. et Mme Marie étaient, tous deux, remarquablement doués au point de vue physique. En 1805, se trouvant au camp de Boulogne, ils assistèrent à la distribution des Ai-

---

(1) Cette bague, appartint dans la suite à Mme de Pierrefitte, née Marie-Joséphine-Henriette Marie de Fréhaut.

gles. Au cours de la cérémonie, Joseph Bonaparte remarqua ce couple superbe. Il prit ses informations sur le jeune officier, dont la belle prestance l'avait séduit et lui demanda de faire partie de sa maison militaire. Marie marqua quelque hésitation, redoutant de se séparer de sa femme, qu'il aimait tendrement. « Qu'à cela ne tienne, dit Joseph, Madame Marie vous accompagnera à Naples, et sera dame d'honneur de la Reine », ce qui fut fait. L'aide-de-camp partit avec le roi, et, un peu plus tard, sa femme le rejoiguit dans sa nouvelle résidence. Elle avait conservé d'assez piquants souvenirs de ce voyage, qu'elle fit en chaise de poste, accompagnée de plusieurs officiers, En entrant en Italie, ceux-ci voulurent lui faire boire du vin d'Asti. Comme elle ne buvait d'ordinaire que de l'eau, le joli vin pétillant la grisa légèrement, ce qui la rendit fort gaie et amusa beaucoup ses compagnons de route. Elle commençait une grossesse et cependant, à peine arrivée à Naples, il lui fallut se séparer de son cher époux, car c'est alors que celui-ci partit pour remplir sa mission auprès de l'empereur Alexandre. Madame Marie accoucha pendant que Firmin était en Russie. Le roi envoya à ce dernier par un exprès le message suivant : « Hippolyte et sa mère se portent bien ». C'est ainsi que l'aide-de-camp apprit qu'il avait un fils. La jeune mère, entourée de domestiques ne parlant et ne comprenant pas le français, était fort désemparée. Le roi et la reine de Naples eurent pour elle mille bontés. En particulier, sachant qu'elle ne pouvait souffrir la cuisine italienne, ils lui faisaient porter chaque jour un bouillon à la française dans une écuelle d'argent.

Pendant le séjour que mon père fit à Rome, au moment de l'occupation, de 1852 à 1854, il trouva l'accueil le plus aimable chez la princesse Bonaparte (1), fille du roi Joseph. Cette princesse avait gardé un très bon souvenir de ses relations avec la famille Marie (2).

-----

(1) Zénaïde Bonaparte, femme de Charles-Lucien Bonaparte, prince de Canino. Ce dernier, cousin-germain de sa femme, était fils de Lucien Bonaparte.

(2) Lettre de mon père à sa sœur Amélie, datée de Rome, le 14 juin 1854.

M. Marie, qui dut, plus tard, à Louis XVIII, le titre de vicomte de Fréhaut (1), resta cependant, toute sa vie, très attaché aux Bonaparte. Par contre, sa fille, Adeline-Marie, née à Lunéville en 1798, fut une ardente royaliste.

Je suis détenteur de plusieurs petits « souvenirs » légitimistes dont elle avait fait cadeau à ma tante Amélie : des cheveux de Charles X et de la Dauphine ; des portraits d'Henri V jeune ; un *bonhomme* en papier découpé par le prince et un dessin de fleur colorié par lui dans son enfance. Un ruban de soie verte, qui attachait les médailles suspendues à son cou, a malheureusement disparu de ma collection de reliques.

Après l'avènement de Louis-Philippe, Mlle de Fréhaut affectait, à la grand-messe, de quitter l'église au commencement du dernier évangile, pour ne pas avoir les oreilles offensées par le « Domine salvum fac regem nostrum Ludovicum Philippum ».

En 1832, passant à Strasbourg, elle fut prise *pour* la duchesse de Berry et arrêtée. Ce fut le plus beau jour de sa vie. Interrogée par le préfet, elle le cingla de cette riposte : « Comment, Monsieur le Préfet, vous qui étiez un assidu des bals des Tuileries, du temps de Sa Majesté Charles X, pouvez-vous me confondre avec Madame ? »

Mlle de Fréhaut mourut à Vittonville le 16 mars 1838, sans avoir été mariée. Un portrait d'elle, assez curieux, existe chez le Colonel Raoul Lyautey, à Nancy. Elle s'y montre vêtue d'une robe bleue, coiffée d'un voile blanc; son visage patricien, à l'aspect viril et pudique à la fois, fait songer à une amazone qui serait préfète de congrégation. Elle n'avait eu qu'un frère, Hippolyte-Napoléon-Joseph Marie, vicomte de Fréhaut. C'est l'enfant qui naquit à Naples, au palais Titon, le 11 mars 1808. Il mourut à Vittonville le 27 janvier 1872, ayant épousé, à Bar-le-Duc,

---

(2) Marie de Fréhaut, vicomte héréditaire (majorat particulier par lettres patentes du 4 août 1827).

« D'azur au lévrier assis d'argent à senestre regardant une plante de lys de jardin au naturel à dextre, le tout soutenu d'une terrasse de sable, au chef d'hermine. Couronne de vicomte. Supports : à dextre un lion, à senestre, un cheval ».

le 22 novembre 1836, Marie-Henriette-Eléonore du Mesnil de Fiennes, née à Houdemont, le 17 avril 1817, morte à Paris le 18 mars 1874. Elle descendait de Catherine d'Arc, sœur de Jeanne d'Arc.

Hippolyte de Fréhaut eut deux enfants : Hyacinthe-Hippolyte-Roger, né le 3 novembre 1845, mort le 18 juin 1850 et Marie-Joséphine-Henriette; née à Bar-le-Duc le 3 novembre 1842, mariée, le 23 juin 1863, à François-Anatole Roy de Pierrefitte, né à Fellelin (Creuse), devenu, dans la suite, vice-président du Tribunal de la Seine. Mme de Pierrefitte m'avait très amicalement reçu chez elle, 27, rue Saint Dominique, lorsque j'étais en garnison à Paris (1892-1898). Elle avait une stature de grenadier, qu'elle tenait, sans doute, de son grand-père, le Général, et ressemblait un peu à un homme habillé en femme. Ses façons étaient brusques mais cordiales. Elle est morte le 3 février 1920, laissant sa fortune à une famille amie qui habitait l'Eure. Elle légua quelques objets — entre autres un splendide cartel d'époque Louis XV et une dizaine de portraits d'ancêtres, dont celui du général Marie, — aux Raoul Lyautey, ses cousins éloignés par les La Lance et par les Bouvier.

Avec elle s'éteignit la descendance de Marguerite-Charlotte Conigliano. M. de Pierrefitte mourut, fort âgé, en août ou septembre 1921. C'est à ma cousine de Pierrefitte, que j'ai dû les principaux éléments de cet article.

CHAPITRE V

**Louis-Etienne Conigliano. — Le « Grand Couvert » du
Roi Stanislas. — Madeleine Hugard. — Les Hugard.
L'inventaire d'un riche marchand en 1775. — Le
château du prince Charles, sa vente aux enchères.
— Les malheurs d'un bourgeois gentilhomme, ses
faiblesses ; sa fin paisible à Rosières-aux-Salines.
— Anecdote sur le dernier duc de Lorraine.**

Louis-Etienne Conigliano. mon bisaïeul, naquit à Lunéville le 15 septembre 1755 et fut baptisé le même jour. Son
parrain fut son frère François, le futur Conseiller de Saint
Domingue. et sa marraine, sa sœur Marie-Josèphe, la
future Mme de Brunet. Il vit encore la splendeur finissante
de cette petite Cour de Lunéville qui avait été si brillante
et si gaie. On raconte que, un jour, étant tout enfant. il
assistait, assis sur les genoux de la Marquise de Boufflers,
au dîner du Roi. Stanislas. fort âgé, et qui avait toujours
conservé, dans ses manières quelques traces de la barbarie
du Sarmate, mangeait en se servant de ses doigts autant que
de sa fourchette. Très scandalisé, le petit Louis chuchote à
l'oreille de « la dame de volupté » : « Le roi mange comme
un cochon ». La Marquise de rire aux éclats. « Que dit le
petit Cogliano? » demande le roi. « Sire. répond Mme de
Boufflers, avec la hardiesse d'une personne qui se sent tous
les droits. il trouve que Votre Majesté mange comme un
cochon ». Loin de se fâcher. le bon Stanislas, très amusé,
se mit à rire et tous les assistants firent de même. L'anecdote montre la simplicité et la bonhomie de cette aimable
société, où un petit bourgeois, assis familièrement sur les

genoux de la personne la plus qualifiée de la Cour après le Roi, comparait, avec une irrévérence candide, le souverain à un cochon, et cela à la grande joie du prince et de son entourage (1).

Reçu avocat à la Cour souveraine de Lorraine en août 1777, Louis-Etienne fut nommé échevin de Lunéville par ordonnance royale du 16 août 1787 et reçu le 30 du même mois. Il avait épousé, le 23 novembre 1778, Marie-Magdeleine Hugard, née à Lunéville, le 21 novembre 1759, fille de feu Pierre-François Hugard, marchand, et de Magdeleine Caël. Les Hugard et les Conigliano étaient, depuis longtemps en relations d'amitié et d'affaires. Vingt-neuf ans avant le mariage de Louis, son père, Bernard, avait figuré, comme témoin, dans un acte de donation mutuelle entre les frères Hugard : Pierre-François, Michel et Jacques (2). Le 16 mai 1758, Bernard Conigliano figurait encore, avec la mention « marchand-épicier du Roy », comme un des témoins du mariage des parents de Marie-Magdeleine. Celle-ci était donc loin d'être une inconnue pour mon bisaïeul. Elle devait être fort jolie, s'il faut en croire le portrait d'elle que je possède : une miniature ronde, d'une facture un peu gauche, mais qui, pour cette raison même, doit être très sincère. C'est un charmant visage de toute jeune fille, frais comme une fleur, avec des traits délicats, des yeux bleus ingénus et un peu étonnés, un air sérieux et timide. Les cheveux cendrés se relèvent sous une coiffe de dentelles, haute et compliquée, qu'égaie un ruban rose. Un ruban semblable ferme le fichu de mousseline, modestement croisé dans l'échancrure du corsage lilas.

Cette petite bourgeoise comptait parmi les plus riches héritières du pays. Son père, marchand drapier, était un de ces négociants, étrangers à la Lorraine, qu'y avait attirés, aux beaux temps de Léopold, les avantages considérables

(1) Cette anecdote a été reproduite par Gaston Maugras, d'après mes indications, dans « les dernières années du roi Stanislas » (Plon. 1906).

(2) Voir mon livre : « Monsieur et Madame Dalancour ».

offerts par le Duc (1). Savoyard, comme les plus connus d'entre eux, les Coster, les Villiez, les Puton, il était né à Nancy-sur-Cluse, au diocèse d'Annecy, le 19 mars 1694 et vint à Lunéville vers 1735, avec quatre de ses frères, Jean-François (2), Michel (3), Jacques (4) et François (5). Un cinquième, Pierre (6), était resté à Nancy-sur-Cluse, où il continua la descendance des Hugard. Ces six frères étaient fils de François-Egrège Hugard et de Michelle Deville. Un de leurs cousins, François Deville, fils d'Egrège-Esprit Deville et de Pernette Roy, marié à Andréaz Borge, accompagna la tribu des Hugard à Lunéville et y mourut le 28 mars 1782.

Le 8 février 1736, les cinq émigrants reçurent, du duc François III, des lettres de naturalité qui furent entérinées, le 24 février, par la Cour souveraine de Lorraine et Barrois, et, le 28, par la Chambre des Comptes (7). Le 5 mars 1739, des lettres de Marchand furent accordées à Pierre-François Hugard par les juges consulaires de Lorraine et Barrois (8).

Celui-ci avait épousé une de ses cousines, Anne-Marie Hugard. Devenu veuf, sans avoir eu d'enfants de cette union, il habitait avec ses deux frères et associés, Jacques et Michel : Ce dernier étant mort en 1756, Pierre-François et Jacques restèrent seuls. Tendrement unis et désirant laisser à des descendants directs la belle fortune qu'ils avaient amassée en aunant du drap et de la toile, ils décidèrent, d'un commun accord, que l'un d'eux devait se

---

(1) Pierre Boyé « La Lorraine commerçante sous le règne nominal de Stanislas ». Nancy 1899.

(2) Jean-François, marchand à Lunéville, épousa Marie Favre. C'est de lui que descendent les Didiot, qui nous apparentent ainsi aux Rozaire, Schott, Boyé, du Châtelle, Delepierre.

(3) Michel, né à Nancy-sur-Cluse, le 13 mars 1703, mort sans alliance à Lunéville le 16 décembre 1756.

(4) Jacques, né à Nancy-sur-Cluse le 25 avril 1711, mort sans alliance, à Lunéville, le 30 octobre 1777.

(5) Je n'ai aucun détail sur François.

(6) Egrège-Pierre, né à Nancy-sur-Cluse le 6 avril 1706, mort à Cluse le 15 juin 1780. Avait épousé Jeanne-Françoise Guy.

(7) Archives de la famille L'Hotte.

marier. N'en ayant grande envie ni l'un ni l'autre, ils tirèrent au sort pour savoir qui se dévouerait. C'est là, du moins, une tradition de famille. Le sort tomba sur le plus vieux, le veuf, qui, à l'âge de 62 ans, se remaria, le 16 mai 1758, avec Magdeleine Caël, née le 15 août 1722, fille de Jean Caël, bourgeois de Saint Dié, et d'Anne Thiébault (1).

De ce mariage devaient naître deux de mes bisaïeules : Marie-Magdeleine (Mme Conigliano) et Jeanne-Françoise, qui, comme je l'ai déjà dit, épousa, le 20 novembre 1787, Jacques-Joseph Pouponot des Brissonneries d'Alancour et donnera le jour à ma grand'mère L'Hotte.

Pierre-François et Jacques Hugard habitaient au n° 2 de la rue de la Porte d'Allemagne (actuellement n° 19 de la rue de Lorraine), une maison de modeste apparence, dans laquelle était leur boutique. Je conserve comme une relique la petite échelle en sapin noirci qui leur servait à en atteindre les rayons élevés. Elle symbolise, en effet, pour moi, le travail, la probité, l'économie, grâce auxquels les Hugard édifièrent une des plus belles fortunes de Lunéville au XVIIIe siècle. Cette fortune, après avoir été divisée et subdivisée par des partages successifs, forme encore, de ses débris, le plus clair de notre aisance actuelle.

Pierre-François Hugard mourut le 20 Juillet 1775 et fut enterré dans les caveaux de l'église Saint-Jacques. Son inventaire nous donne une idée de ce que pouvait être le train d'un bourgeois lorrain, au temps de Louis XV. Comme vêtements, c'est simple : Trois costumes en drap de Louviers, comprenant habit, veste et culotte, l'un gris, l'autre noir et le troisième couleur d'ardoise, une vieille capote et un manteau, six douzaines de chemises, douze cols de mousseline, des bas et des mouchoirs.

Comme joyaux, c'est plus modeste encore : une montre, deux paires de boucles de souliers, une paire de boutons de manches, deux crochets de cols, deux tabatières, le tout en argent.

____

(1) Anne Thiébault, née à Saint-Dié le 24 février 1678, était fille de Georges Thiébault et de Nicole Thiébault.

Le mobilier n'a pas la somptuosité de celui de Marie-Joseph Conigliano. Ce ne sont que chaises paillées, armoires de chêne ou de noyer, tables à pieds tournés — des tables lorraines — et d'innombrables lits : « à la duchesse », « en tombeau », « à la chapelle », garnis de leurs volumineux couchages, de leurs rideaux de serge ou d'indienne à fleurs. C'est un de ces honnêtes et sérieux mobiliers qu'on entrevoit dans les « intérieurs » de Chardin. A signaler cependant, comme ayant un caractère plus luxueux ou plus artistique : deux tentures de tapisserie de Nancy, une « verdure », un « tableau à cadre doré », un « tableau représentant la Vierge avec son cadre de bois », huit estampes, un grand miroir à cadre doré, un autre « à cadre glacé », quatre figures de bois, deux commodes à trois tiroirs garnies de cuivres, un petit bureau à trois volets et son dessus « en bibliothèque », deux fauteuils en tapisserie au petit point, six chaises en tapisserie, un lit à quatre colonnes....

L'argenterie est assez sommaire : une vingtaine de couverts, trois cuillers à ragoût, une à olives, six à café, deux salières, deux gobelets, quatre écuelles, dont trois avec leurs couvercles. Peut-être une de ces trois écuelles à couvercle est-elle le beau « bouillon », d'époque Louis XIV, marqué d'un H, que je possède et qui, plus tard, a subi la malheureuse adjonction d'un pied et d'un présentoir, pour être transformé en sucrier ?

En revanche, quantité d'étain et une imposante batterie de cuisine en rosette.

Nombreuse vaisselle de fayence. J'y distingue huit tasses et leurs soucoupes en terre de pipe. Celles que j'ai dans mon vaisselier en faisaient, peut-être, partie.

La prédominance de l'utile sur l'agréable se continue par une fabuleuse quantité de draps, de nappes et de serviettes, dont quelques-unes, solides à défier les siècles, sont parvenues jusqu'à moi. Les armoires de Magdeleine Caël devaient être pleines à craquer.

Je ne parle pas des marchandises en boutique.

Quant aux immeubles, leur énumération tient treize grandes pages in-folio. Ce ne sont que maisons, prés, vignes, gagnages et chenevières. Nous y retrouvons les habitations et les fermes de Rosières, celles de Marainviller et de Rehainviller, mes jardins « de la Ménagerie » et « du Four », les prés d'Hériménil et de Chanteheux et tant de terres, qui, dans la suite, sont passées aux Conigliano, aux L'Hotte, aux Parisot.

Jacques Hugard, à son tour, mourut le 3o octobre 1777. Par son testament, en date du 23 décembre précédent, qu'il ne signa que d'une croix, « pour n'avoir pas l'usage d'écrire », il institua ses deux nièces : Marie-Magdeleine et Jeanne-Françoise, légataires universelles, en laissant toutefois à sa belle-sœur l'usufruit de certains de ses biens. On conçoit que les demoiselles Hugard fussent, dès lors, au nombre des plus riches partis de la ville (1).

Dans son trousseau, Marie-Magdeleine eut douze magnifiques robes de soie. J'ai encore vu, vestige de l'une d'elles, un délicieux brocart à fond fleur de pêcher, qui, chez les Parisot, à Rosières, recouvrait un canapé capitonné, et ma grand'tante Pierson garda longtemps dans une de ses armoires une splendide robe de soie bleue, brochée d'argent, ayant la même provenance. Les douze robes de la *corbeille* de Marie-Magdeleine Hugard étaient dignes de Peau-d'Âne.

Mon bisaïeul, quoique robin et fils d'épicier, avait des goûts de luxe et des façons de gentilhomme. Il devait les uns et les autres à la place privilégiée qu'avait eue son père dans les affections de Stanislas, à ses propres souvenirs d'enfance alors qu'il fréquentait la cour du vieux duc-roi, aux brillants mariages de ses sœurs, aux situations en vue de ses frères aînés. Aussi mena t-il grand train — et eut-il bientôt dilapidé sa fortune, pourtant si bien assise.

L'une des causes de sa ruine fut l'acquisition, faite le 15 septembre 1781, du « Château du Prince Charles » — le « Petit-Château » actuel, — lequel avait été mis en vente par l'Empereur Joseph II, à la mort de son oncle, Charles-

---

(1) Tous ces détails sur les Hugard figurent dans mon étude sur « M. et M⁰ⁱ Dalaincourt ». (Berger-Levrault, s. d.).

Alexandre de Lorraine, gouverneur des Pays-Bas (1). Cette
charmante maison de plaisance — suivant la légende —
aurait été construite d'après les plans et sous la direction
du dernier fils de Léopold, alors qu'il n'avait que douze ans.
En réalité, elle fut l'œuvre du fameux architecte Boffrand.
En 1781, rien n'avait encore altéré l'harmonie de ses pro-
portions ni la pureté de ses lignes. Les constructions
parasites qui, dans la suite, l'ont défigurée, n'existaient
pas. Le château se composait essentiellement d'un rez-de-
chaussée surélevé, présentant en son milieu une grande
salle ovale, chef-d'œuvre d'architecture et de décoration.
Le chiffre du Prince, en marbre noir, s'encastrait dans son
pavé de pierres blanches. Ses murs étaient revêtus d'un
stuc rivalisant d'éclat avec le marbre. Sur la calotte de son
plafond, le célèbre Jacquard avait peint un tumultueux
triomphe de Flore.

Ses six fenêtres cintrées s'ouvraient sur des terrasses à
balustrades de fer forgé. Des fenêtres du levant, la vue embrassait les parterres du vaste jardin à la Française, dont les
tapis verts et les charmilles occupaient le triangle compris
maintenant entre l'avenue Voltaire, le Champ-de-Mars et la
rue Emile Erckmann. Il était traversé de bout en bout par
une allée droite, que prolongeait, à l'infini, la route d'Alsace. C'était un ensemble exquis comme seul en sut créer
l'art français du xviiie siècle.

Le domaine avait été divisé, pour la vente, en 4 lots :

1° « Le Bâtiment du château et des cuisines, avec les arbres, bassins, loges et terrains compris dans les murs de
clôture et grilles de fer ».

2° « La terre et ses murs de clôture, jardins, arbres, treil-
lages, le bassin avec les files de corps jusqu'au regard de la
fontaine du Bosquet ».

3° « La Maison de la Ménagerie, les loges, non compris
l'étable à vaches..., la cour, le jardin, les murs mitoyens,

____

(1) Le Prince Charles-Alexandre de Lorraine, né à Lunéville le 1er décembre 1712, mourut au Château de Tervueren le 4 juillet 1780.

à charge de murer les portes et fenêtres qui donnent sur les Bosquets ».

4° Enfin, « les remises, les halliers de la petite maison du jardin, au derrière de l'étable à vaches... ».

Le jour des enchères, mon bisaïeul eut comme concurrents, pour l'achat soit des différents lots, soit du tout, les sieurs François-Joseph Bourguignon, avocat au Parlement, Joseph André, marchand orfèvre à Lunéville, François Litaize, bourgeois de Nancy, Venceslas Didier, armurier à Lunéville, Jean-Georges Briquel, avocat au Parlement, Etienne Carré, ancien gendarme rouge, René-Joseph Lexcellent, bourgeois de Lunéville, Jean Bajot, cordier à Lunéville, et la dame Gouy, veuve du sieur Nicolas Lambert. L'architecte Piroux avait estimé l'immeuble, dans son ensemble, 49.000 livres. Personne n'ayant voulu mettre ce prix, il fut sérieusement question de raser le château pour en vendre les démolitions. On accepta cependant le prix de 25.000 livres, cours de France, que mon bisaïeul offrit pour la totalité des lots. Cette somme devait être payée dans une année, augmentée des intérêts au prorata du crédit (1):

C'était, pour l'époque, une très grosse somme. Pour s'en rendre compte, il faut se figurer ce qu'elle représenterait au taux actuel de l'argent. En prévision de cette dépense considérable, Louis Conigliano avait songé, dès les premiers jours de septembre, à se créer des disponibilités. Or, jusque là, sa belle-mère, Magdeleine Caël, à qui Pierre-François Hugard avait laissé la jouissance de tous ses biens « jusqu'à la majorité ou à l'établissement de ses deux filles », n'avait donné à son aînée que la moitié des revenus provenant de la fortune des Hugard. Elle avait répondu négativement à une première demande de partage faite par le sieur « Kogliano » (sic), alléguant que ce partage ne devait avoir lieu

(1) Acte passé le 15 septembre 1781 par devant M⁰ Febvrel, notaire à Lunéville, en présence de M. Claude-François Marguisson, avocat au Parlement et ancien Conseiller-secrétaire ordinaire de S. A. R. Mgr le duc Charles de Lorraine, et de M⁰ Charles Piroux, ancien avocat au Parlement et architecte, demeurant à Lunéville. (Archives de l'étude de M⁰ André, notaire).

qu'après la majorité ou l'établissement de sa fille cadette,
Jeanne-Françoise. Lorsque la majorité de cette dernière fut
proche, mon bisaïeul, n'attendant pas qu'elle fût accomplie
revint à la charge et, pour arriver à ses fins, provoqua successivement la réunion de deux conseils de famille. Ceux-ci
se tinrent le 1er et le 6 septembre 1781, par devant Charles-
Nicolas Gouvenoux, conseiller du Roi, son procureur, juge
tutélaire au bailliage de Lunéville.

Les membres du premier conseil de famille étaient Pierre-
Jacques Hugard (1), conseiller du Roi, receveur de l'hôtel-
de-ville de Lunéville ; son frère, François Hugard (2), avocat
au Parlement, exerçant au bailliage de Lunéville (parents) ;
François Haxo (3), avocat au Parlement ; Léopold du Prat (4),
officier de cavalerie (amis).

Aux personnages ci-dessus s'adjoignirent, pour la seconde
assemblée : Gabriel d'Aristay de Châteaufort (5), capitaine
de dragons au service de France, beau-frère de Louis Conigliano et Charles Antoine Didelot (6), avocat au Parlement, doyen des avocats du bailliage de Lunéville et ci-devant conseiller du feu roi de Pologne (ami).

---

(1) Pierre-Jacques Hugard, marchand, conseiller du Roi, échevin-tréso
rier de la ville de Lunéville, né le 30 septembre 1751, épousa Catherine
Henry. Il était fils de Pierre Hugard et de Nicole Chavane, et petit-fils de
Jean-François Hugard, frère de mon trisaïeul Pierre-François..

(2) Jean-François Hugard, frère du précédent, né à Lunéville, le 15 octobre 1754, avocat au Parlement, conseiller du Roi, lieutenant de police
à Lunéville.

(3) François Haxo, avocat au Parlement, fils de Nicolas-Benoît Haxo,
greffier et tabellion de la seigneurie d'Etival, et de Madeleine Rozières.
Il avait épousé, le 18 août 1772, Catherine-Françoise Durand, fille de Nicolas Durand, avocat à la Cour souveraine de Lorraine, et de Françoise
Brabant. C'était l'oncle du général Haxo.

(4) Avait été gendarme rouge et était officier au régiment provincial de
Nancy. Il était fils de Jean-Baptiste du Prat, capitaine d'infanterie, et
avait épousé, le 16 janvier 1781, Thérèse Gervais, fille de Louis Gervais,
baron du Saint-Empire, directeur des jardins du grand-duc de Toscane,
et d'Appoline de Saint-Mihiel.

(5) Voir pages 51 et suivantes, la notice concernant François-Pascal-
Gabriel d'Aristay de Châteaufort.

(6) Antoine Didelot, seigneur de Grange, avocat à la Cour et ès-conseils
d'Etat et Finances. Marié à Marguerite Simon de Lhuillier. Il habitait au
numéro 14 de la rue de la Vieille-Boucherie (rue Germain-Charier actuelle).

Madame Hugard est assistée d'un vieux cousin de son mari, François Deville (1), curateur des demoiselles Hugard.

Mon arrière-grand-père, pour justifier sa demande de partage, fait valoir que « la veuve Hugard ne sçait ni lire ni écrire, ne sçait faire que sa signature... Elle ne peut donc administrer convenablement des biens aussi considérables. D'ailleurs, elle laisse ses maisons de ferme en très mauvais état, ce qui occasionne leur dépérissement total... Elle laisse vuide une vaste maison à Rosières (2), quoique cette espèce de bien exige d'être habité et qu'elle ait pu la louer avantageusement à la dame baronne de Vigneul de Jonquel ».

A l'appui de ces dires, il est produit un certificat du sieur Le Brun, architecte à Lunéville, constatant les grosses réparations qui sont à faire à la maison de ferme de Rehainviller (3), « occasionnées par la négligence de la dite veuve Hugard ».

Malgré la réunion de ces deux conseils, le litige ne fut pas tranché et Magdeleine Caël ne s'éxécuta que cinq ans plus tard. Lorsque, enfin, il fut procédé au partage des biens laissés par les Hugard, on constitua deux lots, cotés A et B.

Suivant la coutume générale de Lorraine, Jeanne-Françoise — la future Madame d'Alancour — en qualité de cadette, tira au sort la première. Elle eut le lot A.

Le lot B, échu à mon bisaïeul Conigliano, comprenait : la maison franche acquise, à Rosières, de M. de Cossu (maison Parisot) ; une autre maison, également à Rosières, acquise de M. de Maillier (maison de mon grand-père Conigliano place Saint-Pierre) ; des prés à Hériménil ; un jardin « au

---

(1) Voir ce qui a été dit, page 69, de François Deville.

(2) L'ancienne maison Parisot. Elle avait été achetée par François Hugard à Charles-Henri de Cossu, chevalier, seigneur de Ravon, demeurant à Pulligny, et dame Agnès-Gertrude Abram, son épouse, le 27 janvier 1760, par devant M⁰ Mangeot, notaire royal au bailliage de Rosières, pour 22.500 livres de Lorraine.
C'est dans cette maison que Louis-Etienne Conigliano devait passer la dernière partie de sa vie, de 1804 à 1823.

(3) Cette maison de ferme, que j'ai héritée de mon oncle, le général L'Hotte, a été brûlée et complétement détruite par les Allemands, en août 1914.

bout de la rue Paquatte », à Lunéville ; une ferme à Laneuveville-aux-Bois.

C'étaient là des biens solides, dont le revenu aurait dû
permettre au ménage Conigliano de vivre largement. Mais,
pour cela, il eut fallu que Louis mît une sourdine à ses
goûts dispendieux.

L'achat du château du Prince Charles était une folie vani-
teuse. Pour le payer en un an, comme le prescrivait le contrat de vente, il dut emprunter, hypothéquer ses biens. Bref,
il s'endetta pour le reste de ses jours.

Mais ce n'était pas tout. Mon bisaïeul aimait le luxe sous
toutes ses formes. Il se mettait avec beaucoup de recherche et,
après sa mort, les comédiens du théâtre de Nancy achetèrent,
pour jouer le répertoire du xviiie siècle, les somptueux habits brodés, ornés de dentelles et de boutons précieux, qu'il
avait portés au temps de sa jeunesse.

De plus, il avait la passion des tulipes, à une époque où
les oignons rares, importés, à grands frais, de Hollande, se
payaient au poids de l'or.

Enfin, je ne serais pas étonné qu'il eût cherché la pierre
philosophale, car ma tante Amélie avait eu, venant de lui, un
grimoire traitant de la transmutation des métaux. La pierre
philosophale, au siècle de Voltaire, sous la Révolution et le
Directoire ! est-ce assez piquant ! Ajouterai-je qu'il aimait
les cartes et que, justifiant le dicton, il était aussi malheureux au jeu qu'heureux en amour ! Il avait, en effet, le cœur
tendre. Grâce à son physique avantageux et à ses grandes
manières, il trouvait peu de cruelles, mais je dois dire à sa
décharge que ce n'est qu'après son veuvage que l'histoire
parle de ses faiblesses. Tout porte à croire que, tant que sa
femme vécut, il fut un mari fidèle. Celle-ci mourut, après
une longue maladie, le 18 avril 1793, laissant sept enfants
— trois fils et quatre filles. Par son testament, en date du
10 mars précédent, elle donnait à son mari l'usufruit de
tous ses biens, parmi lesquels figurent la maison d'habitation de Rosières, « une ferme cultivée par Antoine Vicqui et
trois jours de vignes, le tout sur le ban de Rosières ; environ
quarante fauchées de prés sur le ban de Lunéville », de plus

la totalité des meubles venant de sa part et la moitié de ceux de la communauté. Ses robes et son linge devaient être partagés entre ses filles. Elle déclare ne pouvoir signer « à cause de la paralysie de son bras droit ».

Après la mort de sa femme, les embarras d'argent redoublent pour le malheureux Louis. La Révolution, avec le funeste système des assignats et ses désastreuses lois financières, acheva de le ruiner. J'ai retrouvé, dans de vieux dossiers, une série de documents, qui vont nous renseigner sur ce sujet de la façon la plus précise.

Le 14 Thermidor, an VII, un conseil de famille se réunissait chez Jean-Baptiste Mangin, juge de paix des sections du Nord et du Centre de Lunéville, pour délibérer sur la nomination d'un tuteur et d'un curateur des enfants mineurs de Louis-Etienne Conigliano, et sur l'opportunité d'ouvrir le testament de Marie-Magdeleine Hugard, lequel était déposé à l'étude du notaire Chatton, l'un des délibérants. « Le conseil se composait de Louis-Etienne Conigliano, Jacques-Joseph-François Pouponot-Dalancourt, Dominique Didiot, marchand de bois, petit cousin à cause de son épouse (1), Dominique Chatton, Barthelémy Guibal (2), notaires publics, Charles-Stanislas Jeandidier et Pierre Curien, homme de loi, tous demeurant à Lunéville, les quatre derniers amis à défaut d'autres parents sur les lieux ».

Louis-Etienne Conigliano, père des mineurs, fut nommé leur tuteur ; M. Dalancour, leur oncle, reçut les fonctions de curateur. De plus, les délibérants prirent la détermination d'autoriser l'exécution du testament de Magdeleine Hugard.

Le 7 Floréal, an VII, nouveau conseil de famille, par-devant Jean-Christophe Eby, juge de paix des sections du Levant et du Midi de Lunéville. Cette assemblée, composée

----

(1) Dominique Didiot, né en 1764, mort le 23 novembre 1826, avait épousé Marie-Anne Hugard (1761-1841), fille de Claude-Pierre Hugard et de sa deuxième femme Marie Juliard.

(2) Barthelémy Guibal, notaire, fils du célèbre sculpteur, épousa Elisabeth Olivier. Il demeurait rue de l'Orangerie (rue des Bosquets), numéros 9 et 11 actuels. C'était le frère de Mme de Keranforét.

de Laurent Perrin, médecin (1), Pierre Curien, marchand,
Dominique Chatton, notaire public, Charles-Stanislas Jeandidier, homme de loi (amis des mineurs), Dominique Didiot, marchand, leur cousin issu de germains du côté maternel, et Léopold Fournier (2), rentier, leur parent au même
degré, tous demeurant à Lunéville, confirme à M. Dalancour la curatelle des mineurs Conigliano et, d'avis unanime,
l'autorise à « pourvoir à la conservation des capitaux, des
biens et droits des mineurs, de manière que le citoyen
Conigliano ne puisse recevoir de remboursement de capitaux, ni les replacer, sans la participation du dit Dalancour,
et que ce dernier surveille l'accomplissement de la condition
apposée dans le testament de la citoyenne Hugard, épouse
Conigliano, défunte, à l'égard de l'usufruit laissé à son
mari ».

Dans cette assemblée de famille, M. Dalancour se trouvait
dans une situation fort délicate vis-à-vis de son beau-frère,
puisqu'il avait à défendre contre celui-ci les droits de ses
enfants. Il prononça, à cette occasion, un discours dont
voici quelques extraits : « Il est un fait constant, attesté par
l'état actuel des choses, c'est que les affaires du citoyen Conigliano paraissent très dérangées et que la cause paraît ne
provenir que d'une négligence, je ne dirai pas coupable,
mais au moins évidente, ou, si mieux vous aimez, d'une
destinée qu'il n'a pu surmonter,.. Il n'est aucun de nous
qui n'ait ouï parler de la fortune brillante du citoyen Conigliano, et qui ne sache par quelle fatalité cette fortune a
disparu et se trouve aujourd'hui, pour ainsi dire, anéantie ».
Plus loin, M. Dalancour prononce une phrase assez obscure
et laborieusement entortillée, semblant faire allusion à
l'influence féminine que subissait alors M. Conigliano : « Il
n'est pas impossible que le citoyen, commandé par des affections particulières, ne vienne à disposer d'une partie de
son bien propre qui se trouverait intact par l'abandon actuel

____

(1) Le docteur Perrin habitait au numéro 13 actuel de la place Neuve
(place Léopold). C'était le père de Mme de l'Espée et de Mme de Girmont.
(1) Léopold-André Fournier, ci-devant seigneur de Bathelémont, dont il
a été question au chapitre II.

du fond de ses enfants ou que si, par suite de sa mauvaise
étoile, elle venait à lui échapper, il se trouverait que les enfants auraient fait le sacrifice de leur fortune non pour eux,
ni même pour leur père, mais seulement pour des personnes qui leur seraient absolument étrangères ».

Le 12 Floréal an VII, encore un conseil de famille par-
devant le juge de paix Eby et composé de la même façon
que le précédent. Devant ce conseil, Louis Conigliano ex-
pose que le revenu des biens que lui a laissés sa femme est
de 1.675 fr. L'inventaire des meubles qu'elle lui a donnés,
de sa part et de la moitié de la communauté, a constaté une
valeur estimatrice de 3.399 fr., « non compris les robes et
et autres objets à l'usage de l'épouse, qu'elle a donnés à ses
enfants (1), ni les meubles que le comparant a achetés pour
ses dits enfants à la vente de la citoyenne veuve Hugard, leur
ayeule, dont le prix est dû à sa succession, et se monte à la
somme de 1.683 fr. Une clause du testament de la défunte
épouse du comparant porte que les dispositions faites en
faveur de ce dernier, ont pour but de l'indemniser des dépenses qu'il a faites, le reconnaître de ses bons soins et à
charge d'élever ses enfants.

« Or, les dépenses que le comparant a faites sont *l'acquisition de la maison qu'il occupe* (2), *pour le payement de laquelle il a sacrifié son propre bien*, les dettes qu'il a payées
depuis la mort de son épouse et pour lesquelles elle s'était
elle-même engagée, enfin les frais de sa longue maladie.

« Le comparant a joui, depuis le décès de son épouse, de
l'usufruit de tous ses biens. La dépréciation du papier-
monnaie, les réquisitions et la loi du maximum l'ont dimi-
nué au point qu'il n'a pas suffi pour son entretien et celui
de sa nombreuse famille ; il a été obligé de contracter de
nouvelles dettes envers des marchands, cordonniers, tail-
leurs, pour habiller ses enfants et les faire soigner pendant

---

(1) Je possède une ravissante petite montre ayant appartenu à ma
bisaïeule. Son boitier, en or de deux tons, est ornée d'un émail. Son ca-
dran est entouré de minuscules diamants.

(2) Le Château du Prince Charles.

leurs maladies ; il doit, pour ces objets, une somme de
1.756 fr., dont le payement est très urgent. Il doit, en outre,
212 fr. pour les frais du testament de son épouse et différentes menues dettes, dont le paiement ne peut être aucu-
nement retardé. L'aïeule des enfants du comparant est décédée à la fin de l'été dernier (1). Ils sont héritiers de moitié
de sa succession ; leur revenu total actuel est de deux mille
sept cent cinquante et un francs. impositions déduites. provenant de leurs fonds en terres et en maisons.

« Le revenu net du comparant, provenant de la donation
faite par son épouse, est de seize cent soixante quinze
francs, impositions déduites. outre sa maison et son jardin,
mais il doit, en capitaux et rentes, une somme d'environ
trente mille francs. Le testament de l'épouse du comparant
le charge d'élever ses enfants, mais cette disposition ne peut
s'entendre que des soins qu'un père doit prendre pour leur
éducation, surtout si l'on considère qu'elle est postérieure à
la phrase où il est dit que la donation est pour l'indemniser
des dépenses qu'il a faites et, en supposant même que les
revenus, tant ceux légués que tous ceux des enfants. soient
confondus, ils suffiraient à peine pour leur nourriture, entretien et celui du comparant.

« Il demande : 1° que les revenus qu'il a touchés pour ses
enfants, depuis le décès de son épouse jusqu'au 21 brumaire dernier, soient compensés avec partie de la nourriture,
entretien et éducation de ses enfants ;

2° que, pour couvrir le comparant d'une partie des dettes
qu'il a contractées pour ses enfants, attendu l'insuffisance
de leurs revenus jusqu'alors, il soit autorisé à toucher, sur
leur avenant dans la succession de leur aïeule, dix sept cent
cinquante six francs pour payer les fournisseurs et deux
cent douze pour frais de testament de son épouse ;

3° qu'à compter du 21 brumaire dernier, les revenus de
ses enfants lui soient abandonnés jusqu'à leur majorité ou
établissement, sans en rendre compte, à charge de leur
nourriture, entretien ou éducation ».

---

(1) Magdeleine Caël, veuve Hugard, était morte le 12 juillet 1795.

Si j'ai fait d'aussi importants emprunts aux procès-verbaux des conseils de famille, malgré l'aridité de leur jargon de basoche, c'est que ces documents nous éclairent très complètement sur la situation pécuniaire de mon bisaïeul à la fin du XVIII° siècle. Louis-Étienne l'avoue lui-même, la première et principale cause de sa ruine est l'achat du château du Prince Charles. Sur les autres chapitres, il est moins sincère ; il ne parle ni du jeu, ni des femmes, ni des tulipes, ni des habits de soie, mais il attribue la consommation de son désastre financier à des causes dont il n'est pas responsable, et d'ailleurs réelles : la dépréciation des assignats et la « loi du maximum ».

Les membres de l'assemblée de famille, quoique sachant fort bien à quoi s'en tenir, lui accordent ce qu'il demande. Il semble qu'ils aient fait preuve ainsi d'une bien étrange faiblesse.

Mais, malgré les avantages qui lui sont concédés par le conseil, mon arrière-grand-père est bientôt obligé de se défaire de son habitation de Lunéville. Le 22 nivôse an XII, il vend le « Château du Prince Charles » à son beau-frère, Mathias Richard de Batilly, ancien lieutenant-colonel d'infanterie et chevalier de Saint-Louis, pour la somme de 27,100 fr. L'acte de vente montre que les biens de M. Conigliano étaient alors hypothéqués pour 34.161 fr. Sur cette somme, ses enfants avaient une hypothèque de 14.000, MM. de Bussenne et de Batilly des hypothèques respectivement de 6.052 fr. et de 11.225 fr. (1).

D'après une tradition qui a cours dans notre famille, c'est au jeu que mon bisaïeul aurait perdu son habitation princière. C'est évidemment le cas de redire le proverbe : « On ne prête qu'aux riches », car — le papier timbré en fait foi — il y eut vente régulière, et, dans ce cas, comme dans bien d'autres, la tradition se trouve en défaut.

Les procès-verbaux des conseils de famille nous fournissent encore d'autres renseignements. C'est ainsi qu'ils nous apprennent le décès de « la veuve Hugard ». La vieille bour-

---

(1) Archives de la famille de Conigliano. (Voir "Errata et addenda" p. 213).

geoise était morte le 12 juillet 1798 dans sa maison de la
rue Franklin — c'était le nouveau nom de la rue de la Porte
d'Allemagne. Son gendre Conigliano avait eu cette maison
dans son lot, ainsi que des gagnages à Rosières et à Gondrexon. J'ai donné ailleurs (1) des extraits de l'inventaire de
Madame Hugard concernant son mobilier, son argenterie,
ses bijoux et sa formidable garde-robes.

Un des procès-verbaux nous apprend qu'il y eut une vente
après son décès. M. Conigliano et sa belle-sœur Dalancour
rachetèrent tous les vêtements, joyaux et dentelles, l'argenterie, la vaisselle et la batterie de cuisine, beaucoup de linge,
les couchages et quelques meubles. Parmi les bijoux rache-
tès par Louis-Etienne figure la bague aux deux cœurs en-
trelacés — diamants et saphirs — que je possède.

Enfin, la phrase à sous-entendus, prononcée par mon
bisaïeul Dalancour lors du conseil de famille du 7 floréal
an VII et où il est question « d'affections particulières » de
son beau-frère, nous laisse deviner que ce dernier n'était
pas resté fidèle à la mémoire de la jolie Marie-Magdeleine.

En effet, peu après son veuvage, il s'était engagé dans une
liaison qui dura plusieurs années. Résultat : trois enfants
illégitimes, un fils et deux filles. Le fils mourut jeune. Les
filles se marièrent, mais l'une d'elles seulement a laissé
postérité.

Au début de la Révolution, mon arrière-grand-père Conigliano, à l'exemple des autres « hommes de loi » de la
région, avait fait un accueil assez favorable aux idées nouvelles. Ses beaux-frères, MM. d'Alancour et de Châteaufort,
bien qu'anciens officiers, avaient agi de même. En 1789,
mon bisaïeul était échevin de Lunéville et lieutenant de la
garde citoyenne (compagnie Jacobé). Son nom figure parmi
ceux des notables du Tiers-Etat de la ville, au bas de
l'adresse intitulée « Vœu patriotique », que les dits notables
envoyèrent aux ministres, au gouverneur de la province, à
leur bailli, et au Tiers-Etat de Nancy.

Toute sa famille, d'ailleurs, prend part au grand mouve-

______

(1) « Figures du vieux Lunéville. — M. et Mme Dalancour ».

ment qui précède la Révolution. M. de Châteaufort est nommé major-général de la garde citoyenne, le 28 juillet 1789. L'année précédente, le 1ᵉʳ avril 1788, il avait représenté la Noblesse dans l'Assemblée du district de Lunéville avec le comte de Ficquelmont, seigneur de Parroy, et le comte de Croismare. Le 3 avril, il est nommé procureur-syndic de cette assemblée, puis fait partie, en qualité de commissaire, du bureau qui rédige le cahier de la Noblesse du baillage. Le secrétaire de ce bureau est M. de Fournier, seigneur de Bathelémont, cousin-germain de mon bisaïeul. Un autre de ses cousins-germains, M. de Bussenne, seigneur d'Igney, représentant de la Noblesse du baillage de Blâmont, est au nombre des députés qui, réunis à Nancy, du 31 mars au 6 avril, procèdent à la rédaction des cahiers et élisent les huit députés à envoyer aux Etats-généraux. Le 1ᵉʳ juin 1790, mon bisaïeul d'Alancour fait un don patriotique de nombreux objets d'argent, écuelles, tabatières, boucles de souliers, etc.

La Révolution fut très bénigne à Lunéville. Jamais la guillotine n'y fonctionna. Louis-Etienne Conigliano, bien que sa modération eût pu le rendre suspect, n'émigra pas. Il ne fut, d'ailleurs, pas inquiété.

Après la vente de son château, il se fixa à Rosières, dans la maison qui appartint dans la suite aux Parisot. Il devint maire de sa commune et y mourut le 23 août 1823, âgé de 68 ans. Il avait eu le pressentiment de sa fin, car, six mois auparavant, il avait dit à ses enfants : « Vous vous retrouverez tous ici pour ma fête ». Or, le 25 août, jour de la Saint-Louis, fut aussi celui de ses funérailles.

Jusqu'à son dernier jour, il fut galant et garda ses avantages physiques. Chez mes cousins Parisot, il existe deux portraits de mon arrière-grand-père — un dessin au crayon et une miniature. Tous deux le représentent dans un âge assez avancé. Il a les traits réguliers, un grand air de noblesse, des cheveux blancs abondants. La miniature fait valoir son teint mat et ses admirables yeux noirs, les yeux de son père et des ancêtres italiens. Je possède un soi-disant portrait de Louis-Etienne, qui vient de mes cousines Perken.

C'est une miniature ovale, à l'intérieur d'une petite boîte d'écaille brune pointillée d'or. Dans le couvercle de la boîte est enchassé un minuscule miroir, faisant face à la peinture. Celle-ci représente un homme jeune, mais totalement dépourvu de beauté, et n'offre pas la moindre ressemblance avec les portraits appartenant aux Parisot.

A Rosières, mon arrière-grand-père s'était intimement lié avec la famille de M. Gavrel des Lonchamps, directeur du haras. Il avait pris l'habitude, qu'il garda jusqu'à sa mort, d'aller, tous les jours, chez la vieille Madame des Lonchamps et de lui faire une longue visite. On l'appelait « l'amoureux de Madame des Lonchamps ». Les générations suivantes continuèrent la tradition et encore, à l'heure qu'il est, j'ai les meilleures relations d'amitié avec la générale Feldmann, petite-fille de « l'Amoureuse » de mon bisaïeul. Celui-ci eut longtemps dans sa maison un domestique, du nom de Jean, qui vieillit à son service et qui mourut dans l'âge le plus avancé.

Ce vieux serviteur, né sous Louis XIV et mort sous Napoléon Ier, avait vu bien des choses, mais l'évènement capital de sa vie, celui qu'il ne se lassait pas de raconter, c'était le suivant :

Etant encore enfant, il s'amusait, avec d'autres gamins de son âge, dans un champ, à faire cuire des pommes de terre sous la cendre. Survint un jeune garçon, élégamment vêtu, accompagné d'un ecclésiastique. Ce jeune garçon, après avoir regardé pendant un instant les petits paysans faire leur cuisine rustique, dispersa dédaigneusement d'un coup de pied les pommes de terre en train de cuire, puis s'éloigna. Jean, outré du procédé, s'élança sur les pas des promeneurs, et, les ayant rejoints, allongea un retentissant soufflet à l'auteur du délit. L'abbé se contenta de dire à son compagnon : « Monseigneur, vous l'avez bien mérité », puis il gratifia d'une pièce d'argent le petit villageois, avec cette explication : « Voilà pour la leçon que vous avez donnée au futur duc de Lorraine ». Le jeune homme, si vertement corrigé, n'était autre, en effet, que le fils aîné de Léopold, celui qui devait régner sur la Lorraine, sous le nom de

François III, et devenir Empereur d'Allemagne sous celui de François Ier.

C'est à Louis Conigliano, notre bisaïeul, que nous tous, ses descendants, devons la médiocrité de notre fortune, et pourtant, comment lui en vouloir ?... Il était si séduisant !

CHAPITRE VI

Les Enfants de Louis-Etienne — Les Pierson et les descendants de Joséphine Conigliano — Les Parisot — Jean-François Parisot épouse deux demoiselles Conigliano : leur descendance — Ma grand'tante Adèle. — La maison de Rosières.

De Marie-Magdeleine Hugard, mon bisaïeul avait eu sept enfants :

I

JEAN-LÉOPOLD-FRANÇOIS-LOUIS

qui continua la descendance et dont il sera question ultérieurement.

II

JOSÉPHINE-MARIE-MADELEINE-FÉLICITÉ-FRANÇOISE

Née le 18 avril 1781, elle épousa, en 1802, Richard-Sophie-Nicolas Pierson, architecte de la ville de Lunéville (1). Parmi les cadeaux reçus à l'occasion de son mariage, figure celui de sa tante Dalancour, « un joli chapeau de satin bleu et de tul (*sic*), orné d'une belle plume blanche, du prix de dix-huit livres, plus six aunes et quart de taffetas gris foncé double Avignon, à 5 livres 12 sous l'aune » (2).

____

(1) L'architecte du palais épiscopal de Toul (construit vers 1739) s'appelait Nicolas Pierson. Etant donné la vieille coutume lorraine de perpétuer les prénoms dans les familles, il se pourrait que ce Nicolas Pierson fût un ascendant de mon grand-oncle.

(2) Cahier de comptes de Mme Dalancour (Archives de la famille Conigliano).

M. Pierson appartenait à une famille de fonctionnaires subalternes de l'ancienne Cour, spécialisés dans le service des bâtiments. Son père, Richard Pierson, « géomètre », avait été « entrepreneur des bâtiments du Roi au département de Lunéville ». Le 17 mars 1789, il avait fait partie des seize députés élus par la ville pour prendre part à l'assemblée générale du bailliage. Une sœur de mon grand-oncle, Agnès Pierson, avait épousé, le 23 mai 1786, Jacques Harlaut, architecte, fils de Claude Harlaut, ci-devant machiniste du feu roi de Pologne et de Marguerite Dieudonné. Cyrille, le second fils de Joséphine Pierson, épousera Mademoiselle Guibaut, petite-fille du sieur Athanase Guibaut, jardinier-fleuriste de Stanislas, et arrière-petite-fille du sieur Pierre Guibaut, « directeur des jardins de sa Majesté polonaise ». En 1769, Athanase Guibaut habitait au numéro 82 de la rue de Viller, immédiatement après la Fayencerie.

Les Pierson avaient aussi, je crois, une alliance avec les Doron, menuisiers du Roi, qui furent les premiers propriétaires de la maison L'Hotte actuelle et dont l'un eut pour gendre le père du général Haxo.

C'était, on le voit, une de ces familles de l'ancienne bourgeoisie de Lunéville, qui avaient été, bien que d'une façon très modeste, mêlées à la vie de la Cour.

Joséphine Pierson, née Conigliano, eut ~~quatre~~ *cinq* enfants *qui vécurent* :

1° Bernard, marié à Mlle Phulpin, de Saint-Dié ;

2° Cyrille, dont il a été question plus haut ;

3° Madeleine-Joséphine-Françoise (1805-1882), qui épousa M. Perken, d'une famille d'honorables négociants lunévillois ;

4° Joséphine, plus tard Mme d'Agon de Lacontrie, morte le 5 avril 1873.

Bernard Pierson-Phulpin eut deux fils qui moururent célibataires. Son frère cadet, Cyrille, fut le père de Mesdames Lepetitdidier, Dubois et Philippe, qui, toutes trois, ont laissé postérité. Mme Verdenet, veuve d'un capitaine d'infanterie, qui habite à Lunéville, 6, rue Gambetta, est une fille de l'aînée, et M. Dubois, entrepreneur de broderies, marié à Mlle Nicolas (rue d'Alsace, 81), est un fils de la cadette.

(1) 1° Héloïse-Elisabeth-Louise (1804-1845), marié à un architecte, Joseph Ferry ;

Les relations avaient, je ne sais pourquoi, complètement cessé entre mon père et les fils de sa tante Pierson.

Mme Perken eut deux enfants : *a*) Coralie, décédée en 1865, qui n'eut, de son mariage avec M. Travailleur,[o] qu'une fille, morte en bas âge ;

b) Eugénie, que j'ai connue alors qu'elle était vieille demoiselle, amusante et spirituelle, très experte en l'art de la tapisserie et de la broderie. C'était la chronique vivante de la ville et sa conversation, abondante en informations, mais assaisonnée parfois d'un sel un peu piquant, la faisait à la fois rechercher et redouter de la société lunévilloise.

Les dames Perken, à la fin de leur vie, souffrirent d'une gêne qui confinait à l'indigence. Mes excellents parents leur venaient en aide avec une discrétion et un tact qui dou_ blaient le prix de leur générosité.

Mme Perken mourut en 1882.

Après la mort d'Eugénie, survenue en juillet 1889, on vendit son mobilier. J'étais alors en garnison à Niort. Je fis cependant acheter, par l'entremise de ma sœur, le chiffonnier d'époque Régence, qui se trouve maintenant dans l'ancienne chambre de ma mère. Ma sœur se fit adjuger quelques mètres de vieux point d'Angleterre et une charmante « Pieta », en bois sculpté et peint, de la première moitié du xviii⁰ siècle. Ce sont là, on peut le croire, des épaves de la splendeur passée des Conigliano (1).

Un brave facteur, qui avait acheté, à cette vente, un lot de vieux papiers, y trouva l'inventaire, après décès, de ma quatrième aïeule Conigliano, née Marguerite Marigny, et la fameuse lettre de mon arrière-grand-oncle de Saint-Domingue (2). Ce sont deux documents infiniment précieux pour nous. Le facteur, soupçonnant leur intérêt, les donna à mon beau-frère, qui, à son tour, m'en fit cadeau.

Mme d'Agon de Lacontrie, la dernière des enfants de ma

___

(o) Voir "Errata et addenda" p. 214.

(1) Les deux salières d'argent, d'époque Louis XVI, qui avaient été données à ma sœur, lors de son mariage, par nos cousines Perken, avaient cette provenance.

(2) Voir p. 41.

grand'tante Pierson, eut, comme sa sœur, à traverser bien des moments difficiles dans son existence. Je me rappelle qu'elle avait un goitre, qu'elle enfermait dans une poche de soie noire. Un jour, chez ma tante Amélie, m'ayant pris sur ses genoux — j'avais alors quatre ou cinq ans — elle eut l'imprudence de me dire : « N'est-ce pas, mon petit ami, que je suis belle ? ». — « Non ! », répondis-je avec fermeté, car on m'avait appris qu'il ne fallait jamais mentir. « tu es laide, tu es noire » — elle était en deuil — « et puis, qu'est-ce que c'est que la machine qui pend là ? », et je tapotais son goître. Mes parents, qui étaient présents, auraient voulu voir le plafond s'effondrer.

Monsieur d'Agon, qui, par un hasard ironique, s'appelait « Fortuné », fut, je crois, fonctionnaire en Algérie. Les d'Agon eurent trois fils. J'ai encore connu l'aîné, Arthur, chef de bataillon, officier de la Légion d'honneur, commissaire du gouvernement près le conseil de guerre de Besançon. Il mourut à 64 ans, le 27 janvier 1900, ne laissant pas d'enfants de son mariage avec Jeanne-Emilie-Marthe Routy. Il avait adopté trois orphelins, enfants de son frère cadet, Emile. De ces trois neveux, il ne reste qu'une fille, Marie, mariée à un médecin-major, le docteur Raymond Ponsot. Elle est mère d'un fils et même grand-mère (1922). Ses deux frères, Camille et Léon-Emile sont morts sans avoir été mariés. Le dernier, quartier-maître de timonerie de 1re classe, disparut tragiquement, avec tout l'équipage du torpilleur 110, le 21 mars 1889, entre le Hâvre et Cherbourg. Il avait 21 ans.

Le troisième fils de Mme d'Agon de Lacontrie a laissé comme descendance, Edmond, commissaire de marine, et Mme Bruno, femme d'un colonel d'infanterie de marine. Edmond a une fille ; Mme Bruno a plusieurs enfants. Je ne les connais ni les uns ni les autres.

Ma grand'tante Pierson, dont nous venons de suivre la descendance, est morte le 10 septembre 1869. Je me souviens vaguement d'être allé la voir alors qu'elle habitait avec les dames Perken, la petite maison L'Hotte, le numéro 42 actuel de la rue Gambetta.

III

HYACINTHE-LOUIS-FRANÇOIS-BERNARD

Né le 17 août 1782, mort sans alliance. J'ignore tout de ce grand oncle.

IV

MARIE-JOSÉPHINE-LOUISE

Née le 7 octobre 1783, elle resta fille et mourut à Lunéville le 31 décembre 1842, laissant, par testament, sa très modeste fortune à sa sœur Pierson, à l'exception d'un pré, légué à ma tante Sophie, sa filleule. Ce sont ces dispositions testamentaires qui furent, je crois, la cause initiale de la brouille entre les Parisot et les Pierson.

V

JEANNE-CLÉMENTINE-MARIE-LOUISE

Née à Lunéville, le 23 novembre 1785, elle est morte à Rosières-aux-Salines, le 25 décembre 1813.[o]

Elle avait épousé, en mai 1806, Jean-François Parisot,[o] né en 1786, qui appartenait à une famille originaire de Ligny-en-Barrois, anoblie par le duc de Lorraine, Charles IV, le 15 septembre 1625 (1). Mon grand-oncle était un des six enfants de Claude-Nicolas Parisot, qui, après avoir été « gendarme rouge », fut président de la Cour des Monnaies de Nancy, et de Lucie Robert, originaire de Bar. Cette dernière avait pour père Antoine Robert, seigneur de Jubainville et du fief de l'Aigle, conseiller du Roi en son hôtel-de-ville de Bar. Jean-François Parisot fit les guerres de l'Empire comme capitaine d'infanterie légère. Ayant pris sa retraite avec ce grade et la croix de la Légion d'honneur, il

____

(o) voir " Errata et addenda " p. 214 et 216.

(1) Parisot : « D'argent à trois pals d'azur, au chef de gueules chargé de trois roses d'or.

Pour cimier, deux pennes de l'écu »,

(Dom Pelletier).

entra dans l'administration des Haras et devint directeur du haras de Rosières-aux-Salines, localité où, du chef de sa femme, il possédait plusieurs biens-fonds. Il fut maire de cette commune, comme l'avait été son beau-père et comme devait l'être son fils Léon.

Ma grand'tante Parisot mourut le 25 décembre 1813, ne laissant qu'une fille, Lucie, qui venait de naître, et qui épousa, en 1834, Louis Gœtz, maître de poste, né à Saverne en 1800, décédé à Paris en 1884. Mme Gœtz mourut aux eaux de Kreuznach, en septembre 1852, laissant quatre enfants, dont trois eurent postérité. Les descendants de ma grand'tante Clémentine sont tous, à ce que je crois, dans une situation assez modeste. J'ai vu, dans mon enfance, un de ses petits-fils, Emile Gœtz, qui était percepteur dans les Basses-Pyrénées, et s'y était marié. Un de ses frères, René, habitait Oran. Il y a bien longtemps que, par suite de l'éloignement, toutes relations ont cessé entre les miens et les descendants de Lucie Gœtz.

Après la mort de Clémentine, M. Parisot se remaria, comme je le dirai, avec sa belle-sœur, Adèle Conigliano. Il mourut à Rosières, le 7 octobre 1864,

VI

BERNARD-FRANÇOIS-LOUIS

Ce frère de mon grand-père, né le 22 janvier 1789, mourut célibataire. Il vivait, je crois, à Nancy. Je ne sais rien de sa vie.[1]

VII

ADÉLAIDE-MARIE-MAGDELEINE dite ADÈLE

Elle vit le jour au Château du Prince Charles, le 11 septembre 1791. On l'appelait Adèle. Ce petit nom, preste et coquet, lui allait à merveille, car elle était vive, jolie et toute menue. Elle avait eu, dit-on, beaucoup de succès auprès des officiers de Carabiniers et des officiers russes, lors-

[1] Voir « Errata et addenda » p. 216.

qu'elle venait, de Rosières, danser aux bals de la « Salle des Trophées » (1).

J'en ai gardé un souvenir très net. C'était une petite vieille à l'œil malicieux et gai, toute rose sous son bonnet de tulle noir (2). Ratatinée, presque réduite à rien, elle se tassait au fond d'un grand fauteuil, près d'une des fenêtres de sa salle à manger. Cette vaste pièce ensoleillée, basse de plafond, était entièrement revêtue de boiseries peintes en jaune clair. Il y régnait, en toutes saisons, une odeur indéfinissable, mais, à coup sûr, évocatrice de bonnes choses : pommes reinettes, confitures de coings, vinaigre aromatique.

Un grand poêle de fayence dans sa niche, des chaises de paille, un buffet du temps de Louis-Philippe ; c'était tout le mobilier. Entre les deux fenêtres, un triomphant cartel Régence, en écaille rouge, surmonté d'une Renommée claironnante, mettait dans cet intérieur de bourgeois de village une note inattendue de luxe aristocratique. Que d'exquis souvenirs je garde des repas de famille faits dans cette salle à manger, alors que, une ou deux fois par an, nous venions, en char-à-bancs de louage, voir nos parents de Rosières ! Le menu du déjeuner avait une saveur rustique qui nous ravissait, nous autres citadins. Ah ! les belles quiches dorées, les succulentes fricassées de poulets, les anguilles prises, le matin même, dans les roseaux de la Meurthe, et les fruits du jardin, tout frais cueillis !

Les fenêtres de la salle donnaient sur ce jardin. Elles étaient garnies de barreaux, car on était au rez-de-chaussée, et l'habitation était isolée. Comme elles étaient encadrées de treilles, les feuilles de la vigne faisaient, dans la pièce, des ombres légères et mouvantes.

J'aimais beaucoup la vieille demeure de ma grand'tante. C'était une maison longue et basse — celle-là même qu'avait achetée mon trisaïeul Pierre-François Hugard, le 27 janvier 1760, à Messire de Cossu, seigneur de Ravon, celle où mon

____

(1) La grande salle du Château de Lunéville, ancienne salle à manger de Stanislas.

(2) Ma grand'tante Parisot mourut à Rosières le 7 janvier 1883, âgée de 91 ans.

bisaïeul Conigliano avait vécu les dix-neuf dernières années de sa vie, de 1804 à 1823. Elle était un peu en dehors de la ville et avait tournure de gentilhommière. Par devant s'étendait un honnête jardin, où les choux et les salades s'encadraient de plates-bandes fleuries. Par derrière, de vastes communs, assez délabrés, abondaient en recoins mystérieux propices au jeu de « la cachette ». Mais le grand charme de la propriété était « le petit bois », un bosquet touffu, aux allées tournantes, que longeait à son extrémité *le Canal*. On appelait ainsi un bras dérivé de la Meurthe.

Au-dessus de la porte principale du logis, une imposte de ferronnerie montrait, au milieu de ses enroulements de fer forgé, les lettres A et C entrelacées. C'était une épave du château du Prince Charles-Alexandre de Lorraine. Dans cette demeure champêtre, elle évoquait le souvenir des grandeurs d'antan.

A l'intérieur, un long corridor dallé, obscur et frais, traversait toute la maison. A droite, en entrant, c'était la cuisine, pavée de pierres, où étincelait une collection de casseroles comme on n'en voit plus. Venait ensuite la salle à manger que j'ai décrite, puis le salon, une pièce ornée de bibelots vieillots et de souvenirs napoléoniens, et qui sentait le renfermé, car on ne l'ouvrait que dans les grandes circonstances.

Après la mort de ma grand'tante Clémentine, sa sœur Adèle et mon grand-oncle Parisot, s'étant senti une grande inclination l'un pour l'autre, s'épousèrent. De cette union naquirent trois enfants : Clémence, Camille et Léon.

L'aînée, Clémence, conserva jusqu'à un âge très avancé des cheveux noirs comme l'aile du corbeau. Ses yeux, également noirs et d'une singulière vivacité, éclairaient d'une flamme malicieuse sa face hâlée de vieille campagnarde. Dans sa jeunesse, elle avait été une brune piquante et jouait de la guitare. Elle mourut à Rosières le 22 novembre 1896.

Camille fut juge de paix. Il était très religieux, très doux, très bon, mais avec cette pointe d'humeur narquoise et taquine qui caractérisait tous les Parisot. Il mourut en janvier 1915. On était alors en pleine guerre. Par suite du hasard des cantonnements, je me trouvais alors à Adoménil, et Arthur L'Hotte avait son régiment à Rosières même. Nous pûmes donc assister à l'enterrement de notre vieux cousin, alors que son fils n'avait pas obtenu l'autorisation de s'y rendre.

De son mariage avec Mlle Renaud — « Renaud les bas bleus », comme on disait à Lunéville, je ne sais pourquoi — Camille eut Marie, qui est restée fille et consacre sa vie aux œuvres de sa paroisse, et Jules, qui devint chef de bataillon et officier de la Légion d'honneur. Ce dernier, marié le 5 juin 1894, à Mlle Marie Rimmel, de Boulay, a deux fils Jean et André (1), qui se sont très vaillamment comportés pendant la grande guerre, et une fille, Renée (2).

Le dernier des enfants de ma grand'tante Adèle, Léon, fut, d'abord, notaire à Lunéville. Il fit secrètement, pendant la guerre de 1870, l'intérim de sous-préfet de notre arrondissement et montra, dans l'accomplissement de ces fonctions, beaucoup de dévouement, d'intelligence et de courage.

Nommé officiellement sous-préfet de Lunéville, après la signature de la paix, il devint successivement sous-préfet de Reims, préfet de l'Ariège, trésorier-payeur général des Vosges.

Peu après sa nomination à ce dernier poste, il s'en revint à Rosières-aux-Salines et fut élu maire de sa commune. Il garda jusqu'en 1920 ces fonctions qu'avaient occupées son père et son grand-père maternel. Il avait 85 ans lorsqu'il les quitta.

Il avait épousé, le 5 mai 1873, Claire Scart, veuve d'un entrepreneur parisien.

Celle-ci mourut, à la suite d'une courte maladie, le 17 avril 1921, deux mois après le mariage de sa fille, Lucie, avec René Duvot, capitaine au 5ᵉ hussards (3). Léon

---

(1) Jean Parisot, né à Saint-Brieuc, le 3 octobre 1895. Lieutenant-aviateur, chevalier de la Légion d'honneur, a épousé à Lyon, le 12 juin 1922, Germaine Martinot.

André Parisot, né à Saint-Brieuc, le 23 décembre 1896.

(2) Renée Parisot, née à Stenay, le 6 décembre 1902.

(3) 15 février 1921.

suivit sa femme au tombeau le 16 juillet 1922 (1). Sa mort fut presque subite. Il avait eu trois enfants : Georges, Henri et Lucie (Mme Duvot).

Georges, l'aîné, était mort à Rosières le 12 septembre 1885, vers l'âge de onze ans.

Le cadet, Henri, d'abord secrétaire d'un homme politique très en vue, M. Léon Bourgeois, fut ensuite receveur des finances à Montmédy, puis à Saint-Dié. Il épousa le 15 mars 1910, à Paris, Thérèse Cosson, dont il a eu trois filles, Germaine (2), Denise, Hélène et un fils, Georges.

(1) Il était né en 1836.
(2) Née le 10 décembre 1910.

CHAPITRE VII

Jean-Léopold-François-Louis Conigliano. — Son premier mariage. — Les Crousse et quelques familles lorraines de bourgeoisie rurale à la fin du XVIIIe siècle. — Un ami de l'abbé Grégoire : l'abbé Jennat. — « Le château » de Bassing.

Jean - Léopold - François - Louis Conigliano était né le 21 décembre 1779. Il était l'aîné de sept enfants et, tout jeune, il se trouva aux prises avec les difficultés de la vie. Il avait treize ans lorsque sa mère mourut, par conséquent, déjà en âge de s'apercevoir des légèretés de son père et d'en souffrir. J'ai dit plus haut comment l'insouciante incurie et les goûts de dépense de mon bisaïeul mirent ses enfants, « les mineurs Conigliano » à deux doigts de la ruine. C'est à la fermeté et à la vigilante bonté de leur oncle, M. Dalancour, qu'ils durent de ne pas être réduits à une misère complète.

Ces épreuves mûrirent de bonne heure le jeune Louis et donnèrent à son caractère un sérieux précoce.

Il fit ses études au Collège de Lunéville, tenu primitivement par les Chanoines réguliers et qui, au cours de la Révolution, avait subi bien des vicissitudes, avant d'être fermé en 1796. Louis fut un bon écolier. Son nom figure, en l'an IV, sur l' « état des élèves qui se distinguent le plus en mathématiques et qui méritent un encouragement ». (1)

Il avait vingt-trois ans lorsqu'il se maria. C'était alors un jeune homme, grand, svelte, à l'air doux et grave ; de

____

(1) Archives communales de Lunéville.

beaux yeux bleus éclairaient l'ovale allongé de son visage, auquel un nez à courbure aristocratique donnait un cachet de suprême distinction. Ses cheveux étaient d'un blond doré. Avec lui les Conigliano perdent le type italien pour prendre les yeux bleus et le teint clair de Marie-Magdeleine Hugard. Les yeux bleus se retrouveront, aux générations suivantes, chez ma tante Amélie, mon oncle Louis, mon père, mon cousin Xavier, mes cousines Pauline et Marie, chez moi-même. Ce sera désormais notre « signe de race ».

Mon grand-père épousa, en mai 1803, Marie-Thérèse-Pauline Crousse. Elle était d'une famille de bourgeoisie rurale qui possédait des biens considérables dans la « région des Étangs », à La Garde, Bourdonnay, Lorquin, Dieuze, etc. Les Crousse étaient des gens influents dans leur petit coin de province. En 1801, plusieurs d'entre eux figurent sur la « liste des Notables du département de la Meurthe, formée d'après les dispositions de la loi du 13 Ventôse, an IX ». Dominique Crousse est maire de Lorquin ; Antoine-Pascal Crousse est maire de Bassing ; Louis Crousse est juge de paix à Domnon ; un autre Dominique Crousse est maire d'Azoudange. Le père de Mme Conigliano avait été, avant la Révolution, « châtelain » de La Garde, titre qui s'appliquait à des fonctions judiciaires. Né à Dieuze (évêché de Metz) en 1746, Louis-Nicolas Crousse avait fait ses études de droit à l'Université de Strasbourg (1) et s'était fait inscrire comme avocat au barreau de la Cour souveraine de Lorraine en 1768. C'est alors qu'il s'était installé à La Garde, où il avait une propriété. Il en fut nommé maire en 1790 et, le 5 juin de cette même année, il fut élu membre de l'administration départementale par

---

(1) Il fut immatriculé, le 25 octobre 1766 sur le registre général et le registre spécial de la Faculté de droit. (Il y est porté comme originaire de La Garde, de l'évêché de Metz). Le 6 mai 1768, il est inscrit parmi les candidats de droit.

C. Knod. « Die alten matrikeln der Universität Strassburg ». I. L. p. 69, T II p, p. 439 et 626.

Antoine-Nicolas Crousse. « Decempagensis », immatriculé le 6 novembre 1773, est sans doute son frère cadet ou un cousin-germain. Ibid. T 1 p. 105, T II p. 455 et 613.

420 voix sur 462 votants. Le 1er septembre 1791, l'Assemblée électorale le choisit comme sixième député du département de la Meurthe à l'Assemblée Législative. Il eut toutefois quelque peine à passer, car il ne fut nommé qu'au troisième tour de scrutin par 211 voix sur 389 votants, contre Bonneval. d'Ogéviller. Son rôle, à l'Assemblée, fut très effacé. A la dissolution de la Législative, en septembre 1792, il rentra à La Garde dont il était encore maire. Il y mourut deux ans après, laissant la réputation d'un homme de bien (1).

Il avait épousé une sœur de mon bisaïeul L'Hotte, Marie-Anne-Joseph L'Hotte. née à Lorquin le 8 juillet 1752, morte à La Garde le 11 octobre 1788. Ayant voulu d'abord se faire religieuse, elle était entrée, comme novice, aux Annonciades de Nancy. le 23 novembre 1769. Pourquoi n'y resta-t-elle pas? Défaut de vocation? Faiblesse de santé? Je ne sais. Ma cousine Arnould en possède un portrait, qui provient de notre vieille parente, Julie Rousselot (2). Dans l'ovale du cadre enrubanné, Mme Crousse inscrit son profil, aux lignes énergiques et fières. Un bonnet de mousseline couvre, en partie, ses cheveux poudrés. Son fichu de linon laisse transparaître la nuance corail rose du corsage. C'est une belle figure de bourgeoise de l'ancien régime.

Mon grand-père Conigliano, devenait donc, par son mariage, cousin-germain de mon grand-père L'Hotte, alors que, par son ascendance maternelle, il était déjà cousin-germain d'Henriette Dalancour, ma future grand'mère L'Hotte.

Sa tante, Mme Dalancour, avait offert à Mlle Crousse comme cadeau de noces « un chapeau de satin blanc, ayant

------

(1) « Les assemblées électorales dans le département de la Meurthe ». O. C. p. 122.

« Les députés de la Meurthe sous la Révolution ». Pfister (Mémoires de la Société d'archéologie lorraine 1911).

(2) Julie Rousselot, née en 1799, morte à Lunéville le 19 janvier 1874, fille de Jean-Baptiste-Charles Rousselot (1780-1822) et de N. Crousse.

Julie Rousselot était, par conséquent, petite-fille de Nicolas-Louis Crousse et de Marie-Anne-Joseph L'Hotte.

coûté 18 livres, et cinq aunes et demie de taffetas gris foncé, à 5 livres l'aune » (1).

M. Crousse mourut en 1794, six ans après sa femme, laissant cinq enfants, encore jeunes, qui eurent pour tuteur un ecclésiastique, ami et vaguement cousin de leurs parents, l'abbé Jennat. Ce prêtre, dont j'ai, bien souvent, dans mon enfance, entendu prononcer le nom, dont il est question dans toutes nos vieilles correspondances de famille — « le bon ami Jennat », — se donna tout entier à la tâche qui lui incombait et s'occupa de l'éducation et des intérêts de ses pupilles avec un dévouement absolu. Il eut cependant le chagrin, lors du règlement des comptes, de voir la fortune des enfants Crousse, très diminuée par suite de la dépréciation des assignats. Il n'en était, bien entendu, nullement responsable, mais, dans son extrême délicatesse, il craignit d'avoir mal géré la fortune de ses pupilles et, plus tard, lorsque, peu de temps avant sa mort, il vendit à mon grand-père Conigliano, veuf de Pauline Crousse, la maison qu'il possédait à Lunéville, au n° 37 actuel de la rue Banaudon, il le fit à des conditions extrêmement avantageuses pour l'acquéreur avec la pensée de réparer ainsi, en partie, le tort qu'il se figurait avoir involontairement causé aux enfants Crousse.

L'abbé Jennat était né en 1756, à Vého, le berceau des L'Hotte. — Michel L'Hotte, cousin issu-de-germains de mon bisaïeul L'Hotte avait épousé une Jennat. — Nommé vicaire à la Garde, l'abbé y avait retrouvé, chez M. Crousse, maire de ce village, une amie en la personne de Mme Crousse, née L'Hotte. Aussi, lorsque survinrent la tourmente révolutionnaire et la persécution religieuse qui s'en suivit, la maison du maire de La Garde lui offrit-elle un asile sûr. Crousse l'y cacha avec un dévouement d'autant plus méritoire qu'il était plus dangereux. On s'explique que le souvenir de ce bienfait ait reporté sur tous ceux qui, de près ou de loin, touchaient à son auteur, l'affection recon-

---

(1) Cahier de comptes de Mme Dalancour. (Archives de la famille Conigliano).

naissante que Jennat avait vouée à ce dernier. C'est ainsi que, après la mort du maire de La Garde, il s'était trouvé tout désigné pour être le tuteur de ses enfants.

L'abbé Jennat, très lié avec son voisin, l'abbé Grégoire, curé d'Emberménil, originaire comme lui de Vého, s'était laissé endoctriner par le futur Conventionnel et avait prêté le Serment. Dans la suite, il reconnut son erreur et se rétracta. Il passa le reste de sa vie, qui fut très longue — il ne mourut qu'en 1844 — à pleurer cette erreur. Il a laissé la mémoire d'un saint prêtre, très pieux et très charitable. Je possède un recueil manuscrit de ses sermons. La jolie petite commode, d'époque Louis XV, en bois de violette, qui est dans mon bureau, vient de lui. Il l'avait vendue — ou donnée — à mon grand-père Conigliano.[1]

Les cinq enfants de Louis-Nicolas Crousse se répartissaient en deux filles et trois fils.

L'aîné des filles épousa, le 20 novembre 1798, Jean-Baptiste-Charles (ou Joseph) Rousselot (1780-1822), d'une famille de Xousse, dont la filiation suivie remonte au commencement du xviie siècle. Ce Rousselot était cousin issu-de-germains de sa femme, son grand-père, François Rousselot (1718-1750), chef-greffier du bailliage de Blâmont, étant le frère de ma trisaïeule L'Hotte, Claudine Rousselot, mère de Mme Crousse.

C'est la seconde, Marie-Thérèse-Pauline, qui épousa mon grand-père Conigliano.

Un Crousse, qu'on appelait « Crousse du Dorthal », à cause de la belle propriété de ce nom qu'il possédait, eut deux enfants, dont le Père Hyacinthe Crousse, jésuite. La minuscule psyché, à ornements d'albâtre, qui, chez moi, se trouve dans *la chambre blanche*, lui a appartenu.

Un autre frère de Mme Conigliano, Louis, mourut sans alliance.

Un troisième, épousa Mlle Bénard et eut une nombreuse postérité. Les Reignier, Willmann, Culté, Dumont, Denis descendent de lui. J'ai vu, dans ma jeunesse, à Lunéville, deux de ses enfants : Victor Crousse, un vieux garçon, ancien capitaine de cavalerie, un peu « culotte de peau » et

[1] Voir "Errata et addenda" p. 218.

la belle Sophie Crousse (Mme Dumont), dont la fille avait épousé un officier, M. Denis.

De cette branche, il ne reste plus aucun mâle du nom de Crousse. Les survivants actuels sont Maurice Denis,[1] qui fut contrôleur général de l'Armée et qui occupe maintenant (1925) les importantes fonctions de directeur des Mines de la Sarre. - il épousa, en 1894, Mlle de Thiballier et en eut trois enfants; — son frère, Victor Denis, rédacteur au Ministère de la Guerre et père d'un fils; leur cousin issu-de-germains, Georges-Etienne Willmann, né à Dieuze le 11 mai 1868, que j'ai connu, vers 1900, capitaine au 9ᵉ dragons, et qui, après la guerre s'est retiré dans sa ville natale avec le grade de chef d'escadrons et la rosette d'officier de la Légion d'honneur. Il a une sœur, Louise, non mariée. Son frère, le capitaine Victor Willmann a été tué à Sainte-Barbe (Vosges) le 25 août 1914.

La mère de ces trois Willmann était une demoiselle Reignier, fille, elle-même, d'une Crousse. L'ancien « châtelain de la Garde » est leur trisaïeul.

De Mme Conigliano, je ne sais rien, sinon que, en dix ans de mariage, elle donna sept enfants à mon grand-père. Le ménage vécut de 1803 à 1809 à Bassing, près de Dieuze, où Pauline Crousse possédait une habitation, ancien couvent de Minimes.

En septembre 1923, je suis allé en pèlerinage à Bassing, pour connaître les lieux où mon grand-père Conigliano vécut pendant six ans, la maison où trois de ses enfants sont nés. Cette maison que, dans le pays, on appelle pompeusement « Le Château », est un grand logis rectangulaire, à qui un haut toit de tuiles rouges, surmonté de deux girouettes donne un air quelque peu seigneurial.

Du côté de l'entrée est une cour encadrée de communs ; par derrière, un jardin anglais que prolonge un petit bois, le tout clos de murs.

A l'intérieur, à chaque étage. — il y a un rez-de-chaussée et un premier — un large corridor tient toute la longueur du bâtiment, du côté de la cour. Toutes les chambres donnent sur ces deux corridors.

(1) Voir "Errata et addenda" p. 218.

D'anciennes portes moulurées, des cheminées de pierre peinte, voilà tout ce qui reste de la décoration d'autrefois. La principale pièce est, en bas, un salon à trois fenêtres, ouvrant de plain-pied sur le jardin.

La propriété appartient à présent à une famille Groby, originaire de Dieuze, laquelle l'a restaurée dans un goût bourgeois, nullement en rapport avec ses vieux murs.

C'est là que le ménage Conigliano eut ses trois premiers enfants, trois filles. Puis, mon grand-père obtint une place de percepteur à Rosières, où, depuis quatre ans, s'était fixé son père. Il y prit, comme demeure, une maison qui porte actuellement le n° 10 de la place Saint Pierre et qui, avec les encadrements en pierres de taille de ses fenêtres, possède un bon cachet xviiie siècle. Elle lui appartenait, ayant été achetée, sous Stanislas par son grand-père Hugard à M. de Maillier.

C'est dans cette maison que, après avoir encore donné le jour à quatre enfants, dont le dernier — une fille — ne vécut pas, Marie-Thérèse-Pauline Crousse, la première femme de mon grand-père, mourut en 1813.

CHAPITRE VIII

Second mariage de mon grand-père. — Les Soyer. — Les
Willemet et leur origine suédoise. — Dynastie de
botanistes. — Remy Willemet, ses titres scientifiques, sa bienfaisance. — Mon trisaïeul et la future
impératrice des Français. — Les Dousset, leurs alliances. — Pierre-Remy-François de Paule Willemet,
médecin de Tippe-Saïb. — Madame Soyer et ses portraits ; « la Dame à l'étole » — Soyer, peintre-minia-
turiste. — Un savant modeste : Hubert-Félix Soyer-
Willemet. — Ma grand'mère Conigliano. — La R. M.
Adélaïde. — Mes « tantes Soyer ». -- La maison de
Saint-Nicolas.

Malgré son chagrin, Louis Conigliano, qui, à 34 ans, se
trouvait à la tête de cinq enfants, dont l'aînée n'avait que
huit ans — deux autres étaient morts peu de temps après
leur naissance — songea très vite à se remarier.

A cette époque, vivait à Nancy, au n° 115 de la rue des
Dominicains (n° 29 actuel), un peintre miniaturiste de grand
talent, Jean-Baptiste Soyer, possesseur de quatre filles bien
élevées et sans dot. On avait parlé à mon grand-père de la
seconde, qui s'appelait Pauline, comme sa première femme ;
mais, lorsqu'il pénétra dans l'intérieur patriarcal des Soyer,
il fut tout de suite conquis par la grâce et la charmante
figure de l'aînée, Marguerite-Aimée. C'est elle qu'il demanda
et qu'il obtint. On prétend que Pauline fut très triste de
n'avoir pas été l'élue et que, de chagrin, elle entra aux Bénédictines de Saint-Nicolas. C'est une légende. Pauline
Soyer ne prit le voile qu'en 1825 ou 1826, plus de dix ans
après le mariage de sa sœur, sept ans après la mort de cette

dernière, car, nous le verrons, Marguerite Soyer mourut au bout de trois ans de mariage. La décision de Pauline n'eut donc rien d'un coup de tête. La réalité, si elle fut moins romanesque, fut beaucoup plus extraordinaire. C'est après avoir été guérie miraculeusement d'une maladie réputée incurable que ma grand'tante Pauline se sentit appelée à la vie religieuse.

Jean-Baptiste Soyer, né à Reims en 1752, était d'une famille de petite bourgeoisie. Son père, Hubert Soyer, originaire de Reims, s'était fixé à Nancy, mais j'ignore tout de lui. Jean-Baptiste avait un frère cadet. Dans ses « Promenades historiques à travers les rues de Nancy », Courbe dit que « Soyer l'aîné, le peintre, et Soyer le jeune, le chandelier », avaient, en 1790, leur logement rue des Dominicains au n° 158 (35 de nos jours). Les deux frères habitaient donc ensemble. C'était, peu de temps avant le mariage de « Soyer - l'aîné », car le 6 avril de cette même année (1790), il épousa Anne-Marie Willemet, née à Nancy en 1764.

Anne-Marie appartenait à une famille de savants, dont l'origine est assez curieuse. Lorsque, en 1635, Bernard de Saxe-Weimar fit son admirable retraite à travers la Lorraine, il laissa au village de Norroy, près de Pont-à-Mousson, un soldat suédois blessé, qui s'y maria et s'y fixa.

Au XVIIIe siècle, un membre de cette famille s'établit à Nancy et devint la souche de trois générations de botanistes : Remy Willemet, auteur de la « Phytographie encyclopédique ou Flore de l'ancienne Lorraine » ; son fils, Pierre-Remy-François-de-Paule, qui mourut dans l'Inde, où il était devenu médecin ordinaire du sultan Tippo-Saïb, et auquel on doit « l'Herbarium Mauritianum » ; enfin, son petit-fils, Hubert-Félix Soyer-Willemet, bibliothécaire de la Ville de Nancy, et membre d'une foule de sociétés savantes.

Les descendants du soldat suédois sont nombreux en Lorraine. Tous les Vilmette, Willmett ou Willemet, qu'on y rencontre, en font probablement partie, tel l'éloquent abbé Vilmette, qui fut, vers 1875, aumônier de la garnison de Lunéville, après avoir été aumônier de l'hôpital de cette ville ; tel, le général Vilmette, ancien commandant du 2e corps d'armée, mort à Lunéville en 1911.

Quoi qu'il en soit, la filiation suivie de la branche dont je descends ne commence qu'à mon trisaïeul, l'apothicaire Pierre-Remy Willemet, né à Nancy en 1735, qui, en 1778, habitait rue des Dominicains (n° 29 actuel), dans la maison qui avait été celle d'Appier Hanzelet, le célèbre ingénieur et grand-maître de l'Artillerie du duc Charles III.

Remy Willemet n'était pas un apothicaire ordinaire. En 1780, il se pare majestueusement des titres suivants : « Doyen des apothicaires, Démonstrateur royal de botanique et de Chimie au Collège de médecine de Nancy (1), Membre des Académies des Sciences, Arts et Belles-Lettres de Lyon, de Dijon et Rouen, Membre honoraire des Sociétés Royales, Electorales, Patriotiques, Botaniques et Economiques de Suède, de Bavière, de Berne, de Hesse-Hombourg et de celle de Paris ».

Vingt-cinq ans plus tard, la liste de ses titres s'est allongée. Il est « Professeur d'histoire naturelle et de botanique à l'Ecole centrale du département de la Meurthe, Directeur et conservateur du Jardin des Plantes de la Ville de Nancy, Membre de l'Académie Impériale des Curieux de la Nature d'Allemagne, des Académies des Sciences, Arts et Belles-Lettres de Lyon, Dijon, Rouen, Bordeaux, Orléans, Arras, Mayence, Gœttingue, Stockholm et Nancy, Associé honoraire des Sociétés Royales, Electorales, Patriotiques, Economiques, Botaniques et Physiques de Suède, de Leipsick, de Bâle, de Berne, de Bourghausen, de Hesse-Hombourg, des

---

(1) Sous le titre de « Collège Royal », le roi Stanislas fonda, à Nancy, une véritable école de médecine par lettres patentes du 15 mai 1752. Le siège social de cette institution fut primitivement établi sur la place, alors dite « Royale », dans l'hôtel de Héré, où se trouve actuellement le Cercle militaire. Les règlements et statuts du Collège comprenaient 53 articles. Quatre officiers étaient électifs : le président et deux conseillers pour trois ans. Il y avait un secrétaire perpétuel qui fut, pour la première fois, le sieur Gormand. Ces officiers composaient, avec le doyen par ancienneté, le Conseil du Collège. Conformément aux statuts professionnels, ils devaient s'assembler une fois par mois, travailler au perfectionnement des sciences médicales, faire des cours d'anatomie, de botanique et de chimie, cultiver un jardin de plantes usuelles et avoir des médecins correspondants sur toute l'étendue de la province... Le président et l'un des conseillers étaient tenus de faire, tous les six mois, la visite des pharmaciens de la ville. — René d'Avril.

Sociétés de médecine. d'histoire naturelle, philomatique, galvanique et d'agriculture de Paris et de Toulouse, de la Société Linnéenne, Vice-président du Conseil d'agriculture, arts et commerce de Nancy et des Sociétés d'agriculture de Montpellier, de Lyon, du Vaucluse et de Nancy (1) ».

Quelle exubérance de qualificatifs ! Il n'en est pas moins vrai que la réputation de Willemet était universelle. Son amour des titres pompeux ne l'empêchait pas, d'ailleurs, de posséder les vertus les plus nobles et les plus délicates. Les traits suivants, rapportés par un de ses biographes, en sont la preuve. Je laisse parler ce biographe, M. Justin Lamoureux, voulant garder toute la saveur de son style, d'une « sensibilité » et d'une emphase bien amusantes. C'est une époque qui revit dans ces lignes : « Le métier de pharmacien, dit-il, fut d'autant plus précieux pour Willemet que, en lui assurant une existence honnête, il servait à la fois ses goûts les plus vifs, c'est-à-dire son amour pour la nature et son penchant à la bienfaisance. Combien de fois n'a-t-il pas distribué, lui-même, aux pauvres, des remèdes qui calmaient leurs souffrances et versé dans leur cœur des consolations qui aidaient encore plus à l'allègement de leurs maux ! Il semblait n'aimer son état que pour les plus grandes facilités qu'il lui donnait de faire le bien et de soulager l'humanité...

« Il m'est bien doux, continue M. Justin Lamoureux, de pouvoir mettre au jour un trait qui peint sa belle âme tout entière et dont la publication ne pourra déplaire ni au bienfaiteur ni à l'obligé, puisqu'ils ont payé tous deux le tribut à la Nature ! » — Cette noble périphrase veut dire tout simplement qu'ils sont morts. — « Le docteur Buc'hoz, connu par ses nombreux ouvrages sur la Botanique, fut réduit, sur la fin de sa vie, à un état voisin de l'indigence. Il était compatriote de Willemet et avait été son devancier dans l'exploration des plantes de la Lorraine. Devenu malheureux par des causes qui honorent son infortune, que de titres

---

(1) Le 28 ventôse an XII (19 mars 1804), Willemet fut nommé pharmacien du Lycée de Nancy.

n'avait-il pas pour toucher le cœur de notre ami ! Aussi
Willemet lui fit-il passer bientôt des secours, sous prétexte
que c'était une ancienne dette contractée envers sa famille.
J'ai été assez heureux pour servir moi-même d'intermédiaire
à la bienfaisance de Willemet, et lorsque je remis à Monsieur Buc'hoz les dons généreux de son collègue, l'attendrissement que cet estimable vieillard ne put cacher, me fit
voir qu'il ne s'était point mépris sur la nature d'une dette
supposée.

« ...Cette bonté, sans laquelle toutes les autres qualités
du cœur n'obtiendraient que nos respects sans notre amour,
Willemet la possédait au suprême degré. C'était aussi, de
toutes les vertus, celle qu'il chérissait le plus dans les autres. Jamais il ne parlait, que les larmes aux yeux, de ce
bon Stanislas, le Titus de la Lorraine, qui avait été son bienfaiteur particulier et le fondateur du Jardin des Plantes de
Nancy. Le buste de ce monarque généreux était placé sur un
socle de marbre dans la Salle des Démonstrations de botanique. Pendant le règne de la Terreur, Willemet eut l'adresse
de le soustraire aux dévastations du vandalisme. Il le conserva avec une sorte de respect religieux et, lorsqu'après le
18 Brumaire, il fut permis de le replacer sur sa base, Willemet, entouré de ses élèves, présida lui-même à cette cérémonie, dont la simplicité touchante eût effacé l'éclat d'une
pompe plus solennelle » (1).

En l'an IX, l'Impératrice Joséphine, qui n'était alors que
Madame Bonaparte, mais déjà un personnage d'importance,
visita le Jardin des Plantes de Nancy. M. Willemet lui en fit
les honneurs. Dans la suite, il devait souvent parler, et toujours avec enthousiasme, des connaissances botaniques dont
avait fait preuve, au cours de cette visite, l'aimable Joséphine. Il fut assez heureux pour pouvoir lui offrir des végétaux qu'elle n'avait pas dans son jardin de la Malmaison.

Quel joli tableau ! Ce vieux savant, à l'aspect vénérable,
montrant à la séduisante créole les plantes exotiques qui lui

(1) Justin Lamoureux, membre de l'Académie de Nancy « Notice biographique sur Pierre-Remy Willemet ». — Bruailles 1808.

rappellent son île lointaine et parfumée et lui offrant, avec la galanterie respectueuse des vieillards de jadis, les fleurs qui manquent aux parterres consulaires. En retour, des envois successifs de précieux végétaux, faits par ordre de l'Impératrice, vinrent enrichir le jardin botanique de Nancy et, dit un biographe de mon trisaïeul, « redoubler l'amour que Remy Willemet portait à son auguste souveraine. Il le fit éclater en dédiant à Sa Majesté la « Flore de la Lorraine » (1), son dernier ouvrage, et en donnant à l'Académie des Sciences, lettres et arts de Nancy, des notices étendues sur les caractères et la culture des plantes qui lui avaient été envoyées de La Malmaison ». Peut-être se trouvait-il, parmi les envois de Joséphine, quelques-unes de ces roses dont les noms charmants semblent « ponctuer cette vie de femme et d'impératrice ...de *l'Aigle brun* à la *Bien-Aimée*, de *la Couronne Impériale* aux *Nouveaux petits serments*..., du *Grand Sultan* à *l'Ombre superbe* (2) ».

Je ne puis résister au plaisir de reproduire la dernière page de la notice nécrologique de mon trisaïeul par M. Lamoureux. On y verra comment, au commencement du xix° siècle, un littérateur savait marier agréablement l'idylle à l'élégie :

« Sous la voûte éternelle des pins et des cèdres, au milieu de richesses de la Nature qu'il a recueillies et classées, dort en paix le vertueux Daubenton ; la dépouille mortelle de Wilmet ne doit-elle pas obtenir les honneurs d'une semblable sépulture ? ». Dans le Jardin des Plantes de Nancy, « au détour d'une allée silencieuse, à l'ombre des sycomores et des mélèzes, l'homme sensible serait arrêté par un monument d'un style agreste. Une colonne de granit, arrachée du sein des Vosges, élèverait sa masse brute sur un tertre de gazon : le tapis de verdure serait émaillé de végétaux qui portent le nom de Willemet (Willemetia hieracioïdes — Poa Willemetiana). La pierre inanimée nous le retracerait en-

---

(1) Parue en 1805.

(2) « La vie amoureuse de l'Impératrice Joséphine », par Gérard d'Houville; Flammarion 1925.

core, sans qu'aucune autre inscription vînt distraire notre
mélancolie ; quelques productions des différentes parties
du Globe, jetées, comme par hasard, au pied de la tombe,
diraient, à tous ceux qui chérissent les sciences et la nature
que leur meilleur ami repose dans le lieu même où il a
laissé tant de traces de ses nobles travaux ! » (1).

Nous possédons, ma sœur et moi, plusieurs portraits de
M. Willemet, peints à la miniature par son gendre Soyer. Il
a le visage souriant, le teint fleuri, l'air amène d'un homme
bien portant, heureux et considéré. La petite gravure où
Collin le représente de profil est moins avantageuse, car il
s'y montre déjà très alourdi par l'âge ; néanmoins, elle
réalise bien, comme ses autres effigies, le type du bourgeois de la fin du xviii° siècle.

Willemet mourut à Nancy le 21 juillet 1807. Son « éloge »
par le Docteur Haldat, parut dans le « Magasin encyclopédique » (n° de septembre 1807). Sa biographie, à laquelle je
viens de faire quelques emprunts, fut écrite, en 1808, par
M. Lamoureux, membre de l'Académie de Nancy.

Le 26 mai 1662, un certain Nicolas Willemet, tabellion
de Nancy et organiste (quel singulier cumul !), avait fait
l'expertise des instruments de musique appartenant au
peintre Claude Deruet (2). Ce Nicolas Willemet pourrait,
sans aucune invraisemblance, être le fils du soldat de Bernard de Saxe-Weymar et le bisaïeul de René Willemet.

Mon trisaïeul avait épousé Françoise-Marguerite Dousset.
Les Dousset étaient des bourgeois d'ancienne souche, ayant
de belles alliances. Chose étrange ! par mon arrière-grand-
père d'Alancour, je descends également d'une famille Dousset, vendéenne (3) ; mais il n'y a, sans doute, malgré la
similitude de nom, aucun lien entre ces deux lignées. J'ai
un portrait de Françoise-Marguerite Dousset, miniature

---

(1) Justin Lamoureux « Notice biographique de Pierre-Remy Willemet ».

(2) A. Jacquot « Notes sur Claude Deruet », p. 178 et 180.

(3) Jean Pouponot, grand-père de mon bisaïeul Pouponot d'Alancour,
avait épousé en 1710 Jeanne Aumont, fille de Nicolas Aumont et de Marie
Dousset.

peinte par son gendre. Il représente une délicieuse vieille dame, à l'air spirituel et bon, toute en mousseline blanche. Sur ses cheveux poudrés, un bonnet, orné de rubans pékinés, se relève en bec. Le velours noir d'une croix « à la Jeannette » coule dans l'entrebaillement du fichu.

Ma **trisaïeule** eut au moins un frère et une sœur, dont je connais la descendance. Cette dernière, Françoise-Julienne-Rosalie Dousset, épousa par contrat du 7 janvier 1763, François de Laulanhier, chevalier, ancien aide-major de Brigade aux « Gendarmes du Roi », chevalier de Saint-Louis, lequel fit toute la Guerre de Sept ans comme aide de camp du maréchal de Soubise. Un de ses frères, Joseph-Michel de Laulanhier fut évêque d'Egée, prieur de Saint-Germain de Montigny (diocèse de Meaux) et de Saint-Pierre de La Ferté-sur-Amance (diocèse de Langres).

Un fils de Rosalie Dousset, Pierre-François, fut gendarme de la Garde Royale ; un autre officier au « Régiment d'Angoulême ». Un seul fit souche, Charles-Marcel, né en 1770, mort en 1863, qui, de son mariage avec Mlle Nègre de Boisboutron, eut François-Hippolyte de Laulanhier, l'avant-dernier du nom, écuyer de la Dauphine, et garde-du-corps de Charles X, qui épousa Mlle de Salomon, et Stéphanie, mariée en 1819 à Victor-Pierre Bignon.

Stéphanie de Laulanhier est la mère du général Bignon, que j'ai connu lorsque j'étais en garnison à Paris. Il avait été capitaine aux Cent-Gardes et, en 1870, était lieutenant-colonel des Guides de la Garde Impériale.

J'ai été très lié avec son fils, Marcel Bignon, alors que nous servions tous deux au 1er cuirassiers, vers 1896, lui comme capitaine, moi comme lieutenant. Nous faisions souvent de la musique ensemble. Il avait épousé Mlle Germaine Bessières et avait alors quatre enfants qui, à leur tour, ont dû continuer la descendance.

Une nièce de ma trisaïeule Willemet (1), Marie Dousset

---

(1) Une fille de son frère. J'avais cru longtemps que Marie Dousset était la sœur de Madame Willemet, mais la comparaison de leurs deux portraits, peints tous deux vers 1780 ou 1790, montre que Marie Dousset était beaucoup plus jeune que ma trisaïeule ; j'en conclus qu'elle devait être sa nièce et non sa sœur.

était entrée, par son mariage, dans une famille de la vieille bourgeoisie parisienne, dont le nom « Cocurel » est un exemple de la gauloiserie narquoise de nos ayeux (1). Marie Dousset fut « remueuse » du premier Dauphin, fils de Louis XVI, celui qui mourut tout enfant (2). Elle était délicieusement jolie, à en juger par son portrait, peint par Mme Vigée-Lebrun, que j'ai admiré bien souvent chez sa petite-fille et petite-belle-fille, Mme Dorcy. Sous la Restauration, les Cocurel, trouvant que leur nom prêtait à la plaisanterie, demandèrent et obtinrent (1816) l'autorisation de le remplacer par celui de Dorcy, plus élégant mais sans passé. De ce côté, nous sommes apparentés aux familles de Saint-Brice, de Saint-Ange, Boucherez, Parguez, Cardot et, je crois, de Goussaincourt. Lorsque mon père était à l'Ecole d'Etat-Major en 1842-43, il était reçu, comme l'enfant de la maison, chez ses cousins M. et Mme de Saint-Brice, qui avaient un salon assez brillant. Il conserva avec eux, jusqu'à leur mort, les plus affectueuses relations. M. François-Julien de Saint-Brice mourut à Morsang-sur-Orge, le 18 septembre 1858. Il était né en 1786. C'était un homme distingué, ancien ingénieur en chef des Mines, membre de l'Académie des Sciences de Valenciennes et chevalier de la Légion d'honneur. Mme de Saint-Brice, née en 1800, mourut, à son tour, le 28 mars 1863. Après avoir joui d'une belle situation, les Saint-Brice avaient été ruinés en 1858, je ne sais à la suite de quels événements.

Quant aux Boucherez — d'origine espagnole, — ils étaient représentés, au temps de la jeunesse de mon père, en 1842, par M. Boucherez, juge d'instruction à Senlis, et par ses sœurs, Mmes Parguez et Cardot. Les Parguez possédaient une jolie habitation à Montataire. M. Boucherez est l'original de la miniature peinte par Soyer, qui est suspendue au côté gauche du trumeau de mon bureau. Il mourut le

---

(1) M. Cocurel, le beau-père de Marie Dousset, était « commissaire royal » à Versailles.

(2) Mon cousin Dorcy possède un médaillon en porcelaine de Sèvres, représentant le profil du Ier Dauphin et qui avait été donné à Marie Dousset par la reine Marie-Antoinette.

25 avril 1859. C'était le dernier usufruitier du legs que sa sœur, Mme Cardot, avait fait à la famille Soyer. Mon père, comme fils de Marguerite Soyer, avait droit à une part de ce petit héritage, mais comme il était la bonté et la délicatesse mêmes, il abandonna cette part à ses tantes, dont la situation de fortune était des plus modestes.

De tout ce monde de cousins, je ne connais plus que mon vieil ami, Alban Dorcy (1), qui vit à Paris, marié et sans enfants (2).

Sa mère avait été excellente pour moi, lorsque j'étais à Saint-Cyr et, plus tard, lorsque je fus en garnison à Paris. de 1892 à 1898. Je la vois encore, toute petite, trottant menu, dans son joli salon, encombré de souvenirs et de portraits d'ancêtres. Elle avait dû être fort agréable et l'était encore avec son teint frais, ses yeux vifs, ses cheveux gris relevés à la mode du xvııı^e siècle, faisant valoir les cinq pointes, qu'elle avait bien marquées. Nous étions quelques fanatiques de musique, qui, pendant bien des années, nous réunîmes chez elle, tous les vendredis soirs, pour déchiffrer à huit mains. Rien, pas même une loge à l'Opéra, n'eût pu nous faire manquer à ces réunions, que nous appelions « le Quatuor Milton », parce que les Dorcy habitaient alors rue Milton. Antérieurement, ils demeuraient rue des Martyrs. Pendant les mois d'été, ils s'installaient à Suresnes. Plus tard. ils émigrèrent 141, avenue Malakoff. C'est là que ma vieille cousine est morte en 1919.

Elle était née Dorcy et avait épousé son cousin-germain, Adolphe Dorcy. lequel mourut le 8 octobre 1874 (3). Mon père, lorsqu'il avait été en garnison à Lille, s'était intimement lié avec les Dorcy, qui, à la même époque, s'y trouvaient également, leur famille, bien que parisienne, s'y étant fixée depuis une génération, pour s'occuper d'affaires ou de commerce. Mon père avait été témoin de sa cousine

---

(1) Son frère aîné, Maurice, est mort en 1875.

(2) Depuis que ces lignes ont été écrites, Alban Dorcy a perdu sa femme, Elisa Guillaud, morte à 66 ans, le 12 juin 1926, dans sa propriété de La Butte, près d'Avranches.

(3) Agé de 55 ans.

Fanny Dorcy, lors de son mariage. La mère de Fanny était une dlle Rollin, sœur du général baron Rollin, grand-croix de la Légion d'honneur, adjudant-général du palais des Tuileries sous Napoléon III. Son grand-père Rollin, directeur de l'Enregistrement et du Timbre, à Paris, sous Napoléon Ier, avait épousé une Trevisani, de ces illustres Trevisani, de Venise, qui ont fourni un doge et un grand amiral à la Sérénissime République.

Mon trisaïeul Pierre-Remy Willemet avait eu trois enfants, un fils et deux filles. Le fils, Pierre-Remy-François de Paule était né à Nancy le 2 avril 1762. « Ses connaissances en littératures ancienne et moderne, en histoire naturelle, en médecine, etc. étaient telles qu'il fut associé à l'Institut littéraire de Hesse-Hombourg, à l'âge de 16 ans. Il promettait à la France un nouveau Tournefort ; mais il est mort, âgé de 28 ans, aux Indes, en 1790. Médecin à l'hôpital militaire de Strasbourg, il avait suivi l'ambassade envoyée à Tippo-Saïb, souverain des états de Mysore et de Maratte. Ce grand prince affectionna très particulièrement le jeune savant. Malgré sa jeunesse, celui-ci avait eu le temps de faire paraître plusieurs ouvrages scientifiques. On dit qu'il avait formé un herbier de 200 plantes de l'Ile de France, mais cet herbier n'est jamais parvenu en Europe. Millin a écrit sa vie et Belin de Balu en a cité un épisode touchant ».

De Claire Willemet, fille de mon trisaïeul, j'ignore à peu près tout. Je sais que, en l'an VI, elle habitait à Nancy, rue des Dominicains, « avec ses parents, trois élèves-apothicaires et une fille de secours ».

Anne-Marie, l'autre fille de M. Willemet, fut ma bisaïeule Soyer. Née à Nancy en 1764, elle épousa, le 6 avril 1790, à la paroisse Saint-Roch de cette ville, le peintre Soyer. Je possède trois portraits d'elle :

L'un doit dater de l'époque de son mariage. C'est une ravissante miniature, œuvre de son mari. Impossible de voir physionomie plus vivante, plus spirituelle, plus mu - tine. Des yeux bleus rieurs, sous des sourcils bien arqués, éclairent un visage au teint délicat. Un œil de poudre laisse transparaître le châtain des cheveux, dont l'abondance

légère se gonfle autour du front. La toilette est charmante,
d'une simplicité virginale : robe de mousseline blanche et
fichu brodé se croisant sur un brin de jasmin blanc.

Une grande et magnifique gouache, signée Soyer, représente encore ma bisaïeule, mais dix ou quinze ans plus tard,
à l'époque du Consulat, ou au commencement du 1ᵉʳ Empire. La figure a pris de la rondeur, mais garde la même
grâce souriante. Vêtue d'une robe à l'antique, de couleur
« puce », dont le corsage, largement échancré, laisse voir la
gorge et les bras, Madame Soyer se promène, d'un pas éternellement jeune, dans un jardin élyséen, qu'ennoblissent
un sphinx de bronze et les blanches colonnes d'un petit
temple. Ses cothurnes azurés, brodés d'argent, foulent un
gazon fleuri de roses. Elle livre au vent les plis légers d'une
écharpe ondoyante. Un coquet bonnet de dentelles et de
rubans encadre son aimable visage. Dans mon enfance,
j'avais une prédilection très vive pour ce portrait, que j'appelais « la Dame à l'étole ».

La dernière effigie de ma bisaïeule — un crayon minutieux
daté de 1850 — la montre à l'âge de 86 ans. La physionomie
est paisible et souriante ; l'œil est toujours vif et même
malicieux. Un bonnet tuyauté, un fichu à ramages complètent son aspect respectable de vieille bourgeoise.

De son mari, j'ai plusieurs portraits, peints par lui-même.
Le premier en date décore le couvercle d'une boîte d'écaille.
Soyer s'y est représenté, le pinceau à la main, en habit de
taffetas lilas et jabot de dentelles. La coloration ambrée du
teint est adoucie par la poudre de la coiffure ; les yeux
bruns ont un regard d'une singulière finesse.

Un autre portrait, qui doit dater des environs de 1820,
est une grande miniature rectangulaire, d'une exécution
remarquable. Il montre mon arrière-grand-père appuyé
sur un portefeuille à dessins que recouvrent des feuillets de
parchemin empruntés à d'antiques manuscrits. De la main
droite, il tient un porte-crayon d'argent. Portefeuille et
porte-crayon sont encore en ma possession.

Dans un troisième portrait, à l'huile cette fois, M. Soyer
s'est peint en redingote grise et haute cravate blanche, le

plissé du jabot paraissant dans l'entrebaillement des revers.

Il était contemporain de Dumont, d'Augustin, d'Isabey, ces grands miniaturistes, tous Lorrains, et pouvait, sans désavantage, soutenir la comparaison avec eux. Il exposa au Louvre un certain nombre d'œuvres, qui obtinrent le plus brillant succès. Les nombreuses miniatures que j'ai chez moi, de sa main, justifient la célébrité qu'il eut à un moment donné. Il exécuta également — et avec talent — plusieurs portraits à l'huile (j'en possède trois) (1), mais on peut lui reprocher d'avoir transporté dans ce dernier genre d'ouvrages la facture précieuse et un peu sèche de la miniature.

Soyer peignait pour vivre. J'avais cru longtemps qu'il n'était qu'artiste-amateur, mais j'ai découvert, reproduite dans les « Promenades historiques à travers les rues de Nancy » (2), l'annonce suivante, qu'il avait fait paraître, le 5 mai 1812 : « Soyer, peintre en mignature (*sic*), étant déterminé à ne plus voyager, a fixé son domicile rue J.-J. Rousseau, n° 115 (3), maison Soyer-Willemet, pharmacien à Nancy, où il vient d'ouvrir une école de peinture en mignature, depuis 10 heures jusqu'à 11 heures du matin. Il donne également des leçons en ville ». Sa condition modeste ne l'avait pas empêché de satisfaire son goût du Beau en ornant son logis de meubles bien choisis et d'objets d'art, tel ce tableau de Van Dyck, « La Vierge et l'Enfant Jésus », qui fait maintenant la gloire de mon cabinet de travail.

A l'époque du 1ᵉʳ Empire, le ménage Soyer occupait donc l'ancien logement de Remy Willemet. Quant à la pharmacie, elle avait été reprise, le 11 novembre 1811, par le fils du peintre, Hubert-Félix Soyer-Willemet, né à Nancy le 3

---

(1) Son propre portrait que je viens de décrire, celui de sa fille Marguerite-Aimée (ma grand'mère Conigliano) et celui d'un vieux monsieur inconnu, en costume du temps de la Révolution, sans doute un parent ou un ami.

(2) Courbe, p. p, 45 et 46.

(3) Actuellement rue des Dominicains n° 29.

juin 1791, qui avait joint le nom de son aïeul à son nom paternel.

L'intérieur des Soyer était aimable et gai. Les arts y étaient en honneur et ces goûts délicats gardaient de toute mesquinerie vulgaire l'existence qu'on y menait. Félix Soyer était bon musicien ; il jouait du flageolet à ravir ; ses sœurs chantaient, jouaient de la harpe, de la guitare et du *forte*. Entre eux, ils organisaient de petits concerts, ou bien Félix. au son de son flageolet. faisait danser ses sœurs et leurs amies. L'habitude de ces gentilles réunions avait été prise chez les grands-parents Willemet, qui « recevaient » beaucoup, en toute simplicité d'ailleurs.

Vers 1895, j'ai vu chez Chappey, un antiquaire parisien très connu, qui habitait alors rue de la Paix, une délicieuse miniature rectangulaire, signée Soyer, représentant un petit concert intime. On y voyait, dans des costumes du temps de Boilly, un jeune garçon jouant de la flûte, une jeune fille assise au clavecin, une autre chantant. J'entrai dans le magasin pour demander le prix de cette œuvre exquise. On me la fit 5.000 fr. (1). Que vaudrait-elle aujourd'hui ! Je m'en allai. l'oreille basse, car il m'était impossible de débourser pareille somme ; mais j'ai toujours été persuadé d'avoir eu entre les mains la représentation d'un de ces concerts familiaux où les enfants Soyer excellaient. C'est un des regrets de ma vie de n'avoir pu me rendre acquéreur de cette précieuse peinture.

J'ai un portrait de Félix, à l'âge de 12 ou 13 ans, peint par son père. Il a des cheveux roux qui frisotent, des yeux bleus très doux, des traits un peu mous. Le teint, plein de fraîcheur, qu'on lui voit dans cette miniature, devait bientôt se gâter, car, tout jeune encore, Félix fut atteint d'une dartre affreuse. qui envahit une partie de son visage. Cette terrible épreuve fut courageusement supportée par lui, mais elle l'éloigna complètement du monde. Par suite, sa jeu-

---

(1) Une autre miniature de Soyer se trouvait dans le même magasin. Toute une famille (le père, la mère, deux ou trois jeunes enfants) y était représentée. Son prix était de 3.500 fr.

nesse se confina au foyer familial et, plus tard, l'étude des sciences, pour laquelle il avait, dès son enfance, manifesté un penchant très marqué, l'absorba tout entier. J'ai dit qu'il avait repris, en 1811, la pharmacie de son grand-père, mort quatre ans auparavant, mais, en 1821, il la quitta pour consacrer tout son temps aux études qu'il chérissait et à la Bibliothèque de Nancy, dont il avait été nommé conservateur.

Le départ de ses parents pour Saint-Nicolas, en 1825, l'eût laissé complètement isolé à Nancy, si une famille amie, les Hilbert, ne l'avait accueilli à son foyer comme l'un des siens. Mᵐᵉ Hilbert, sa fille Félicie, et la sœur de celle-ci, plus tard Mᵐᵉ Poirot, entourèrent l'âge mûr, puis la vieillesse de Félix des soins les plus affectueux et les plus touchants.

J'emprunte à la biographie de mon grand-oncle par M. Bécus, quelques traits de son portrait moral :

« Dans une situation de fortune fort médiocre, il a su toujours conserver une dignité simple, une modestie qui est la marque du vrai mérite.

« Il eut souvent l'occasion de se trouver en compagnie d'hommes favorisés de toutes les jouissances de la vie ; jamais il n'eut l'idée d'une envie, d'une jalousie secrète de la destinée heureuse de ces fortunés de la terre, comparée à l'humble position qu'il occupait.

« Les devoirs multiples qu'il s'était imposés furent toujours remplis avec persévérance et avec une ponctualité qui ne se démentit jamais.

« Fidèle observateur des convenances sociales, il aimait profondément la bienséance ; doué d'un bon caractère, il était froid cependant avec les personnes qui lui étaient peu connues ; mais, dès qu'il avait donné son attachement à un homme ou même à un enfant, il devenait très affectueux ».

Ce portrait, austère et modeste, est bien celui de ce grand savant, dont toute la vie, uniquement consacrée à l'étude, fut celle d'un véritable bénédictin.

Ajouterai-je encore à cette grisaille un tout petit trait assez caractéristique ? Soyer-Willemet, malgré la médiocrité de sa fortune, n'aimait, pour son usage personnel, que des objets d'une exécution extrêmement soignée et bien conditionnés. En font foi quelques-uns d'entre eux dont il se servait journellement et qui sont parvenus jusqu'à moi : l'encrier en racine de buis, qui figure toujours sur mon bureau, le portefeuille de maroquin vert, à grecque d'or, où je serre mes papiers les plus importants, un nécessaire de toilette, une trousse à rasoirs, des boîtes d'outils scientifiques, des cartons destinés à contenir gravures et dessins.[o]

Il s'était constitué une magnifique bibliothèque que, à sa mort, mon père eut le regret de ne pouvoir garder. Toutefois, il nous en est resté quelques volumes, témoignant du goût et de la science qui avaient présidé à leur choix. Tous sont munis de l'ex-libris de mon grand-oncle. Il avait repris dans un format moindre, le superbe ex-libris que le gentil graveur Collin avait composé pour Remy Willemet : un serpent qui se glisse entre des roseaux, avec la devise : « *Vigilate timentes* » (1).

Soyer-Willemet était un esprit universel : botaniste, géologue, musicien, littérateur, il fut aussi un historien très érudit et un agronome de premier ordre. Il avait été choisi par Mathieu de Dombasle pour être secrétaire-archiviste-trésorier de la Société Centrale d'Agriculture de Nancy, société à laquelle il rendit les plus grands services. A 31 ans, il entrait à l'Académie de Stanislas dont, pendant de longues années, il sera également l'archiviste-trésorier. A la fin de sa vie, il était membre de vingt-huit sociétés savantes (2) appartenant à tous les pays d'Europe ; mais c'est surtout comme bibliothécaire de la ville de Nancy qu'il affirma sa personnalité. Il continua et compléta l'œuvre de Stanislas, le fondateur de la Bibliothèque. Avec quel zèle, on pourrait dire : avec quel amour, il en a formé les « Lotharingica », si pauvres et si incomplètes avant lui !

Plans, cartes, portraits, vues de monuments, atlas, manuscrits lorrains, etc., il recherchait tout avec une ardeur inextinguible que l'âge et les souffrances n'affaiblirent

(o) voir "Errata et addenda" p. 218.
(1) J'ai le cachet de mon trisaïeul, portant cet emblème et cette devise.
(2) Je possède tous ses brevets.

jamais. Si les portefeuilles et les rayons lorrains de la Bibliothèque sont si bien garnis aujourd'hui, c'est à Soyer surtout que la ville de Nancy en est redevable.

En 1847, la croix de la Légion d'honneur vint récompenser une vie si utile et si bien remplie.

Mon grand-oncle mourut à Nancy, le 18 janvier 1866 (1). Les très vieux Nancéiens se souviennent encore de l'avoir vu se rendre, tous les jours, à 10 heures du matin, de sa demeure à l'hôtel de l'Université, où il avait son cabinet. Pendant près de cinquante ans, il fit ce trajet avec une ponctualité qui tenait du prodige. Vêtu d'une longue redingote noire, portant sous le bras un gros portefeuille bourré de plantes séchées, de notes et de bouquins, le visage en partie caché par un large bandeau de soie noire qui dissimulait sa disgrâce physique, coiffé d'une énorme casquette à visière, c'était une sorte de personnage hoffmannesque, un peu effrayant pour qui ne le connaissait pas.

Si j'ai parlé de lui aussi longuement, c'est avec le désir de faire connaître à mes petits-neveux cet homme excellent, dont toute la vie fut un si bel exemple de travail et de devoir.

Félix avait quatre sœurs, toutes plus jeunes que lui. L'aînée d'entre elles, dont le prénom de Marguerite semblait fait pour son pur et frais visage, fut ma grand'mère Conigliano. Ce devait être « la beauté » de la famille, car son père ne se lassait pas de la peindre. J'ai, la représentant, un grand portrait à l'huile, une gouache et deux miniatures ; deux autres miniatures appartiennent à ma sœur. Moins séduisante, moins piquante que sa mère, elle devait surtout son charme à son teint éblouissant, au galbe joliment arrondi de ses joues, à un air de douceur et de gaieté répandu sur toute sa personne et qui révélait une âme sereine et charmante. Dans son grand portrait, elle est vue de face, en fourreau de mousseline blanche, un ruban bleu mar-

---

(1) Une trentaine d'années plus tard, son corps fut transporté, par mes soins, à Saint-Nicolas-de-Port, où il repose dans la sépulture de la famille Soyer.

quant la taille très haut, comme c'était la mode alors. Un
collier d'ambre entoure son cou délicat. Une écharpe rouge
est négligemment jetée sur le dossier de sa chaise. Ses
bras, d'un dessin parfait, tiennent une guitare en forme de
lyre. L'ensemble est délicieux, avec je ne sais quoi de pudique et de virginal.

Après ses fiançailles, elle vint à Rosières, pour visiter la
maison de mon grand-père, celle qu'elle allait habiter. Le
plus grand désordre y régnait, désordre qu'expliquait suffisamment la situation de son fiancé, jeune veuf à la tête de
cinq enfants. Ma tante Amélie, qui n'avait alors que dix ans
et qui, déjà, servait de petite maman à ses frères et sœurs,
conserva, toute sa vie, le souvenir de la confusion qu'elle
avait éprouvée ce jour-là.

Je sais bien peu de choses de ma grand'mère. Elle était
musicienne, nous l'avons vu. Elle était aussi fort adroite de
ses mains et possédait plusieurs talents d'agrément. Dans
mon enfance, quand j'étais sage, ma tante Amélie me montrait des découpures de papier, d'une prodigieuse légèreté,
qui étaient l'œuvre de ma grand'mère, et je possède encore,
exécutés par elle, deux paysages brodés en soie et en che-
nille, qui sont des chefs-d'œuvre d'adresse et de patience(1).

Au bout de trois ans de mariage, ma grand'mère mourut
âgée de 26 ans, le 20 octobre 1818, treize jours après la naissance de son troisième enfant, qui fut mon père.

Sa cadette, Pauline, sans être régulièrement jolie, avait,
elle aussi, un teint d'une grande fraîcheur et des yeux bruns,
pétillants de gaieté. Une miniature ronde, peinte par son
père, la montre coiffée comme Mme Récamier, et vêtue
d'une robe d'un vert d'eau léger, que ceinture, sous les bras
un ruban rose. Dans un autre portrait, une gouache rectangulaire, elle est en robe de mousseline blanche à pois. Son
amusant décolletage est voilé d'une « modeste » que ferme
une collerette à gros plis ; un châle rouge couvre ses épaules.

Ces toilettes pimpantes n'auraient pas fait prévoir, chez

---

(1) L'une de ces broderies se trouve dans mon bureau, l'autre dans ma
salle à manger. (Voir "Errata et addenda" p. 218).

Pauline, la vocation religieuse. Et cependant, en 1826 —
j'ai dit plus haut en quelles circonstances — alors qu'elle
avait la trentaine sonnée, elle entra au Couvent des Bénédictines du Saint-Sacrement, à Saint-Nicolas, où elle prit le
nom de Mère Adélaïde. Elle y mourut le 18 juillet 1876,
après y avoir rempli, pendant quelques années, les fonctions de sous-prieure et laissant la réputation d'une sainte.

Je me rappelle les visites que nous allions lui faire et qui
m'émotionnaient beaucoup. On nous introduisait dans un
tout petit parloir, dont une paroi presque entière était occupée par une double grille à croisillons de bois, que doublait
un rideau d'étamine sombre. Après une attente, toujours
assez longue, nous entendions des pas dans la pièce voisine.
Il y avait de grands bruits de verrous, des cric-crac de
clefs tournant dans les serrures ; puis le rideau se tirait,
une des grilles s'ouvrait et nous voyions paraître, derrière
celle qui restait fermée, une forme noire dont on ne pouvait
apercevoir le visage. La première fois que j'entrevis cette
apparition — j'avais trois ou quatre ans — je fus pris d'une
grande frayeur et prononçai les mots de « grosse bébête » et
de « vilain voleur ». Ces expressions étaient peu aimables,
mais indiquaient, de ma part, une expérience précoce. Je
savais donc déjà que les animaux féroces, comme les mal-
faiteurs, devaient être mis derrière des grilles. Dans la suite, je
m'humanisai et j'acceptais très volontiers les images pieuses
et les petits bibelots de bonnes sœurs que Mère Adélaïde
nous passait par un guichet.

Je me souviens de ses obsèques dans la chapelle du Couvent, où de grands tableaux, représentant des épisodes de la
vie de Saint-Benoit, me remplissaient d'un mystérieux effroi.

Après Marguerite et Pauline, venait Emilie, née en 1797,
qui resta fille. Je ne l'ai pas connue, car elle mourut près
d'un an avant ma naissance, le 2 février 1864, le même jour
que ma sœur Jeanne. Après la mort de sa mère, survenue
le 21 avril 1855 — son père était mort en 1828 — elle avait
continué à habiter, en compagnie de Sophie, la dernière des
quatre sœurs, la maison que mes arrière-grands-parents
avaient achetée à Saint-Nicolas-de-Port en 1825.

Ces deux vieilles demoiselles, pour soutenir leur train de vie bien modeste, mais si digne, durent faire des prodiges d'économie. A la mort de leur mère, elles n'avaient que 350 fr. de rente (1). Encore la dot de Mère Adélaïde n'avait-elle pas été payée. L'oncle Félix renonça, je crois, à sa part d'héritage en faveur de ses sœurs. Ce qu'il y a de sûr, c'est que mon père et mon oncle Adolphe, alors en Crimée, se désistèrent généreusement, comme je l'ai dit, de leurs droits sur le legs, qu'avait fait à la famille Soyer, Mme Cardot, née Boucherez.

Quant à la dot de la Bénédictine, le Couvent ne la réclama pas, après une démarche faite auprès de la Prieure par mon oncle Eugène de Conigliano, sur la demande de mon père (2).

J'ai, de mes grand'tantes, vieilles filles, une photographie où elles figurent côte à côte, en chapeaux à bavolet et et en châles à pointes. Si l'on compare ce double portrait aux deux exquises miniatures, en forme d'écusson, où leur père les avait représentées, petites filles, en robes blanches, on découvre un contraste piquant.

Badel, dans un de ses intéressants croquis lorrains : « Le Jardin des demoiselles Lizambère » (3), parle des « demoiselles Soyer-Willemet, qui avaient eu l'honneur de recevoir, un jour, la duchesse d'Angoulème, Marie-Thérèse de France, et des grands sapins de leur parc désolé, où achevaient de mourir les choses après les gens ». « Les grands sapins » et le « parc désolé » ne sont que de la littérature. La réalité était moins romantique, mais aussi moins triste et plus charmante. Mes tantes avaient, il est vrai, derrière leur maison, un très vaste jardin, mais celui-ci, loin d'être « désolé », avait la mine réjouie et sans façon d'un brave jardin de curé. Le mur de clôture cachait son vieux crépi sous des treilles et des espaliers ; des poiriers en quenouilles s'espaçaient au-

_____

(1) Lettre de Gustave de Conigliano à sa sœur Amélie, datée du 8 mai 1855, « devant Sébastopol ». (Archives de la famille Conigliano).

(2) Lettres de Gustave de Conigliano, datées tous deux du 15 mai 1855, à sa sœur Amélie et à son frère Eugène. (Archives de la famille Conigliano).

(3) Le Pays Lorrain, 1905, p. 317.

tour des « carreaux » de haricots et de laitues, bordés de buis, qu'égayaient des plates-bandes de fleurs démodées. Ce jardin, surélevé, formait terrasse au-dessus de la cour, avec laquelle il communiquait par un perron aux marches disjointes. Sur cette cour s'ouvraient le bûcher et le poulailler et de grands noyers la couvraient d'une ombre fraiche. Le parapet de la terrasse, gris et jaune de lichens, supportait une rangée de pots de terre contenant des jasmins et des grenadiers rabougris, qui devaient être très vieux, mais qui, malgré leur grand âge, n'avaient jamais grandi, tels des arbres nains japonais. A gauche, il y avait un pavillon, où l'on serrait les outils de jardinage et les vieux pots de fleurs. Ce pavillon tenait un grand rôle dans nos jeux d'enfants. Au fond du jardin, c'était « le petit bois ». Il me semblait immense et plein de mystère. Sa lisière était fleurie d'ancolies, et, au printemps, s'étoilait de seringas aux senteurs enivrantes. Au centre du labyrinthe feuillu, un noyer ombrageait une petite clairière, où flottait l'âcre parfum des geraniums sauvages. Un mur bas, aux tuiles moussues, sur lequel, juché à califourchon, j'étudiais les mœurs des fourmis, séparait la propriété de la campagne.

Tel était ce jardin, ce paradis, sur la paix duquel l'horloge de la basilique, au timbre sonore et grave, laissait tomber lentement ses heures, rappelant que, là comme ailleurs, le temps s'écoulait et qu'il fallait en savourer la douceur.

Si je n'ai pas connu ma grand'tante Emilie, par contre j'ai aimé, j'ai chéri ma grand'tante Sophie — « tante Soyer » comme nous l'appellions —. Je revois son honnête visage respirant la bonté, ses yeux vifs et gais, son gros nez, ses gros traits, sa démarche active et lourde. C'était une fête pour mes parents, pour ma sœur et pour moi, quand elle venait passer quelques jours à la maison. Nous allions la chercher à la gare ; elle nous embrassait d'une façon retentissante, et m'appelait « son petit trésor » ; mon père lui offrait le bras, tandis que ma sœur et moi, nous disputions ses menus bagages. Arrivée dans sa chambre, « la chambre blanche », elle se débarrassait de son châle et enlevait son chapeau, dont la forme n'avait pas varié depuis le règne de Louis-Philippe. Elle apparaissait alors coiffée d'un serre-tête noir, qu'elle cachait bien vite sous un beau bonnet de Malines ou de Chantilly, à rubans lilas ou vert d'eau, puis elle tirait de son grand sac à main en crin noir — un sac à surprises — des images pieuses, des bonbons de sa confection, contenus dans d'ingénieuses petites boîtes en carton ou en fer-blanc, qu'elle avait fabriquées elle-même.

Elle prenait ensuite son éternelle tapisserie et, sur un fond invariablement noir, faisait éclore des dahlias bleus ou des roses violettes. Cette sainte fille — préfète de la Congrégation — aimait beaucoup les romans, des romans convenables, bien entendu, signés de Mme Bourdon ou de Zénaïde Fleuriot. Le soir, après dîner, mon père lui en faisait la lecture à haute voix, et quand, dans ces innocentes fictions, la méchanceté du traître semblait triompher, ma bonne tante exhalait son indignation par un vigoureux coup de poing sur la table.

Quelle nature droite, franche, et surtout bonne ! La joie que nous causait ses visites n'avait d'égale que celle que nous éprouvions, quand, à notre tour, nous allions la voir à Saint-Nicolas. Nous ne manquions pas de faire ce déplacement le lundi de la Pentecôte, date traditionnelle du grand pèlerinage. Ce jour-là, ma tante recevait à sa table toutes les soutanes du canton, après avoir organisé, en leur honneur, un massacre dans sa basse-cour. A ces saintes et joyeuses agapes, j'ai vu l'abbé de Girmont, un vieil ami de notre famille ; l'abbé Noël, qui devint archiprêtre de Saint-Jacques de Lunéville ; l'abbé Codoré, plus tard aumônier de l'hôpital ; l'abbé Manse, un vieux chanoine qui, sans s'en douter, décida de ma vocation militaire. Un de ces lundis de Pentecôte, au moment du café, quelques-uns des ecclésiastiques présents s'amusèrent à me questionner sur mes projets d'avenir. J'avais alors cinq ou six ans et mes goûts étaient très partagés entre l'état d'évêque et celui de jardinier. Comme j'hésitais à répondre, le digne abbé Manse prit les devants : « C'est un futur officier, dit-il, son père a porté

l'épée, il ne peut manquer d'en faire autant ». Cette parole
me frappa beaucoup et ma vie en fut définitivement orientée.

C'est le 4 juillet 1873, que ma tante Soyer, alors dans sa
soixante-quinzième année, mourut d'une congestion pulmonaire. Je n'avais alors que huit ans et demi, et, cependant,
je me souviens des moindres détails de sa maison, comme
si je l'avais vue l'an dernier. L'image des lieux où l'on a été
très heureux, comme de ceux où l'on a souffert, se grave
dans la mémoire.

Cette maison, dans ce temps-là, était une des dernières
de la ville, sur la route de Nancy. Une grande porte cintrée
— une porte charretière — faisait passer directement de la
rue dans un rustique vestibule, assez sombre, pavé de galets
pointus, et dont les murs étaient blanchis à la chaux. Les
hirondelles y nichaient entre les solives du plafond. A gauche, on entrevoyait les profondeurs obscures du grenier à
foin. On éprouvait une sensation d'éblouissement en quittant l'ombre du vestibule pour pénétrer dans la cage d'escalier. Une fenêtre sans rideaux, qui s'ouvrait au midi, l'em-
plissait d'une aveuglante clarté. En été, de grosses mouches
ivres de chaleur et de lumière, se heurtaient aux vitres en
bourdonnant. L'escalier, très large, tout en bois, muni
d'une solide rampe à balustres, se développait à l'aise dans
ce vaste espace. On y respirait un parfum champêtre de
graines et d'herbes sèches, qui émanait d'un petit réduit
aménagé sous les marches, où l'on serrait les semences destinées au jardin. Nous avions installé, dans ce cabinet, ma
sœur et moi, une modeste chapelle, où une Vierge de plâtre
trônait au milieu de découpures de papier.

Au 1ᵉʳ étage, on entrait d'abord dans l'antichambre, une
grande salle carrée, qui prenait jour sur la cour et donnait
accès aux autres pièces de l'étage par des portes à deux bat-
tants, étroites et hautes. Ces portes étaient surmontées de
peintures décoratives, représentant des vases de fleurs, aux
tons délicieusement fanés. On eût dit la maison d'un bailli
de village au temps de Sedaine. De monumentales armoires
cachaient les murs. L'une d'elles, tapissée d'un papier bleu
semé d'étoiles d'argent, évoquait, en s'ouvrant, la splendeur

d'un ciel nocturne. Une autre avait servi de lit à mon père, dans son enfance. Comme elle n'avait pas de fond, ni de divisions intérieures, il suffisait de la coucher, le battant contre le sol, pour obtenir une sorte de vaste caisse, que l'adjonction d'un matelas et de draps transformait en un lit très suffisant.

A droite, c'était le salon, pièce assez triste, qui donnait sur la rue. On y voyait un lit dans une alcôve, mais on n'y couchait jamais. Auprès de la fenêtre, exhaussée par une petite estrade, un grand fauteuil Voltaire permettait à ma tante de voir ce qui se passait au dehors, tout en travaillant à sa tapisserie. Sur les murs, une collection d'admirables miniatures, œuvres de J.-B. Soyer, montrait des dames décolletées, la taille sous les bras, et des messieurs coiffés en ailes de pigeon, le cou engoncé dans de hautes cravates de mousseline. Au-dessus d'un beau secrétaire en bois de rose, du temps de Louis XVI (1), une statuette de N.-D. de Bon-Secours s'encadrait de gros coquillages, dont j'aimais approcher mon oreille, « pour entendre le bruit de la mer ». Une charmante petite commode en marqueterie, de la même époque (2), supportait un Christ de Bagard (3). Des chaises de paille, des rideaux de percale glacée, à feuillages bruns sur fond gris, complétaient un ensemble, qui, malgré la beauté de certains objets, donnait un peu l'impression d'un salon de presbytère.

A côté, c'était la cuisine. Les cuivres étincelaient sur les murs enfumés. Aux poutres, couleur de bronze, du plafond étaient suspendues toutes sortes de choses, qui, dans l'ombre, avaient des apparences étranges : chapelets d'oignons, bande de lard, grand porte-assiettes comme on en voit encore dans les campagnes. C'était le royaume de Clairette. une vieille servante, depuis quarante ans dans la maison. Vive, alerte, joviale. avec une figure rose et ridée comme une vieille pomme, les cheveux cachés sous un serre-tête

---

(1) Maintenant dans l'ancienne chambre de ma mère.

(2) Appartient à Madame Gadel, ma sœur.

(3) Il orne aujourd'hui la cheminée de ma chambre à coucher.

blanc pointillé de lilas, elle ressemblait à une « ménagère hollandaise » de Gérard Dow. Elle avait un inénarrable accent lorrain, qui faisait notre joie.

A l'opposé du salon, de l'autre côté de l'antichambre, était la salle à manger, avenante et claire. Le soleil y riait derrière des rideaux de perse rose. Des boiseries blanches tout unies, des chaises de paille à dossier de bois ouvragé représentant des animaux (1), lui prêtaient un air de simplicité rustique. Par les fenêtres donnant au midi, on voyait le jardin trembler dans la grande lumière. Le panneau, entre les deux fenêtres était occupé par la belle gouache de la « Dame à l'étole », portrait que j'ai décrit plus haut. Au-dessous était suspendue une étonnante broderie de soie (2), paysage animé de personnages, qui était l'œuvre de ma grand'mère Conigliano. Un sous-bois romantique, peint par ma mère, faisait face à la cheminée, sur laquelle des tasses à fleurs flanquaient une délicieuse et minuscule pendule dorée, dont le sujet — l'Amour sur un char traîné par un chien — symbolisait le triomphe de la Fidélité (3).

La chambre de ma tante attenait à la salle à manger et prenait également jour sur le jardin. Cette pièce, au papier fané, aux rideaux de perse bleue qui avait verdi, était remplie de vieilles choses qui, depuis près d'un demi-siècle, s'y étaient accumulées : vieux portraits, vieilles images, vieux livres, vieux souvenirs de toutes sortes. Une *crèche* en cire, contemporaine de Louis XV, surmontait la cheminée de pierre peinte. Une grande commode en demi-lune, datant, sans doute, du mariage de ma bisaïeule, faisait face aux fenêtres, entre lesquelles un « bonheur-du-jour » (4), cachait, derrière la soie pâlie de ses panneaux vitrés, des liasses de lettres, des formules de prières, des recettes pharmaceutiques ou culinaires et toute une collection de reliques plus ou moins authentiques. Le lit était

---

(1) Ces chaises m'appartiennent.
(2) Maintenant dans ma salle à manger.
(3) Cette pendule est à présent sur la cheminée de mon cabinet de travail.
(4) Se trouve chez moi, dans la « chambre blanche ».

placé dans une alcôve, flanquée de deux petits cabinets à porte vitrée, dont l'un servait de « garde-robe » — disposition aussi incommode pour ma tante que pour ses invités. Dans ces deux cabinets, c'était un entassement de choses hétéroclites et désuètes : antiques boîtes recouvertes de papiers à ramages ; modèles de tapisseries démodées ; portefeuilles à dessins, provenant du peintre Soyer ; gravures de modes remontant à la jeunesse de mes tantes ; morceaux de musique surannés ; journaux de la Restauration. Quelles trouvailles n'eût pas faites dans ce *capharnaüm* un chercheur averti ! Un des noyers de la cour plaquait ses feuilles sur les vitres, et le soleil, tamisé par les branches et les rideaux verdis, mettait dans cette chambre de vieille demoiselle un demi-jour mélancolique, infiniment propice aux évocations du Passé.

Entre la chambre de ma tante et l'antichambre était une autre pièce, très sombre malgré ses deux fenêtres, car celles-ci s'ouvraient à trois mètres du mur de la maison voisine, un grand mur sans ouvertures, noir et rébarbatif comme celui d'une prison. Les deux immeubles n'étaient séparés que par une étroite ruelle, qui, un peu plus loin, gagnait les champs, après avoir cheminé entre des murs de jardins. C'est dans cette chambre obscure que couchait Clairette et que se trouvait « la cachette », cette cachette indispensable à toute vieille maison qui se respecte. Elle se dissimulait au-dessus d'une porte, derrière un panneau décoré de tulipes et de roses auxquelles le temps avait donné des tons invraisemblables.

Cette porte donnait accès à « la chambre verte », celle que nous occupions quand nous venions en séjour à Saint-Nicolas. Cette grande chambre, froide, solennelle, guindée, devait son nom à son papier vert d'eau, dont la bordure en grisaille était du plus pur style Empire. Sur les murs, trois portraits, de la main de mon bisaïeul, qui sont maintenant ma propriété : le sien, en redingote grise ; celui de sa fille — ma grand-mère — jouant de la guitare, et l'effigie sévère d'un vieux bourgeois de l'époque révolutionnaire — un parent, je crois. Quelques images pieuses complétaient la décoration des murailles. Sur la cheminée, entre deux flambeaux argentés, un globe abritait une statuette de la Vierge, entourée de fleurs artificielles, comme on en voit dans les parloirs de couvents. Deux lits à bateau, une commode à colonnes, le tout en noyer, formaient le fond du mobilier (1), avec une série de chaises paillées, méthodiquement collées au mur. Les fenêtres étaient garnies de rideaux blancs à houpettes de coton, si raides et si propres, qu'on eût dit des rideaux de porcelaine.

Certains trouveront bien minutieuse cette description de la maison Soyer. C'est que j'ai voulu, sinon faire revivre le passé — c'est impossible — du moins, prolonger le souvenir de tant de choses maintenant dispersées ou disparues et les replacer dans leur cadre de jadis. Ce cadre, lui aussi, s'est bien modifié. Après la mort de ma grand'tante, mon père ne put garder cette maison qui eût constitué pour lui une lourde charge. C'est avec un vrai déchirement qu'il se sépara de cette vieille demeure, qui lui rappelait ses grands-parents, ses tantes et tant de souvenirs de son enfance. Elle fut achetée par un notaire, M. Bussy (2), qui a rajeuni son extérieur, sans toutefois le modifier beaucoup. Mais quels changements ont dû être opérés à l'intérieur ! Je n'ai jamais demandé à y pénétrer, voulant garder intacte la vision que je viens d'essayer de fixer.

Quand je vais à Saint-Nicolas, je ne manque pas de rôder autour de l'antique logis des Soyer, au risque d'être pris pour un cambrioleur en train de préparer un mauvais coup. Je remonte la ruelle, sous les fenêtres de la chambre obscure et, le long du jardin, jusqu'au petit bois. De là, j'aperçois une partie de la façade postérieure de la maison et je m'imagine revoir, derrière les murailles muettes, derrière les fenêtres closes, les chambres où j'ai passé des jours qui comptent parmi les meilleurs de ma vie.

(1) Maintenant le mobilier de la « chambre blanche », chez moi.
(1) L'acte de vente fut signé à Saint-Nicolas, le 22 novembre 1873.

CHAPITRE IX

Louis Conigliano, veuf pour la seconde fois. — Les
débuts des « Quatre fils Conigliano ». — Un ménage
d'étudiants pauvres, à Strasbourg, sous le règne de
Louis-Philippe. — Mon grand-père revient à Lunéville ; ses dernières années. — L'ancienne maison de
l'abbé Jennat.

Ma grand'mère Conigliano — Marguerite Soyer —
mourut, comme je l'ai dit, quelques jours après la naissance
de mon père. Par suite de ce malheur, mon grand-père se
trouva donc, à 38 ans, veuf pour la seconde fois, avec sept
enfants à élever. Il en avait eu dix !

C'est l'aînée, Amélie, âgée de 13 ans 1/2, qui devint
maîtresse de maison et servit de mère à ses frères et
sœurs. La situation financière de la famille était des plus
modestes. C'est ainsi que, lorsque les quatre fils de Louis
Conigliano furent en âge de faire leurs études, on ne put les
mettre au collège tous les quatre en même temps. Les deux
aînés, Eugène et Louis, furent internes au Petit-Séminaire
de Pont-à-Mousson, tandis que les deux derniers, Adolphe
et Gustave, étaient mis en pension chez leur grand'mère
Soyer, à Saint-Nicolas, où ils commencèrent le latin sous la
direction d'un vicaire de la paroisse. C'est à Saint-Nicolas
que ces deux enfants firent leur première communion, le
2 mai 1830.

Peu après, Eugène, qui se croyait la vocation sacerdotale,
entra au Grand-Séminaire, mais il dut bientôt en sortir

pour raison de santé et rentra à Rosières. Ses deux plus jeunes frères quittèrent alors Saint-Nicolas pour continuer leurs études sous sa direction. Louis revint également à Rosières quand la Révolution de 1830 éclata et ferma les établissements religieux. Les quatre frères restèrent ainsi dans la maison paternelle jusqu'en octobre 1832. Ils partirent alors pour Strasbourg. Leur père les conduisit en char-à-bancs jusqu'à Baccarat, et le reste de la route se fit à pied par Saint-Dié et Schirmeck. C'est, d'ailleurs, à pied que, pendant tout le temps qu'ils habitèrent Strasbourg, mon père et ses frères firent leurs voyages de Rozières à Strasbourg et vice-versa, car les ressources qui devaient suffire à leur ménage à quatre étaient très modiques. Un étudiant un peu aisé, de l'époque, ne s'en serait pas contenté pour lui seul.

Eugène et Louis firent leur droit ; Adolphe et Gustave entrèrent, comme externes, en quatrième, au Collège Saint-Louis, qui avait pour supérieur le célèbre abbé Beautin. Ils y restèrent deux ans. Le personnel de Saint-Louis ayant changé à la fin de l'année scolaire 1833-34, ils firent leurs classes de seconde au Collège royal.

En mars 1835, Louis fut atteint de la fièvre typhoïde. Les quatre garçons habitaient alors, rue de l'Arc-en-Ciel, au-dessus d'un petit restaurant, surnommé « le Torchon gras », — c'est dire la classe de cet établissement — d'où on leur montait leurs repas (1). L'installation était loin d'être confortable ; le pauvre Louis fut soigné par ses frères avec plus de dévouement que d'entente. Heureusement qu'une dame Pernot, mère d'un de leurs camarades, eut pitié d'eux et vint à leur secours.

Dès que Louis fut convalescent, Eugène, se sentit, à son

______

(1) C'est dans ce logement que les frères Conigliano suscitèrent un incident qui faillit nécessiter l'intervention de la police. Ils étaient très légitimistes et, comme tels, avaient horreur des Orléans. Le jour de la Saint-Philippe, alors que tout Strasbourg était pavoisé en l'honneur de la fête du roi, ils n'avaient rien trouvé de mieux que de suspendre par le cou, à l'appui de leur fenêtre, un buste de Louis-Philippe. Le roi des Français avait ainsi l'air d'être pendu à un gibet d'infamie, d'où scandale.

tour, indisposé. Il prit, avec son cadet la diligence, mais dès son arrivée à Rosières, il dut s'aliter, atteint, lui aussi, de la terrible maladie. Les convalescences furent longues et ce n'est qu'en juin que les deux aînés rejoignirent à Strasbourg leurs plus jeunes frères.

Ceux-ci, peu de temps auparavant, avaient reçus de Mgr Le Pape de Trevern, le sacrement de Confirmation. Eugène et Louis passèrent leurs derniers examens de droit. Ils soutinrent leurs thèses à la fin de juillet, et, aussitôt après, les quatre Conigliano quittèrent définitivement Strasbourg. Ils s'installèrent à Nancy, où les aînés se firent inscrire au barreau de cette ville, comme avocats-stagiaires. Adolphe et Gustave firent leur philosophie au Collège royal. Ils furent tous deux reçus bacheliers-ès-lettres en 1836. Gustave, qui se destinait alors à Polytechnique, entra en « Mathématiques spéciales ». Adolphe commença son droit, puis, au bout de quelques mois, vint rejoindre son frère dans l'intention de préparer Saint-Cyr.

Je parlerai, plus tard, en détail, de chacun des quatre frères, mais il était difficile de faire séparément le récit de leur enfance sévère et de leur adolescence studieuse. Il est bon, d'ailleurs, de montrer à ceux qui nous suivront, le fortifiant exemple de courage, de travail et de lutte persévérante contre les difficultés de la vie, donné par ces quatre jeunes gens.

A cause de la médiocrité de leurs ressources, ils durent se priver — et ils le firent sans se plaindre — de tout ce qui fait la douceur et l'agrément de la jeunesse. Mais cette rude école leur fut bonne. De ce creuset, devaient sortir des caractères exceptionnellement trempés.

En 1839, mon grand-père quitta les fonctions de percepteur, qu'il occupait à Rosières, et y fut remplacé par son cousin Pichon.

En 1843, il vendit sa maison de la place Saint-Pierre et avec ses trois filles Amélie, Pauline et Sophie, alla s'installer à Epinal, chez son fils Eugène, qui venait d'être nommé juge au tribunal de cette ville. Cet essai de vie commune ne fut pas heureux. Eugène avait un caractère très entier ;

Amélie, autoritaire et habituée au rôle de maîtresse de maison, se résignait difficilement à passer au second plan. Bref, après un court séjour à Epinal, mon grand-père et ses filles revinrent à Rosières où, en attendant que la maison qu'ils avaient achetée à Lunéville fût libre, ils en louèrent une, très modeste, presque en face de l'hospice, celle où demeure actuellement (1925) Marie Parisot (1). J'y ai pénétré, et j'ai vu, au premier étage. une salle à manger, revêtue de boiseries Louis XV, dont les moulures, un peu gauches, sont pourtant d'un joli mouvement. C'est là que mourut, de la fièvre typhoïde, le 19 décembre 1843, ma tante Pauline, une sainte fille, âgée seulement de 35 ans.

Ce n'est que deux ans après ce triste événement, en 1845, que mon grand'père revint, pour s'y fixer définitivement, à Lunéville. où il était né, où avaient vécu les deux générations précédentes des Conigliano.

La maison qu'il y avait achetée, devait dépendre de l'ancienne fourrière ducale. J'ai dit dans quelles conditions mon aïeul l'avait acquise de l'abbé Jennat. Celui-ci y avait installé des religieuses, qui furent très marries d'avoir à céder la place au nouvel occupant.

C'était, tout au fond d'un grand jardin, un corps de logis sans profondeur, mais flanqué de deux ailes assez importantes. Un toit de tuiles rouges moussues, des fenêtres à petits carreaux lui donnaient un bon cachet de vieille demeure. D'une aile à l'autre courait un énorme cep de vigne, formant portique au-dessus de la cour. Cette cour était pavée de dalles plates et l'on y remarquait, encastrée dans le mur, une petite armoire à moulures chantournées, dans laquelle on serrait les graines et les outils de jardinage. Sous l'une des fenêtres du rez-de-chaussée, s'étalait en espalier un magnifique rosier du Bengale, dont les premières fleurs ornaient toujours notre « mois de Marie », à ma sœur et à moi.

A l'intérieur, les pièces étaient distribuées d'une façon baroque. L'escalier de bois, très large, avec une massive

____

(1) 1, rue de l'Agriculture.

rampe de chêne à balustres, occupait, par sa vaste cage, la moitié du bâtiment principal. En bas, la cuisine servait obligatoirement d'antichambre à tout le rez-de-chaussée. Au premier étage, un grenier obscur, où l'on étendait le linge, prenait jour par des fenêtres à carreaux verdâtres sur la cage de l'escalier. Presque toutes les pièces étaient sombres et tristes, sauf celles qu'on n'occupait pas. Parmi ces dernières, était une immense chambre à donner, pourvue d'une alcôve et de boiseries moulurées. Au-dessus de l'étroite glace de la cheminée, était peint un jeune berger, vêtu d'azur, dansant près d'un jet d'eau. C'est dans un des cabinets de l'alcôve que se trouvait « la Grotte », une ancienne *crèche*, ou un Enfant Jésus de cire s'entourait de petites poupées, en costumes du xviiie siècle, composant des scènes familières et plaisantes. Quand j'avais cinq ou six ans, c'était ma grande récompense d'être admis à contempler « la Grotte » et, après plus d'un demi-siècle, je me rappelle l'impatience joyeuse avec laquelle je voyais se lever le rideau de lustrine brune qui protégeait les précieuses figurines (1).

Le salon, une pièce étroite et longue, éclairée parcimonieusement par une seule fenêtre, était meublé d'un guéridon et de chaises Empire, auxquelles s'adjoignaient deux fauteuils Louis XV et un profond lit de repos recouvert d'une étoffe à grandes fleurs (2). Des miniatures vieillottes s'échelonnaient de chaque côté du trumeau de la cheminée et, sur la tablette de celle-ci, une pendule sous globe, décorée d'un Eros aiguisant sa flèche, se flanquait d'une paire de flambeaux argentés (3). Aux murs, une gravure du temps de Graziella, « la Malade italienne », et un tableau peint par ma mère, un lac romantique sous un ciel d'orage (4).

---

(1) C'est ma sœur qui eut « la Grotte » dans son lot. Elle l'a donnée à sa fille, Mme André.

(2) Le guéridon m'appartient. Les chaises appartiennent à ma cousine Arnould, les fauteuils à Antoinette de Conigliano, et le lit de repos, qui fut dans le lot de Marie de Conigliano, a disparu dans un incendie en 1925.

(3) J'ai la pendule et ma sœur a les flambeaux.

(4) Je possède cette gravure et ce tableau.

Une porte vitrée séparait le salon de la chambre de ma tante Amélie. Dans cette dernière pièce, un beau Christ en croix, gravé par Poilly, d'après Lebrun, étendait ses bras au-dessus du lit (1). Le panneau principal se parait d'un élégant bonheur-du-jour en bois de placage, d'époque Louis XVI (2), que surmontait une petite glace enguirlandée de lauriers, sa contemporaine (3). Des dessins minutieux, dus au crayon patient d'une des cousines Fournier, s'encadraient de baguettes noires.

Puis c'était, dans une des ailes, le cabinet de toilette de ma tante, avec le grand prie-Dieu à retable, qui se trouve maintenant dans ma chambre à coucher. L'énorme buffet de la cuisine recélait dans ses flancs une vaisselle nombreuse parmi laquelle figuraient une confortable soupière Louis XV en « cailloutage » blanc, évocatrice de plantureuses soupes aux choux, et un service à dessert qui ne s'exhibait que dans les grandes occasions (4). Chacune de ses assiettes représentait, en impression, le portrait d'une célébrité, depuis l'infortuné Louis XVII sortant d'un nuage et auréolé d'étoiles, jusqu'au pape Pie VII et au Prince de Condé, celui de l'Emigration. Quand ma tante recevait ses jeunes neveux et nièces, elle ne sortait pas les assiettes portant les effigies de Mlle de La Valière et de la reine Marie-Antoinette, parce que ces dames étaient trop décolletées.

Cette maison où, dans mon enfance, j'ai connu mes tantes Amélie et Sophie, leur fidèle servante, Marie Gérard, qui devait, plus tard, devenir la mienne et mourir sous mon toit, leur chien de garde — successivement Diane, Fidèle et Coco — cette maison fut vendue le 14 septembre 1877, après la mort de ma tante Sophie. C'est M. Edmond Guérin qui s'en rendit acquéreur pour la somme de 22.500 fr.

Elle est maintenant bien déchue. Des ménages d'artisans y sont logés ; les jolies boiseries en ont été enlevées. Le

---

(1) Le Christ en croix de Poilly protége maintenant le lit de ma sœur.

(2 et 3) Le bonheur-du-jour est dans ma chambre à coucher, la glace dans le « cabinet aux 3 portes ».

(4) Soupière et service à dessert m'appartiennent.

jardin, jadis si bien soigné, que fleurissaient, suivant les saisons, des lilas de Perse, des lis blancs ou des balsamines, est aujourd'hui une sorte de terrain vague, où l'on a construit des hangars et des ateliers. Presque tous les arbres fruitiers ont disparu.

Mon grand-père passa dans cette demeure les onze dernières années de sa vie, très bon, très pieux, très respecté de tous,

C'était alors un vieillard, maigre, osseux, ayant grande allure malgré un genre de vie d'une extrême simplicité. Il mourut là, le 26 mars 1856, alors que son fils Gustave était en mer, revenant de Crimée. Ce n'est qu'en arrivant à Lunéville, le 1ᵉʳ avril, que Gustave apprit la mort de son père. Quel triste retour au lieu de la joie escomptée ! Neuf mois avant de mourir, mon grand-père avait été cruellement éprouvé. Son avant-dernier fils, Adolphe, lieutenant au 19ᵉ de Ligne, avait été tué, le 18 juin 1855, à l'assaut de Sébastopol.

CHAPITRE X

**Les enfants du premier lit de mon grand-père Conigliano.
— Marie - Joséphine - Amélie : « tante Amélie », son
enfance sévère, son portrait, ses ajustements, son
originalité. — Le jardin de « la Ménagerie ». — Pauline. — Eugène, son caractère. — Un mariage ines-
péré : les Bourcier de Montureux. — Descendance
d'Eugène de Conigliano : Léopold, Louis et sa belle
conduite pendant la guerre de 1870, sa captivité, sa
mort ; Marie et la maison de la rue de la Préfecture
à Epinal ; sa triste fin de vie.**

MARIE-JOSÉPHINE-AMÉLIE

I

Marie-Joséphine-Amélie était née à Bassing le 15 mai
1805 ; elle mourut fille à Lunéville le 8 mai 1885.

Tout enfant, elle avait connu les tristesses et les difficultés de la vie. Ses premières années s'étaient passées à
Bassing, canton de Dieuze, un village morose perdu dans
les terres, où mon grand-père habitait une maison appartenant à sa première femme. C'était un vaste logis rural,
ancien couvent de Minimes (1). Amélie n'avait que quatre
ans lorsqu'elle le quitta et cependant, parvenue à un âge
avancé, elle se souvenait encore du bruit lugubre que
faisait le vent, les soirs d'hiver, en s'engouffrant dans ses
longs corridors. Ayant perdu sa mère, en 1813, ma tante,
qui se trouvait l'aînée de quatre frères et sœurs, prit très
au sérieux son rôle de petite maman. De tout son faible
pouvoir et de toute sa grande bonne volonté, elle seconda

____

(1) Voir page 102.

son père dans la tenue du ménage et l'éducation de ses cadets. Son père, heureusement, se remaria après deux ans de veuvage, et sa nouvelle épouse, la gentille Marguerite Soyer, s'efforça de remplacer, auprès des pauvres enfants sans mère, celle qu'ils avaient perdue. Mais la seconde union de mon grand-père fut courte, car Marguerite Soyer, comme je l'ai dit, mourut, à son tour, en 1815, laissant deux orphelins de plus. Amélie se trouvait définitivement, à treize ans et demi, mère de famille et maîtresse de maison.

Sa jeunesse, consacrée au devoir, fut austère. Ses seules distractions étaient les courts séjours qu'elle faisait à Lunéville, chez sa grand'tante Dalancour. Elle n'avait qu'un an de moins que la plus jeune fille de celle-ci, Clotilde, laquelle était une de ses amies les plus chères. Ensemble, elles allaient aux bals de la Salle des Trophées, et, une fois rendue à la vie sérieuse de Rosières, Amélie gardait, sans doute, un nostalgique souvenir des soirées de Lunéville et des brillants officiers de cavalerie, avec qui elle y avait dansé. Un demi-siècle plus tard, elle parlait encore, avec quelque complaisance, d'un certain M. de la Chapelle, un de ses danseurs du temps de Charles X.

Amélie avait dix-huit ans, lorsque mourut son aïeul, Louis-Etienne Conigliano, qui avait vu, dans son enfance, « la Cour de Lunéville ». Aussi ma tante avait-elle la mémoire meublée d'anecdotes. C'était la gardienne des traditions et la chronique vivante de notre famille, dont elle possédait, à fond, la généalogie et les alliances.

J'aimais beaucoup ma « tante Mémé », comme je l'appelais quand j'étais petit. Elle avait la cataracte et voyait juste assez pour se guider ; aussi étais-je très fier de l'accompagner à l'église ou dans ses visites de vieilles dames. En récompense, elle me montrait les trésors de ses tiroirs, me donnait du jus de réglisse et du sucre candi, et, parfois, me chantait, d'une petite voix chevrotante mais encore juste, des chansons de sa jeunesse.

Un jour, que nous étions allés ensemble à la Messe, je saisis étourdiment le moment de l'Elévation pour lui

chuchoter : « Ma tante, je suis tombé en bas de l'échelle ».
J'exagérais. Dans notre jardin de la Ménagerie (1), j'avais
manqué le dernier échelon de l'échelle, qui s'appuyait au
portique de l'escarpolette, et, pour me rendre intéressant,
je transformais ce faux-pas en chute tragique. « Tais-toi,
me dit ma tante, le bon Dieu descend sur l'autel » — « Sur
quel hôtel ? Sur l'hôtel des Vosges ? ». Il y a de cela cin-
quante-cinq ans (2) et je m'en souviens comme si c'était
avant-hier.

Le jardin, où se trouvait la fameuse escarpolette, n'attenait pas à notre maison, mais il se trouvait sur l'emplacement des fossés de l'ancien rempart et avait fait partie de
la « Ménagerie » de la duchesse Elisabeth-Charlotte, plus
tard « Ménagerie du prince de Craon ». L'antique muraille
de la ville, où s'appuyait une treille de raisins muscats, lui
servait de clôture au nord. Ce jardin était à la mode d'autrefois, avec des carrés de légumes bordés de fleurs, une
pompe sous un berceau de vigne, et, dans le fond, une charmille. Au-dessus d'un espace sablé s'élevait le portique
peint en vert, auquel étaient suspendus la balançoire et
quelques agrès de gymnastique. Une petite maison à un
étage, certainement contemporaine de la duchesse-régente,
contenait les outils de jardinage (3). On y voyait d'immen-
ses chapeaux de paille, de forme surannée, qui avaient sans
doute abrité mon arrière-grand'mère Dalancour et ses filles.
S'y trouvait également un antique chariot d'osier, ayant dû
servir à promener bien des générations d'enfants de ma
famille. Au-dessus de lui s'arrondissait une sorte de capote
de soie noire et ses roues pleines le faisaient ressembler au
char des rois fainéants.

Que de passionnées parties de croquet nous avons faites
dans cet enclos, maintenant loué et complètement changé
d'aspect !

---

(1) Ce jardin avait été acheté par les frères Hugard, le 24 janvier 1770,
au sieur Thiriet, procureur au baillage de Lunéville, lequel le tenait du
Prince de Beauvau.
(2) En 1925.
(3) Cette maison a disparu lors du prolongement de la rue du Rempart.
Elle a été remplacée par le petit pavillon qui s'élève à l'angle de cette rue
et de la rue Cyfflé.

Mais je reviens à ma tante Amélie. Je la revois dans son jardin à elle, coiffée, par-dessus son bonnet, d'un invraisemblable chapeau de paille, cousin-germain de ceux dont je viens de parler. Une visière de soie verte protégeait ses yeux affaiblis. A l'époque des raisins, elle empaquetait ses grappes, pour les protéger contre les guêpes, dans des sacs qu'elle confectionnait elle-même avec le solide papier des anciens registres de percepteur de son père.

Elle avait dû être jolie ; petite et un peu tassée, elle possédait des yeux rieurs, une bouche fine et un nez racé. Son teint était resté très frais ; ses mains où saillaient de fines cordelettes bleues, conservaient une forme charmante. On pouvait trouver quelque peu comique sa façon de s'habiller. Deux grosses papillottes de cheveux gris se gonflaient de chaque côté de son visage, qu'encadrait un bonnet de lingerie tuyauté. En cérémonie, ce bonnet faisait place à d'autres beaucoup plus élégants, tout en Valenciennes et en rubans clairs. Quand elle sortait, elle se coiffait d'un énorme chapeau à bavolet. J'ai gardé le souvenir d'un de ses monuments, en paille noire, décoré de coquelicots et d'épis de blé ; des brides en ruban écossais, rouge. jaune et noir, s'épanouisssaient en un large nœud, sous le menton. Ses corsages, froncés à la taille, étaient retenus par une ceinture à boucle dorée. Tout cela sentait son « Louis-Philippe ». A dater du jour où elle avait eu quarante ans, c'est-à-dire depuis 1845, ma tante n'avait plus rien changé à ses ajustements.

Mon père, plus jeune qu'Amélie de treize ans et demi, avait pour elle une affection nuancée de vénération, presque filiale. Tous les jours, il allait la voir. Aussitôt arrivé, il approchait du fauteuil, où elle était assise, un petit guéridon rond à colonnes (1) et la partie de piquet commençait. Pendant ce temps, si j'avais accompagné mon père, je regardais les images d'un « Magasin pittoresque ». Je le connaissais par cœur, ce volume, car, avec quelques livres de piété et un vieux dictionnaire généalogique, il formait toute la

____

(1) Le guéridon qui se trouve dans mon bureau,

bibliothèque de la maison. Il faut dire que ma tante était loin d'être une lettrée. Elle ne manifestait même aucune curiosité intellectuelle. N'ayant jamais eu le temps de faire des études, elle savait juste tenir ses comptes de ménage. Son écriture maladroite ressemblait à celle d'un enfant et son orthographe avait de la fantaisie. Toutefois, on n'aurait pu la « coller » sur l'histoire sainte et l'histoire de France ; elle possédait quelques notions de géographie et de mythologie ; et son instruction religieuse était des plus solides. Très pieuse, sans bigoterie, elle conformait strictement sa vie à ses croyances. Très charitable aussi, elle trouvait le moyen, avec des revenus ultra-modestes, de faire beaucoup de bien.

J'ai rarement vu personnalité plus marquée. On aurait pu dire d'elle ce que Louis Bertrand a écrit de sa grand'-mère : « Sans nulle fantaisie, sans humour, sans imagination d'aucune sorte, elle donnait pourtant l'impression de tout cela, rien qu'en laissant parler en elle les voix de la terre et de la race ».

Voici quelques exemples de son originalité : Lorsque le cimetière de Lunéville, qui se trouvait aux alentours de l'hôpital, fut désaffecté en 1813 pour être transféré à son emplacement actuel, les familles qui avaient des monuments funéraires dans l'ancien cimetière furent autorisées à les reprendre. C'était le cas des Conigliano, et j'ai vu souvent chez mes tantes, dans mon enfance, un fragment de marbre noir provenant du mausolée de ma bisaïeule Marie-Madeleine Hugard. On y pouvait lire encore quelques mots de l'épitaphe. D'habitude, ce morceau de marbre était utilisé comme dessous de plat et ornait le milieu de la table de la salle à manger, mais lorsque ma tante Amélie souffrait de coliques — elle avait l'intestin un peu délicat —, elle faisait chauffer le morceau de marbre dans le coffre du poêle et se l'appliquait sur le ventre. L'épitaphe passait ainsi de la nappe aux lingeries intimes de la vieille demoiselle et vice-versa.

Autre détail de même genre. En guise de bassinoire, mes tantes se servaient d'un énorme caillou, chauffé au préalable

par le même procédé que l'épitaphe, et qui allait du lit de
l'une au lit de l'autre. On appelait ce caillou — je ne sais
pourquoi — « le Garçon ». Combien de fois ai-je entendu
ma tante Amélie dire à sa fidèle servante : « Marie, quand
le garçon aura chauffé le lit de Mlle Sophie, vous le mettrez
dans le mien » ! Personne n'y entendait malice.

Mon grand-père disparu, Amélie continua de vivre avec
ma tante Sophie, dans l'ancienne maison de l'abbé Jennat, puis, après la mort de sa sœur, trouvant la maison trop
grande pour elle seule, se décida, non sans un grand
crève-cœur, à la vendre (1). Elle prit alors un appartement
au premier étage de la maison qui fait l'angle de la rue des
Capucins et de la rue de la Charité (n° 12 de cette dernière
rue). Quand je la vis confinée dans cet appartement de cinq
pièces, elle que j'identifiais avec sa vaste maison et son
grand jardin, j'eus l'impression d'une déchéance. Dans ce
nouveau logis, les vieux meubles, eux-mêmes, aussi bien
que l'active et fidèle Marie, avaient l'air dépaysé. Ma tante
n'y était pas installée depuis un an que, un matin (2),
au sortir de la messe, elle fit une chute dans la rue des
Trottoirs — maintenant rue Germain-Charier — et se cassa
le col du femur. La fracture ne se guérit qu'imparfaitement
et Amélie resta impotente. Elle ne sortit plus dans la rue
qu'une seule fois, en voiture bien entendu, pour changer de
logement. Sa nouvelle demeure — qui devait être la dernière — fut un premier étage au n° 56 de la rue Sainte Elisabeth (actuellement rue Gambetta).

Après l'accident ci-dessus relaté, et jusqu'à la mort de sa
sœur, mon père resta fidèle à sa visite quotidienne, mais
la partie de piquet habituelle fut dorénavant suivie d'une
petite promenade que ma tante faisait dans son appartement en s'aidant d'une béquille et du bras de son frère.

Amélie de Conigliano fut enlevée par une bronchite le
8 mai 1885, à midi 3[4. Sa mort fut un vrai deuil pour toute
la famille. Bien que ne quittant plus son fauteuil, elle tenait

----

(1) Voir p. 136.
(2) 8 juillet 1878.

une grande place parmi nous. C'était véritablement « la Doyenne », et sa perte fut ressentie par ses proches à l'égal de celle d'un chef de famille.

II

PAULINE (1)

Je suis peu documenté sur sa vie. Je sais seulement qu'elle était une perfection. Elle a laissé la réputation d'une sainte.

III

EUGÈNE (2)

J'ai donné, plus haut, quelques détails sur son enfance et sa jeunesse. J'ai dit comment, après avoir voulu entrer dans les ordres et commencé sa théologie, il dut quitter le Grand-Séminaire pour raison de santé (3). Il fit alors ses études de droit à Strasbourg et fut inscrit, en 1835, au barreau de Nancy, comme avocat-stagiaire. Au printemps de 1837, il épousa Zoé de Bourcier de Montureux (4), puis alla habiter chez ses beaux-parents. Je n'ai jamais su comment s'était fait ce mariage. Eugène de Conigliano appartenait à une famille modeste malgré ses prétentions nobiliaires. Il n'avait aucune fortune. Son visage, froid et régulier, était trop sévère pour posséder beaucoup de charme et son caractère, autoritaire et tout d'une pièce, ne semblait pas devoir inspirer l'amour. Et cependant ce sont les Montureux qui firent les premiers pas. Leur famille était une des plus anciennes et des plus en vue de la Lorraine. Elle avait de grands biens à Arracourt et dans la région de la Seille.

---

(1) Née à Bassing en janvier 1807, morte fille à Rosières, le 19 décembre 1843.

(2) Né à Rosières le 11 décembre 1802, mort à Epinal le 22 mars 1869.

(3) Voir p. 131.

(4) Bourcier : « D'azur au (sic) panthère d'or moucheté de sable, tenant une croix fleuronnée de même, armé, lampassé et allumé de gueules ; et pour cimier un (sic) panthère naissant de l'écu, entre deux pennes de gueules et d'azur, tenant la croix de l'écu ». Fol. 164, regist. 1572. Dom Pelletier.

Quant à Zoé de Montureux c'était, d'après son portrait que j'ai vu chez sa fille (1), une jolie brune, d'aspect fort agréable. Je suppose que les Montureux, gens très religieux, furent séduits par la grande piété et la conduite exemplaire de mon oncle Eugène et que c'est sa réputation parfaite qui les décida à le rechercher pour gendre.

Les Bourcier, dont la filiation suivie remonte à Mathieu de Bourcier, qui vivait en 1285, étaient originaires du Béarn. L'un d'eux, Pierre, chevalier, seigneur de Burlémont, capitaine de 120 hommes au service de Charles le Téméraire, trouva la mort, avec son prince, à la bataille de Nancy, le 5 janvier 1477.

Un siècle plus tard, son arrière-petit-fils, Claude de Bourcier vint s'établir en Lorraine et, bien que d'une famille d'ancienne chevalerie, prit le parti de la Robe. Un descendant de Claude, à la quatrième génération, fut le célèbre président de Bourcier, Jean-Léonard, qui, après avoir été avocat et procureur général en Cour souveraine de Lorraine et Barrois, fut, en 1709, ministre plénipotentiaire du duc Léopold à la Haye, puis, en 1712, représenta son souverain au Congrès d'Utrecht. En récompense de ses services, il reçut le titre de baron et, en 1720, fut nommé premier président de la Cour souveraine.

Le fils de ce grand parlementaire, Jean-Louis de Bourcier, baron de Montureux et de Mervaux, seigneur d'Arracourt, fut créé comte en 1735, par le duc François III.

C'était le trisaïeul de ma tante Zoé. Celle-ci était donc de très antique lignée. Elle avait de plus de magnifiques alliances. Elle cousinait avec les Ficquelmont, Nay de Richecourt, Villeneuve-Bargemon, de Brosse, La Tour-en-Voivre, Vertille de Richemont. Son arrière-grand-mère Montureux appartenait à la maison ducale de Durfort. Sa grand-mère était la fille de Michel-Joseph de Cœurderoy, marquis d'Aulnoy, seigneur d'Einville, premier président du Parlement de Lorraine, et, de ce côté, elle se trouvait

---

(1) Ce portrait, qui montrait ma tante dans une robe d'organdi blanc, serrée à la taille par un ruban rose, a été détruit dans un incendie, le 20 novembre 1925.

apparentée aux Polignac, Alsace-Henin, L'Hospital, Montmorin, Tallard d'Hostun, Puységur. Par sa mère, née comtesse Amélie de Gourcy (1), elle descendait des anciens lords d'Irlande de ce nom, qui, établis dans notre province en 1260, firent partie des Assises de la Chevalerie lorraine. Son frère était le comte Paul de Montureux ; sa sœur, la marquise de Lesseville. Une de ses tantes avait épousé M. de Prautois, officier aux Gardes-du-Corps de Louis XVIII. Une autre était la femme du comte de Riocour.

Les habitants de la petite maison de Rosières furent, sans doute, bien étonnés de la singulière fortune qui faisait contracter à l'un des leurs un mariage aussi reluisant, et l'écureuil des Conigliano (2) dut s'effaroucher quelque peu de voisiner avec la panthère des Bourcier (3).

En 1838, Eugène fut nommé substitut du procureur du Roi à Saint-Dié, où il se rendit en avril. C'est là que vinrent au monde :

Léopold, le 3 mai 1839,

et Marie, le 27 septembre 1840.

Nommé juge à Epinal en 1843, mon oncle devait passer dans cette ville le reste de sa vie. Son troisième enfant, Louis, y naquit le 7 janvier 1844.

Eugène avait, comme je l'ai déjà dit, un caractère très entier. D'autre part, sa piété, qui était profonde, s'alliait à une grande austérité. Aussi son autorité de chef de famille pesait-elle d'un poids très lourd sur ceux qui l'entouraient. Sa femme s'en trouva complètement annihilée. La brune piquante du portrait de 1835 était devenue une douce créature très effacée, noyée dans l'ombre de son rigide époux. Elle s'habillait avec la dernière simplicité et pas une femme d'ouvrier ne consentirait aujourd'hui à se coiffer des bonnets de lingerie qu'elle portait habituellement.

---

(1) Gourcy : « D'hermine 4, 3, 2, au chef de gueules, chargé de 3 annelets d'or, alias : au chef d'argent, paré de 3 annelets de gueules ».

(2) Un écureuil était la pièce honorable du blason des Conigliano. (Voir page V).

(3) Il en était de même d'une panthère pour les Bourcier. (Voir la note de la page 144).

Le train de vie du ménage manquait absolument d'élégance et de luxe ; aucun plaisir mondain ne s'y mêlait, mais il était cependant large et confortable.

Mon oncle avait fait l'acquisition d'une propriété en Suisse, près de Fribourg, et y passait les vacances avec sa famille. Il la revendit au bout de quelques années ; ses enfants ne profitèrent donc pas longtemps de la distraction qui résultait pour eux d'une villégiature dans un beau pays et du trajet en voiture nécessité par ce déplacement, qui, à lui seul, était un plaisir.

Le 4 juin 1868, ma tante Zoé mourut à Vichy, où elle avait eu l'imprudence de faire une cure, bien qu'éprouvant des troubles cardiaques. Son enterrement eut lieu, le 8, à Epinal.

Moins d'un an plus tard, dans les premiers jours de mars 1869, son mari qui, lui aussi, souffrait du cœur, vit subitement sa maladie empirer. Jusqu'au dernier moment, il n'eut pas conscience de la gravité de son état, et on eut beaucoup de peine à lui faire accepter, à lui si pieux, la réception des derniers sacrements. Il mourut le 22 mars et fut enterré le surlendemain.

L'année suivante, éclata la guerre contre l'Allemagne. Mes deux cousins, Léopold et Louis, tous deux avocats au barreau d'Epinal, s'engagèrent dans les Francs-Tireurs des Vosges. Le système d'éducation qui leur avait été imposé n'avait pas obtenu, du moins en ce qui concerne l'aîné, les résultats qu'en attendait leur père. Etouffant dans l'atmosphère confinée de la maison familiale, Léopold s'en était évadé moralement et la compression qu'il y avait subie n'avait fait que donner plus d'expansion à sa nature ardente. Doué d'un esprit incisif et brillant, il s'était jeté dans le journalisme. Une feuille locale, à tendances avancées, publiait de lui des articles étincelants, qu'il signait « Cristal ». On juge du scandale ! Je revois encore ses yeux vifs, son teint enflammé, son nez busqué et les ondes puissantes de sa chevelure noire. Malgré ses défauts, Léopold était très loyal, très bon. Après la mort de ses parents, il fit, pendant quelque temps, ménage commun avec sa sœur dans la

maison familiale restée dans l'indivision, mais cette tenta-
tive ne fut pas heureuse. La conduite de Léopold donnait
prise à la critique. Fort dépensier, il accumula les dettes.
En janvier 1874, Marie dut, pour sauvegarder sa petite fortune, demander la séparation de biens. C'est mon bon père
qui fut chargé de négocier cette délicate affaire. Il s'en tira
avec sa bonté et son tact habituels, évitant la brouille entre
le frère et la sœur, entre lui-même et son neveu. Léopold
céda à Marie la moitié de la maison patrimoniale moyennant
17.750 fr. et se logea dans un autre quartier d'Épinal.

Il y resta peu de temps et, poursuivant sa carrière de
journaliste, alla créer une feuille gambettiste à Jonzac (Cha-
rente), où il ne fit que passer. Il s'occupa ensuite de la
direction d'un journal à Angoulême. C'est là que, en septembre 1877, il fut atteint de fièvre typhoïde. Cette maladie,
qui prit tout de suite un caractère d'extrême gravité, l'emporta le 28 septembre. Après une vie assez orageuse, le chef
de notre famille mourut donc dans une ville lointaine, sans
avoir aucun des siens près de lui, sans qu'une main amie
lui fermât les yeux. Mon père, qui apprit sa mort presque
en même temps que sa maladie, partit immédiatement pour
Angoulême, où il assista, le 30, aux obsèques de son neveu,
puis ramena son corps à Épinal. L'inhumation dans le
cimetière de cette dernière ville eut lieu le 2 octobre.

Louis, le second fils de mon oncle Eugène, avait une
nature beaucoup plus tranquille que celle de son frère. J'ai
dit que, en 1870, il s'était engagé dans le corps franc des
Vosges. Quand cette poignée de braves battit en retraite,
Louis fut dirigé, avec sa compagnie, sur Belfort, puis envoyé
en hâte à Neuf-Brisach. Pendant le siège de cette place, il
reçut un éclat d'obus au genou. « Prisonnier de guerre à
Dresde, après la reddition de Neuf-Brisach, écrit un de ses
camarades, M. A. P., il subit comme nous autres, alors que
sa fortune lui permettait de s'en affranchir, toutes les fatigues, les privations, les souffrances, les humiliations, sans
jamais se soustraire aux plus dures et plus répugnantes
corvées. « Exemple et devoir », telle était sa devise. Lorsque
en mars 1871, on fit savoir aux prisonniers qu'ils pouvaient,

en payant, regagner de suite leurs foyers, il oublia, un instant ses souffrances — il était atteint de rhumatismes arti-
culaires —, réunit les moins aisés de ses camarades et par-
tagea avec eux toutes ses ressources, pour que tous revins-
sent ensemble. Consultant moins son état de santé que son
amour du sol natal, ne voulant, à aucun prix, mourir loin
de la France, il se fit porter par ses compagnons d'infortune
dans le wagon à bestiaux qui le rapatria. Il dut y voyager
debout, pendant trois jours et trois nuits, au prix de quel
martyre ! on le devine ». Aussi est-ce épuisé, absolument à
bout de forces, presque mourant, qu'il fut débarqué à Lunéville, le 8 mars. Ses tantes Amélie et Sophie le prirent
chez elles et lui prodiguèrent les soins les plus empressés.
Malgré ces soins, son état empira très vite, et le 13, à
6 heures 1/2 du matin, il mourut, après avoir reçu, à
minuit, des mains de l'abbé Guyot, vicaire à Saint-Jacques,
avec une admirable sérénité, les derniers sacrements. Il
n'avait que 27 ans ! Ses obsèques eurent lieu, le 15, à Lunéville, et, le 16, à Epinal. Ma mère, mon oncle Louis et deux
francs-tireurs accompagnèrent, en voiture, son cercueil de
Lunéville à Epinal.

Des trois enfants de mon oncle Eugène, il ne resta donc,
à partir de 1877, que sa fille Marie, « Marie d'Epinal »,
comme nous l'appelions pour la distinguer des autres Marie
de la famille. Autrefois elle se fût volontiers mariée, mais
son père, qui ne se souciait pas de la perdre, ne lui avait
jamais transmis les demandes dont elle avait été l'objet.
Pas plus que sur Léopold, l'éducation familiale n'avait eu
de prise sur elle. Alors que le milieu dans lequel elle avait
passé son enfance et sa jeunesse était l'austérité et la simplicité mêmes — jamais, dans son temps de jeune fille, elle
n'avait vu un bal, — une fois maîtresse de sa vie, elle aima
les réunions mondaines, le théâtre, les raffinements de la
toilette, de la table et de l'intérieur. L'hospitalité qu'on
recevait chez elle était attentive et délicate. Les petits séjours que mes parents, ma sœur et moi, faisions, tous les
ans, à Epinal, en septembre, comptent parmi les meilleurs moments de ma vie. Quelle exquise maison que la

sienne (1)! Je m'en remémore les moindres coins avec attendrissement : l'original escalier, mystérieusement éclairé, qui occupait tout le centre de l'immeuble et dont les galeries fleuries offraient, à chaque palier, l'accueil reposant de vastes sophas ; le grand salon, avec son papier blanc et or, son mobilier de velours rouge, sa table ronde où s'entassaient des albums démodés, et, faisant constraste avec cet ensemble 1850, un bahut Renaissance quelque peu truqué et deux beaux portraits d'ancêtres poudrés (2) ; le petit salon, capitonné de peluche verte comme une bonbonnière « second Empire » ; la chambre de ma cousine, tendue de cretonne à ramages et encombrée d'une foule de brimborions sans valeur : cadeaux d'amies, souvenirs de voyage, photographies, ouvrages de tapisserie. Ah ! « la chambre des hommes », où nous couchions, mon père et moi ! Elle sentait l'iris et les vieux livres. Je revois sa cheminée surmontée d'un trumeau 1ᵉʳ Empire, où, sur le fond d'acajou, se détachait, en relief doré, un triomphe de Diane (3). Sur la tablette, une pendule d'un romantisme exaspéré montrait un troubadour en chausses collantes et toque empanachée, pinçant les cordes d'une harpe ossianesque, auprès d'une fontaine de cristal (3). L'unique fenêtre donnait sur les profondeurs vertes du jardin. Au loin, on apercevait les sapins de la colline du Château, et, sur ce calme paysage, le timbre grave de l'horloge de l'église égrenait les heures.

Au 2ᵉ étage, « la chambre des dames » s'ornait d'un portrait de Pie IX, d'anciennes vues de Suisse peintes à la gouache et d'un meuble Restauration en velours d'Utrecht.

Quelques vieilles gravures, des assiettes villageoises, des sièges cannés garnissaient l'avenante salle à manger, où l'on savourait, dans une atmosphère de bien-être et de gaieté, des repas dignes de Brillat-Savarin. La chère et la causerie y étaient également délicieuses.

J'allais oublier une des attractions de la maison, un en-

---

(1) N° 13 de la rue de la Préfecture.
(2) Deux pastels ovales représentant mon trisaïeul Conigliano et sa femme : ils appartiennent maintenant à mes neveux André.
(3) Maintenant chez moi dans la chambre blanche.

droit de toute nécessité, que, je ne sais pourquoi, nous appelions « Bertrand ». C'était, dans la cour, un petit chalet coquettement peint en vert clair, dont les murs étaient, à l'intérieur, tapissés de journaux amusants du temps de Louis-Philippe qui faisaient nos délices. Le jardin, tout en longueur, terminé par un minuscule bosquet, se meublait d'un hamac, d'un grand parasol de plage et de confortables fauteuils d'osiers invitant à la sieste.

Ma cousine, avec son intelligence un peu frivole, son affabilité, sa jeunesse de caractère, animait et rendait charmante cette demeure très composite et sans style. Elle pratiquait les arts d'une façon agréable quoique superficielle ; de nombreux pastels (1), œuvres de sa main, décoraient les murs de sa demeure, et l'on avait plaisir à déchiffrer à quatre mains avec elle, au piano. De plus, elle aimait la lecture et goûtait le beau style. Son portrait ne serait pas complet si j'omettais son amour pour les chats : je l'ai toujours connue entourée de *Doudouces*, de *Pucelles* et de *Babets*. Sa maison était le paradis des chats.

Marie aimait ce qui fait l'agrément de la vie, les séjours à Paris, les voyages en Suisse et en Italie, les bains de mer. Elle aimait, par dessus tout, « recevoir ». Ses goûters du jeudi étaient célèbres. On s'y délectait de fines pâtisseries et de friandises inédites dont ses cuisinières successives, *Chonchon*, *Libaire* et *Jeanne*, se transmettaient les secrets. D'une amabilité ingénieuse, non seulement elle comblait ses amis de cadeaux, mais elle savait trouver, pour chacun des privilégiés, le cadeau qu'il eût souhaité. Tout cela n'allait pas sans grandes dépenses. Ma cousine dépensait en grande dame, avec élégance et sans compter, estimant que l'ordre et l'économie sont vertus de petits bourgeois. Il vint cependant un moment où force lui fut d'enrayer son train. Son heureux caractère n'en fut pas altéré. Elle se résigna, sans plainte, à vendre sa maison. Encore, avec son peu d'entente des affaires, fit-

---

(1) J'en possède deux : « L'Enfant au Chat », d'après Mieuse Molenaere, et un bouquet de pivoines et d'iris. Hélas ! tous les pastels qu'elle avait conservés — une douzaine au moins — ont disparu dans un incendie, le 20 octobre 1925.

elle ce sacrifice dans des conditions telles qu'il ne la rendit pas beaucoup plus riche.

Elle loua, dans la même rue (1), un beau rez-de-chaussée de six pièces, où son mobilier s'entassa. Elle renonça aux voyages et aux séjours à Paris, mais ne put se décider à fermer son salon. Ses « jeudis » furent toujours aussi courus. On y trouvait un amusant mélange de vieilles dames du crû et de fringants ménages de la garnison et ma cousine continuait à y faire les honneurs de ses petits gâteaux avec ses jolies manières de chanoinesse mondaine.

Survint la grande tourmente de 1914 ; Marie resta courageusement au poste, s'occupant d'œuvres de guerre et dédaignant les obus que les avions boches lâchaient assez fréquemment sur Epinal. Une fois le calme revenu, elle s'aperçut que la vie était devenue terriblement chère et que ses revenus amoindris ne pouvaient plus lui suffire. D'autre part, le cercle de son intimité de jadis s'était rétréci. Certaines de ses amies avaient disparu ; d'autres avaient quitté la ville pour fuir les bombardements et ne comptaient plus y revenir. La garnison n'était plus la même. Le monde avait perdu, pour ma cousine, son attrait. Son parti fut bientôt pris. Avec son invincible optimisme et sa vaillance sans pose, elle résolut de quitter un appartement dont le loyer était devenu trop lourd pour elle, une ville où elle ne comptait presque plus d'amis, et d'aller s'enterrer à la campagne, dans un coin des Vosges où sa fidèle et dévouée servante, Jeanne Géhin, possédait une petite maison. Elle vendit quelques meubles, en donna d'autres à des communautés religieuses, céda à ses cousins certains souvenirs de famille particulièrement précieux et transporta le reste dans les quatre pièces qui, au Thillot, composèrent son domaine.

Elle vécut là pendant cinq ans avec une dignité souriante, se déclarant complètement satisfaite du calme de sa nouvelle vie.

Puis cette existence, déjà si diminuée, fut bouleversée par une catastrophe. Le 20 octobre 1925, en pleine nuit, un

(1) Rue de la Préfecture, nº 12 (Maison Chambry).

incendie se déclara, avec une violence inouïe, dans la maison qu'elle occupait. En quelques instants, tout fut détruit : meubles, argenterie, portraits de famille, souvenirs de toutes sortes, linge et vêtements. Marie n'eut que le temps de s'enfuir en robe de chambre.

La sœur et le beau-frère de Jeanne Géhin recueillirent dans leur modeste maison les pauvres rescapées. Elles y demeurèrent pendant quelques mois, puis, au printemps de 1926, s'installèrent, en attendant que la maison brûlée fût reconstruite, dans un appartement de deux pièces donnant sur une cour — presque un logement d'indigents.

C'est dans cet humble logis que ma vieille cousine s'éteignit, le 6 juin 1926, après une longue agonie. Depuis près d'un an, elle n'était plus tout-à-fait elle-même : une petite congestion, puis l'incendie, le bouleversement qu'il avait amené dans sa vie, avaient brouillé sa mémoire et obscurci quelque peu son intelligence. Elle était restée cependant bonne, affable et douce, s'oubliant pour les autres, et, jusqu'à la fin, donna de touchants témoignages de gratitude à sa fidèle servante pour les soins si dévoués dont celle-ci n'avait cessé de l'entourer.

Suivant son désir, Marie de Conigliano a été inhumée dans le cimetière du Thillot.

CHAPITRE XI

Les enfants du premier lit de mon grand-père Coni-gliano *(suite)*. — Marie-Thérèse-Sophie « tante Sophie ». — Louis. — Un grand seigneur autrichien, d'origine lorraine. — Mariage de mon oncle Louis. — Les Blancheur. — « Tante Adèle ». — Enfants issus de cette union. — Xavier, ses états de services, son mariage, sa mort. — Les Batho. — Les Rouget. — Pauline, son existence à Nancy. — Marie, son mariage, ses enfants.

IV

MARIE-THÉRÈSE-*SOPHIE* (1)

Ce fut une pauvre existence que celle de ma tante Sophie. Dans son enfance, par suite d'un accident, elle avait perdu un œil, et, pendant tout le reste de sa vie, sa figure, assez régulière, fut déparée par un bandeau noir qui cachait son orbite vide. Sa santé était des plus précaire. De temps en temps j'entendais mon père dire : « Sophie vient d'avoir une crise » ou « Sophie a ses crises ». De quelles crises s'agissait-il ? Crises du cœur ? Crises d'asthme ? Crises nerveuses ? C'était un mystère pour moi. Depuis, j'ai su que ma pauvre tante devait ses grandes souffrances à une tumeur interne. Enfin, du plus loin que je me souviens, elle était presque en enfance. A force de vivre dans une claus-

---

(1) Née à Rosières, le 19 mars 1814, morte fille à Lunéville, le 26 avril 1877.

tration complète — depuis 1876 elle n'avait plus franchi la porte de son jardin — le monde extérieur n'existait plus pour ma tante. Elle était sourde, s'exprimait difficilement, et sa pensée, ne recevant plus aucun aliment du dehors, s'était engourdie. Parfois une cause fortuite réveillait la jovialité de son humeur d'autrefois. Ainsi, lors des visites de ses nièces, la vue de leurs toilettes ou de leurs chapeaux, dépourvus cependant de toute excentricité, la plongeait dans d'interminables accès d'hilarité silencieuse.

Sophie était très pieuse et je me demande si ce perpétuel silence, cet isolement du monde, dans lesquels elle vivait, n'avaient pas développé en elle une vie intérieure insoupçonnée. Cette humble créature rendit à Dieu son âme toute blanche au commencement du printemps de 1877. Ma tante eut une attaque d'apoplexie le 23 Avril, à 10 heures du matin. Le 26, à 4 heures du matin, tout était fini. Elle fut enterrée le 28.

V

PAUL-HENRI-LOUIS (1)

Mon oncle Louis — mon parrain — avait les yeux bleus de sa grand-mère, Marie-Madeleine Hugard, le teint fleuri, un aimable embonpoint, l'abord à la fois cordial et un peu bourru. Bien que très différent de son frère Eugène par le caractère et les allures, il lui ressemblait par sa grande piété. Ainsi que tous les siens, il s'affirmait, en effet, catholique sans compromission. C'était surtout un cœur affectueux et un modèle de droiture. Dans sa façon d'être, il alliait la dignité du magistrat à une simplicité pleine de bonhomie, et ce mélange offrait une saveur extrêmement sympathique.

J'ai déjà parlé de son adolescence, en même temps que de celle de ses frères. On a vu que, après ses études à Stras-

____

(1) Né à Rosières, le 4 septembre 1812, mort à Lunéville, le 30 juillet 1880.

bourg, il s'était fait inscrire comme avocat-stagiaire au barreau de Nancy, en 1835, en même temps que son aîné.

Il est probable que les causes n'abondaient pas ou que leurs honoraires ne suffisaient pas à le faire vivre, car il se mit en quête d'une position plus lucrative. Il y avait alors à la Cour de Vienne, où il occupait une situation considérable, un membre de l'ancienne chevalerie lorraine, le Comte de Ficquelmont. Rarement on vit carrière plus brillante. Après avoir servi avec éclat dans douze campagnes, il avait été successivement général de cavalerie, aide-de-camp de l'empereur François II, ambassadeur d'Autriche en Suède, en Toscane, dans les Deux-Siciles, en Russie, et avait fait partie des plénipotentiaires autrichiens qui signèrent avec Bonaparte le traité de Campo-Formio. En 1840, il deviendra Ministre de la Guerre et de l'Intérieur. Sa femme était la petite-fille du Feld-Maréchal prince Koutousoff-Smolensky, l'illustre adversaire de Napoléon en 1812, et sa fille avait épousé le prince de Clary et Adringen. Ce grand seigneur — je parle de M. de Ficquelmont — tenait aux Montureux par le mariage de sa sœur, Adélaïde de Ficquelmont, avec un grand-oncle de ma tante Zoé, Claude-Léonard, Comte de Bourcier de Montureux, capitaine au régiment de Chartres, émigré en 1781 et officier dans l'Armée des Princes. M. de Ficquelmont, sollicité par mon oncle Eugène, fit proposer à Louis de Conigliano, la place de Gouverneur des enfants du Comte Choteck, viceroi de Bohême. On retrouvera plus tard ce nom de Choteck tout près du trône impérial d'Autriche, puisque la femme de l'Archiduc-héritier François-Ferdinand, assassinée avec lui à Serajevo en 1914, était une Comtesse Choteck. Louis accepta cette offre et se rendit à Prague, mais le pauvre exilé fut pris d'une nostalgie telle qu'il dut renoncer à sa position dans l'été de 1839 et revenir à Nancy, où il poursuivit sa carrière d'avocat. Par la suite, il entra dans la magistrature et y débuta, comme juge-suppléant à Mirecourt ; puis il fut juge de paix, successivement à Schirmeck, à Ramberviller et à Lunéville, où ses fonctions l'appelèrent au début de l'année 1856.

C'est pendant qu'il était à Ramberviller en 1851, qu'il épousa Adèle Blancheur (1), fille d'un notaire de Nancy et issue d'une dynastie touffue de tabellions et de robins nancéiens. Tant par son père que par sa mère, née Marmod, Mlle Blancheur appartenait à un excellent milieu de vieille bourgeoisie lorraine, milieu un peu austère, où l'on gardait jalousement les traditions d'ordre, de dignité de vie, d'honneur, chères à nos aïeux.

Le premier Blancheur connu est François, procureur du bailliage de Nancy, né dans le dernier tiers du xviie siècle et dont le fils et les deux gendres — François Gouy et Claude Denys — furent également procureurs au même bailliage.

Charles-François Blancheur, fils de François, épousa Barbe Frimont, fille d'un greffier en chef de la Prévôté de Gondreville et sœur de Pierre-François de Frimont, maréchal de camp et chevalier de Saint-Louis.

Leur fils, Pierre-François fut reçu avocat au Parlement de Nancy le 6 Mars 1750. En 1784, il habitait rue des Quatre-Eglises.

Une fille (2) de ce dernier épousa en 1794 Charles Villiez, parent, — peut-être fils — du célèbre négociant nancéien, Jean-François Villiez (3), qui fut successivement, et chaque fois pendant trois ans, lieutenant du premier Consul du Commerce, puis Juge-Consul et enfin premier Juge-Consul de Lorraine et Barrois.

Joseph-François Blancheur, petit-fils de Pierre-François, fut le père de ma tante Adèle. Il avait son hôtel rue de la Hache, au numéro 9.

Ma tante eut un frère et trois sœurs. Son frère, Antoine-Nicolas, dit Victor, notaire à Nancy comme son père, habitait sur la Carrière. Ses sœurs, mariées toutes trois à des

---

(1) Marie-Thérèse-Henriette, dite « Adèle », Blancheur (1822-1879), fille de Joseph-François Blancheur (1786-1873) et de Marie-Catherine-Victoire Marmod (1791-1868).

(2) Barbe-Pétronille, née le 16 mai 1767, épousa, le 5 août 1794, Charles Villiez.

(3) Né à Nancy en 1722, mort à Nancy en 1774. Il était d'origine savoyarde comme les Hugard. « Avec sa signature, a dit un de ses biographes, on pouvait trouver crédit dans les deux mondes ».

Nancéiens, étaient Mme Mamelet, femme d'un avocat, Mme
Ferry, femme d'un notaire, et Mme Digot, qui avait épousé
le célèbre historien lorrain de ce nom.

Ma tante Adèle, mince, pâle, presque diaphane, faisait
avec son mari un contraste complet. Telle que je me la
rappelle, elle avait les cheveux d'un blond argenté, des yeux
d'une nuance indécise, un teint de recluse. Son image est
restée dans ma mémoire comme une sorte de grisaille,
avec laquelle s'harmonisaient ses manières réservées, d'une
extrême distinction. C'était une femme de grand mérite,
car, malgré une santé délicate, elle remplissait dans la perfection ses devoirs de mère de famille et de maîtresse de
maison.

Mes souvenirs d'enfant me montrent mon oncle et ma
tante à Lunéville, dans leur demeure près de l'église Saint-
Jacques, un pavillon du xviii⁰ siècle, entouré de jardins qui
avaient fait partie de l'enclos des Templiers. Ce pavillon
avait été vraisemblablement, avant la Révolution, une dépendance de l'hôtel abbatial des Chanoines réguliers — la
cure actuelle — qu'il avoisinait. Il est noyé maintenant
dans les bâtiments du Pensionnat des Saints-Anges. En
1875, lorsque ce pensionnat s'agrandit, mon oncle dut émigrer rue d'Alsace, dans un logement banal qui occupait le
deuxième étage d'une maison alors toute neuve, le n⁰ 75
actuel.

C'est là que ma tante Adèle, épuisée par l'anémie et
atteinte, depuis quelques mois, de diabète et d'œdème pulmonaire, s'éteignit, le 6 octobre 1879, à 8 heures du soir.
Elle fut enterrée, le 9, à Nancy, dans la sépulture des Blancheur. Son mari devait bientôt l'y rejoindre. La santé de
mon oncle Louis était très ébranlée depuis le printemps de
1878. Le 13 avril de cette année, ayant fait, par un froid
tardif, le voyage de Saint-Maurice (Vosges), pour y tenir sur
les fonts baptismaux sa petite-fille, Marguerite Arnould, il
avait été pris, en route, d'une légère congestion, qui lui
laissa un peu d'embarras dans la parole. A la suite de cet
accident, il demanda sa retraite et l'obtint le 22 juillet
suivant.

Le 27 septembre, il eut une nouvelle congestion, suivie d'autres, soit pulmonaires, soit cérébrales, le 26 janvier, le 21 avril, le 14 juin, et le 28 juillet 1880. Cette dernière l'emporta le 30 juillet, à 3 heures 1/2 du soir. Le 2 août, il fut inhumé au cimetière de Préville, à côté de sa femme.

Il laissait trois enfants : Xavier, Pauline et Marie :

a/ *XAVIER*-MARIE-LOUIS-FRANÇOIS, officier d'infanterie, devenait, à son tour, par la mort de son père, le chef de notre famille. Il était né à Ramberviller, le 1ᵉʳ novembre 1851. Il commença ses études, à Lunéville, au collège du Bienheureux Pierre Fourier, alors à ses débuts, les continua au collège municipal de cette ville, et les termina, je crois, au Lycée de Nancy. Il s'y préparait à Saint-Cyr, en 1870, et avait été déclaré admissible lorsqu'éclata la guerre. Il avait alors dix-huit ans. Le 11 septembre, il s'engagea au 98ᵉ régiment d'Infanterie, dont le dépôt était à Lyon. Le 19 janvier 1871, il fut nommé sous-lieutenant à titre temporaire. Il faisait alors partie de l'Armée de Bourbaki et passa en Suisse avec elle. Son père l'apprit par une lettre de lui, parvenue à Lunéville le 7 février. Xavier avait beaucoup souffert des privations et du froid de ce terrible hiver. Il en garda, tout le reste de sa vie, une grande délicatesse des bronches.

Détaché à Saint-Cyr comme officier-élève, il rejoignait, au mois d'octobre 1872, son régiment, le 57ᵉ d'Infanterie. Promu lieutenant le 21 février 1874, au 144ᵉ, et capitaine au 50ᵉ, le 26 mars 1880, il passait trois années en Algérie avec un bataillon de ce dernier régiment et rentrait en France en 1883. Nommé major le 1ᵉʳ novembre 1891, au 146ᵉ, il était affecté comme chef de bataillon, au 153ᵉ, en novembre 1893.

Le 5 juillet de cette même année, la croix de chevalier de la Légion d'honneur avait récompensé ses beaux services.

Le 31 mars 1894, Xavier de Conigliano mourut, presque subitement, au fort de Frouard, où il tenait alors garnison. Les médecins ne furent pas d'accord sur la cause de cette mort. L'un parla de diphtérie, un autre d'albuminurie consécutive à une fièvre scarlatine rentrée, dont on ne se serait pas aperçu et que mon cousin aurait contractée en allant visiter, à l'hôpital, certains de ses hommes atteints de cette maladie.

Je ne saurais mieux faire que reproduire une partie du discours que le colonel Deckherr, depuis général de corps d'armée, et qui commandait alors le 153ᵉ, prononça sur sa tombe.

« Dans les régiments auxquels il a appartenu, dans toutes les situations qu'il a occupées, le commandant de Conigliano s'est fait aimer et estimer par ses inférieurs, ses camarades et ses chefs. Partout il s'est fait remarquer par les plus belles qualités militaires.

Aimant passionnément sa carrière, énergique et modeste, il joignait à une grande activité le goût de l'étude, l'instruction la plus étendue, et ses travaux lui avaient valu, à plusieurs reprises, les témoignages les plus flatteurs.

Homme de devoir dans l'acception la plus élevée du mot, il est resté à la tâche jusqu'au dernier moment, n'écoutant pas ses souffrances, et, quelques heures avant sa mort, il s'occupait encore de son commandement.

Officier accompli, le Commandant de Conigliano était, par-dessus tout, un excellent cœur ; son caractère simple et ouvert, sa grande droiture lui attiraient immédiatement la sympathie. On ne pouvait le connaître sans l'aimer ; il ne comptait que des amis et il laisse un grand vide dans son régiment ».

Ce dernier paragraphe tranche sur l'habituelle banalité des éloges funèbres ; il n'était, d'ailleurs, que l'expression de la vérité. Impossible de trouver nature plus franche, plus ouverte et plus gaie que celle de Xavier. Le mot « sympathique » semblait créé pour lui.

Ses obsèques donnèrent lieu à une émouvante manifestation de ses hommes et de ses frères d'armes. Nombreux furent ceux qui, le 2 Avril, firent, derrière son cercueil, le long trajet de l'église de Champigneulles au cimetière de Préville, sous un brûlant soleil de printemps, à travers une campagne dont l'aridité se parait déjà des premiers bouquets roses des pêchers.

Xavier avait épousé, à Cirey-sur-Vezouze, le 29 Septembre 1884, Antoinette Batho, fille de Jules-Amédée-Joseph-Emile Batho (1) (1831-1898) et de Laure-Louise-Amélie Colin (1837-1908) (2). M. Batho était, avant 1870, notaire à Sarrebourg. Après l'annexion, il revint à Cirey-sur-Vezouze où il était né et dont son père (1776-1848) avait été maire. D'après une tradition, les Batho tireraient leur origine d'un seigneur hongrois, de la famille des Bathory, qui, à une époque reculée, se serait fixé à Leintrey. Cette tradition est, au premier abord, assez peu vraisemblable. Comment un membre de cette illustre maison, qui donna un roi à la Pologne et quatre princes souverains à la Transylvanie, aurait-il échoué dans un obscur village lorrain pour y faire souche de bourgeois campagnards? Mais tout est possible, particulièrement en Généalogie, et le vieux dicton « Cent ans bannière, cent ans civière » s'est bien souvent vérifié.

Ma cousine Antoinette, inconsolable de la mort de son mari, s'est fixée à Nancy, où elle habite actuellement (3) rue Pierre Fourier n° 10. Elle y vit avec ses deux filles. L'aînée, Marie-Jeanne-Amélie, née à Cirey le 17 juillet 1885, épousa à Nancy, le 15 juillet 1911, André Rouget de Gourcez, lieutenant au 125ᵉ régiment d'infanterie, d'une notable et ancienne famille poitevine (4). Originaires de Montpellier, les Rouget quittèrent le Languedoc en 1625 pour fuir la guerre civile qu'y avaient déchaînée les menées protestantes du duc de Rohan. Ils se fixèrent à Niort et plusieurs d'entre eux en furent maires ou échevins. L'un de ces officiers municipaux, François Rouget, fit preuve, à l'époque de la Révolution, du plus héroïque courage, en défendant contre les Marseillais, trente-deux prêtres vendéens détenus dans les prisons de cette ville. Honorables et brillantes furent les alliances que les Rouget contractèrent,

(1) Né le 31 janvier 1831, mort le 9 juin 1898, à Cirey.
(2) Morte à Cirey le 3 août 1908.
(3) En 1926.
(4) Rouget : « D'argent à l'aigle de gueules, couronnée, becquetée et membrée d'or ».

dans leur province d'adoption, tant avec les familles de l'aristocratie (Priolleau (1), Chebrou de la Roulière, Gaullier de la Grandière, Comtes de Lamotte de Savatte, Marquis de Savignac), qu'avec celles de la haute bourgeoisie (Arnauldet, Cuvillier, etc.). Ils comptent parmi leurs illustrations, Rouget de l'Isle, l'auteur de la « Marseillaise », lequel était petit-neveu du sixième aïeul d'André Rouget de Gourcez.

Le père de ce dernier, François-Auguste, possédait, dans les Deux-Sèvres, une habitation dite « le Château Gaillard », qu'il avait héritée d'une de ses parentes, la Marquise de la Giclais. Lorsque j'étais en garnison à Niort, j'ai beaucoup connu cette dame qui était aimable, un peu toquée, d'une laideur agressive et qui, bien que d'un âge mûr, aimait la danse — la valse — à la passion.

André Rouget de Gourcez était un jeune et charmant officier, qui fut glorieusement tué le 27 septembre 1914, près de Mourmelon, après avoir été nommé capitaine sur le champ de bataille. Il n'avait que trente-trois ans et laissait deux fils : Xavier, né le 30 août 1912 et Bernard, né le 30 juillet 1914, tous deux à Poitiers.

La seconde fille de mon cousin Xavier, Térèse, née à Périgueux, le 25 novembre 1886, ne s'est pas mariée.

b) MARIE-ELISABETH-*PAULINE*, née à Ramberviller le 8 mai 1853, morte fille à Nancy, le 13 février 1907.

Pauline, venue au monde trop tôt, eut une enfance et une jeunesse très fragiles. Petite, assez disgrâciée de la nature, elle avait un long visage sans charme, mais qu'éclairaient des yeux bleus, d'une exquise bonté. Impossible de voir une créature plus douce, plus délicate de sentiments, plus soumise à la volonté de Dieu, on pourrait dire : plus parfaite. Aristocrate de goût, malgré une extrême simplicité de mise et d'allures, elle aimait tout ce qui est beau, noble et raffiné. Sans être, pour ainsi dire, jamais sortie de sa province, elle avait, malgré l'horizon très borné de sa vie, le goût des arts. M. Caspar, le savant organiste de Saint-

---

(1) Priolleau, anciennement « Priolo », famille d'origine vénitienne qui donna un doge à la Sérénissime République.

Jacques de Lunéville la compta parmi ses meilleures élèves.

D'un dévouement modeste et silencieux, elle fut, pendant plus de deux ans, une admirable garde-malade pour son père et pour sa mère. Lorsque, à la mort de mon oncle Louis, elle se trouva orpheline, sa sœur était mariée, son frère venait d'être envoyé en Afrique. Elle aurait pu rester à Lunéville, où sa vie solitaire n'eût pas été isolée car elle y eût été entourée de parents et d'amis. Mais elle fut attirée à Nancy par ses morts qui y avaient été enterrés et par une sœur de sa mère, la veuve du fameux historien Digot. On pouvait supposer que Mme Digot, qui n'avait pas d'enfant, serait une seconde mère pour Pauline. Celle-ci comptait, je crois, habiter chez sa tante et retrouver près d'elle un foyer. Ce secret espoir ne se réalisa pas. Pauline, déçue, mais trop fière pour laisser voir sa déception, ne revint pas sur sa décision. Elle quitta donc Lunéville pour Nancy et loua, à deux pas de la maison de sa tante, un appartement, rue de la Constitution. C'était un troisième étage, tout voisin de la Cathédrale, et que, sans cesse, faisait vibrer la sonnerie des cloches. Pauline se créa là un intérieur discret, ordonné, embelli de souvenirs de famille, net comme son âme. Elle y vivait très retirée et sa porte ne s'ouvrait que pour quelques vieilles filles pieuses, des dames « dans les œuvres », des abbés et des bonnes sœurs,

Quand je me présentai à mes *bachots*, c'est chez elle que je pris gîte. Puis, lorsque, pendant deux ans, je fus interne à Saint-Sigisbert pour préparer « Saint-Cyr », je passai fréquemment mes jours de « sortie » rue de la Constitution.

Nous nous aimions beaucoup, Pauline et moi. Sur bien des points, nos goûts se rencontraient. Quoique je fusse plus jeune qu'elle de onze ans, elle me témoignait une sorte de considération, parce que, ayant mené une vie plus libre, moins repliée sur elle-même, plus féconde en divertissements, je lui dévoilais des horizons qui ravissaient son imagination.

Chez ma cousine, de très bonne heure, se déclarèrent les symptômes d'une maladie de la moelle épinière, qui se manifesta par une demi-paralysie, des bras d'abord, puis des jambes. Elle ne fit pas entendre une plainte et, avec une angélique résignation due à sa haute piété, elle accepta, très simplement, cette cruelle épreuve. La maladie fit, pendant des années, des progrès lents mais continus ; enfin cette vie humble, décolorée, sans aventures et sans plaisirs, monotone dans la souffrance, se termina doucement le 13 février 1907. Quelques jours auparavant, le mariage de son neveu Albert Arnould avait été pour Pauline une dernière joie.

c/ MARIE, née à Lunéville, le 12 octobre 1856, était, à l'encontre de sa sœur, fort jolie. Elle avait des yeux bleus pleins de gaieté, un teint chaud et de beaux cheveux châtains. Elle fit ses études au Couvent de Ménil et épousa, le 12 juin 1877, Emile Arnould, un manufacturier des Vosges, qui possédait un tissage à Saint-Maurice-sur-Moselle. M. Arnould avait fait la guerre de 70 et s'y était vaillamment comporté. En récompense de sa belle conduite, il obtint le grade de capitaine de Territoriale, et, plus tard, la Croix de la Légion d'honneur. Son tissage ne marchait que médiocrement, il dut le vendre et se fit nommer percepteur à Ramberviller. La vie fut sérieuse pour ma cousine. Les ressources du ménage étaient modestes et les enfants nombreux. Marie fit face à toutes les difficultés avec un courage tranquille et souriant qui ne se démentit jamais. Son mari obtint ensuite la perception de Blainville et, lorsqu'il eut atteint l'âge de la retraite, vint se fixer à Nancy, rue de la Primatiale.

Les Arnould y étaient encore lorsqu'éclata la Grande Guerre. Emile, atteint d'une maladie de cœur depuis de nombreuses années, mourut le 3 août 1916. Sa fin fut des plus édifiantes. Après sa mort, sa veuve et ses trois filles, pour échapper aux bombardements de Nancy, allèrent se réfugier à Versailles. Elles s'y plûrent et s'y fixèrent, une fois la paix signée.

Ma cousine Arnould avait eu sept enfants, dont une fille, l'ainée, morte un mois après sa naissance (1), et un fils Georges (2), qui ne vécut que sept semaines. Il lui reste trois

---

(1) Née à Saint-Maurice, le 31 mars 1878. Morte le 30 avril suivant.
(2) Georges, né à Saint-Maurice, le 31 janvier 1886, mort le 23 mars suivant.

filles : Marguerite (1), Germaine (2) et Elisabeth (3), qui ne se sont pas mariées, et deux fils : Albert (4) et René (5). Ceux-ci sont médecins, l'un et l'autre. Ils ont épousé deux sœurs, Berthe et Marie-Louise Blanchefort, de Briey. Albert, après avoir exercé la médecine à Saulnes, près de Longwy, a dû, pour raisons de santé, quitter sa profession et s'est retiré à Nancy; il a une fille, Elisabeth, et un fils Jacques (6). René habite Wassy; il s'est admirablement conduit pendant la Guerre, ce qui lui a valu citations et ruban rouge. Il a quatre enfants : Maurice (7), Claude (8), Marie-Thérèse (9) et Marie-Louise (10).

---

(1) Née à Saint-Maurice, le 14 mars 1879.

(2) Née le 29 juillet 1888. Cette page était déjà sous presse lorsque Germaine Arnould est morte à Versailles, le 28 octobre 1926, après une longue maladie supportée avec une résignation et une douceur angéliques. Elle a été inhumée à Wassy.

(3) Née en avril 1891.

(4) Né à Saint-Maurice, le 26 juillet 1880.

(5) Né à Saint-Maurice, le 14 octobre 1882.

(6) Depuis que ces lignes ont été écrites, Albert Arnould est mort à Nancy, le 14 juillet 1926, dans les sentiments d'un saint. Il a été inhumé à Saint-Maurice-sur-Moselle, lieu de sa naissance.

(7) Maurice-Louis-Emile, né le 3 juillet 1910.

(8) Claude, né le 3 août 1911.

(9) Marie-Thérèse, née le 2 mai 1918.

(10) Marie-Louise, née le 18 août 1919.

CHAPITRE XII

Les enfants du second lit de mon grand-père Conigliano. Adolphe. — Il est tué à l'assaut de Sébastopol. — Gustave (mon père). — Sa carrière militaire. — Le Général Brunet. — La Garnison de Rome pendant l'occupation française. — La Guerre de Crimée. — Mon père est blessé à l'attaque du Mamelon-Vert. — Sa piété. — Son mariage avec sa cousine Clotilde L'Hotte. — Sa retraite. — Son genre de vie pendant ses dernières années. — Son portrait.

VI.

ADOLPHE (1)

J'ai parlé de l'enfance et de l'adolescence d'Adolphe, en même temps que de celles de ses frères. Il s'était présenté à Saint-Cyr, mais avait échoué et fut incorporé, en 1838, au 7ᵉ Léger, en garnison à Nancy. Il y parvint au grade de sous-officier, fit un deuxième congé au 19ᵉ de même arme, que commandait le colonel Courant, et, tout en restant dans ce dernier corps, fut promu sous-lieutenant en 1851. Parti avec son régiment pour la Crimée, en avril 1854, il prit part au siège de Sébastopol et fut nommé lieutenant le 31 décembre de cette même année. Sa santé fut alors fort éprouvée par la dysenterie. On peut difficilement se faire une idée des misères, des fatigues et des souffrances de l'Armée d'Orient; elles ne devaient être dépassées, au cours

____

(1) Né à Rosières, le 6 décembre 1817, tué à l'assaut de Sébastopol, le 18 juin 1855.

des temps modernes, que par celles des combattants de la Grande Guerre. Les lettres qu'Adolphe écrivit à sa famille pendant la compagne de Crimée ont été conservées. C'est moi qui les possède. On y remarque une gaieté, une invincible bonne humeur qui, dans les conditions où elles se manifestaient, étaient tout bonnement héroïques. Dans une de ses lettres, à sa sœur Amélie, datée du 4 mars 1855, il disait ; « Je chante en me levant et, le soir, je dors à moitié lorsque finit mon dernier couplet ». Ce caractère charmant le rendait sympathique à tous ceux qui l'approchaient. « Il plaît à tout le monde », écrivait Gustave de Conigliano à son frère Louis (lettre du 1ᵉʳ avril 1855).

Mon père, qui avait retrouvé Adolphe devant Sébastopol, voisinait souvent avec lui. Leurs lettres donnent, en partie double, le récit de ces instants de réunion, des fraternelles conversations où ils évoquaient en commun le souvenir de la famille et du foyer de Lunéville. « Nous nous aimons bien », écrit Adolphe après une visite de Gustave. Ce mot très simple en dit plus que de longs discours.

Mon père, bien qu'ayant un an de moins qu'Adolphe. l'appelle toujours « le petit frère ». C'est que « le petit frère » était terriblement jeune de caractère. S'il avait conservé l'entrain, la gaieté, la chaleur de cœur de la jeunesse, il en avait gardé aussi l'insouciance et la légèreté. Ce fut un peu, toutes porportions gardées, le « mauvais sujet » de la famille. Comme sous-officier, il avait fait des dettes, que les siens avaient payées — suivant l'expression populaire — en se saignant aux quatre veines. En Adolphe revivait son grand-père, ce Louis-Etienne, frivole et dépensier, qui avait dissipé sa fortune et compromis celle de ses enfants par ses fantaisies ruineuses. En Crimée. mon oncle s'était assagi. D'ailleurs, il avait 38 ans et les occasions de faire des folies manquaient totalement dans les tranchées de Sébastopol. Le 16 juin 1855, dans la soirée, Adolphe, qui revenait d'une expédition à Kertch et Yéni-Kalé, alla voir son frère, lequel avait été blessé quelques jours avant. Ce fut leur dernière entrevue. Je transcris le récit que Gustave en fit à Eugène : « Le 16, Adolphe m'arriva vers neuf heures du soir. Pauvre

frère ! nous ne nous étions pas vus depuis près d'un mois ;
il paraissait si heureux de se trouver près de moi ! il m'embrassait en me disant : « Que je suis content de te voir
blessé ! tu ne seras pas à Malakoff ». Quelques heures après
qu'il m'eût quitté, sa brigade reçut l'ordre de prendre le
service des tranchées. Il y resta jusqu'au moment de
l'assaut général, qui eut lieu le 18, au point du jour (1) ».
Adolphe y fut tué. Son corps ne fut pas retrouvé. L'ordre
de départ l'avait surpris, sans doute, à l'instant où il écrivait à sa sœur, car il avait laissé sur sa table une feuille de
papier à lettre, portant ces mots : « Camp devant Sébastopol, 16 juin 1855. Ma chère Amélie... » et c'est tout. J'ai
dans mes archives cette tragique page blanche. On peut dire
que la dernière pensée de cet être affectueux est allée vers sa
famille. Il avait communié peu de temps avant sa mort. Ce
fut une grande consolation pour les siens.

Je garde précieusement sa montre, une petite montre en
argent, toute plate, qui fut envoyée à mon père avec ses
autres effets. Dans la suite, ma tante Amélie porta constam-
ment cette montre sur elle. Le double souvenir qui s'attache à ce modeste objet me le rend particulièrement cher.

Je n'ai d'autre portrait de mon oncle Adolphe qu'un da-
guerréotype, fait, sans doute, vers 1850. Mon oncle n'y paraît
pas de la première jeunesse, car son front, un peu dégarni,
indique un commencement de calvitie. Il a des traits réguliers, des yeux hardis et francs.

VII

JEAN-BAPTISTE-FRANÇOIS-*GUSTAVE* (2)

Si je disais ici tout ce que je sais de mon père, de son
enfance, de sa vie privée, de sa carrière militaire, de ses

---

(1) Lettre de Gustave à Eugène du 26 juin 1855.
(2) Né à Rosières le 7 octobre 1818, mort à Lunéville le 19 décembre 1888.
A remarquer les prénoms que Marguerite-Aimée Soyer avait donnés à
ses deux fils : « Gustave », « Adolphe », sans doute en souvenir de l'origine
suédoise de sa mère, Anne-Marie Willemet.

années de retraite, de sa bonté, de sa charité, de sa piété, de toutes les vertus qui firent de lui un modèle d'honnête homme et de parfait chrétien, un volume ne suffirait pas. Pour ne pas rompre complètement l'équilibre de mon travail, je ne consacrerai à Gustave de Conigliano qu'une notice relativement brève, mais j'y mettrai tout mon cœur. Puissé-je trouver les mots qui feront revivre pour mes petits-neveux la belle figure, si noble, si loyale et si simple, de leur arrière-grand-père.

Il existe d'abondants renseignements sur sa vie :

1° dans les nombreux petits cahiers, où il notait, chaque jour, avec ponctualité et minutie, toutes ses actions et tous les évènements concernant sa famille (1) ;

2° dans le cahier de maroquin vert (2), ou il résuma son journal, en n'en gardant que les faits les plus importants — Ce résumé avait été interrompu par sa mort, je l'ai continué ;

3° dans ses lettres de Rome (1852-1854) (3) ;

4° dans ses lettres de Crimée (1855-1856) (4) ;

5° dans ses livres de comptes.

On a vu à quelle rude école avait été élevé mon père. Nous l'avons laissé au moment où il se préparait à Polytechnique au Lycée royal de Nancy, en 1836. L'aridité des mathématiques spéciales le rebuta. Changeant son fusil d'épaule, il quitta le collège et prépara, seul, dans sa petite chambre d'étudiant, l'examen de Saint-Cyr. Il fut reçu à l'Ecole spéciale militaire en 1839, avec le numéro 82.

Il s'était présenté, en même temps, à l'Ecole Forestière et y avait été admis dans un bon rang, mais, comme la liste de « Forestière » n'avait paru qu'après la date de son entrée à Saint-Cyr, il n'avait pas eu à exercer son choix et avait profité avec empressement de son admission à cette dernière école, d'autant plus qu'il était *à limite*.

Dans le courant de sa première année, il reçut les épau-

(1 & 2) Ces petits cahiers se trouvent dans le tiroir du milieu de mon bureau à cylindre.

(3 & 4) Ces lettres se trouvent dans le tiroir du milieu du grand bureau plat de ma chambre.

lettes de Grenadier des mains du duc d'Orléans. Les deux souvenirs saillants qu'il garda de son passage à l'Ecole furent un bal aux Tuileries, où il avait fait partie d'un quadrille d'honneur, ayant été désigné par une Infante d'Espagne pour lui faire vis-à-vis, et la prestigieuse cérémonie du « Retour des Cendres », le 10 décembre 1840.

Sorti de Saint-Cyr avec le numéro 18, mon père se présenta au concours de l'Ecole d'Etat-Major et y fut reçu le 12ᵉ. Pendant les deux années qu'il passa à Paris, il eut d'excellentes relations avec de nombreux parents et amis de sa famille, que, sans cette circonstance, il eût, sans doute, perdus de vue ou n'eût même jamais connus. Je citerai les Parguez, M. et Mᵐᵉ de Saint-Brice, ses cousins par les Willemet ; Mᵐᵉ Dumesnil, sœur de mon grand-père L'Hotte ; M. Boyé, gendre de mon arrière-grand'tante de Châteaufort et père de Mᵐᵉ Pichon ; les familles de Prautois et de Gourcy apparentées à ma tante Zoé ; les Gavrel des Lonchamps et les Perrier, d'anciens amis du Haras de Rosières ; les Géraldy, Céas, Adorno de Tscharner, etc.

C'est pendant sa première année d'École d'Etat-Major que mon père échappa providentiellement à un grand danger. Le dimanche 8 mai 1842, étant allé voir les Grandes eaux à Versailles, il voulut, vers 5 heures du soir, regagner Paris. Le train qu'il devait prendre était bondé ; il prit le suivant. Jugez de son émotion, lorsqu'il apprit que le train qu'il avait manqué faute de place, avait brûlé en cours de route. Presque aucun voyageur n'avait pu échapper à la catastrophe, car, alors, les wagons étaient fermés à clef extérieurement. Dumont d'Urville fut une des victimes de ce terrible accident.

Sorti de l'Ecole d'Etat-Major avec le numéro 20, Gustave de Conigliano fut promu lieutenant le 9 janvier 1844 et détaché au 52ᵉ de Ligne, à Lille, pour y faire son stage d'Infanterie.

En 1846, ce fut le tour de son stage de Cavalerie. Il le fit à Joigny, au 9ᵉ Dragons, ce régiment où je devais être capitaine en second, plus d'un demi-siècle plus tard. C'est pendant ce stage que mon père fut nommé capitaine, le 11 mars 1847. Je possède un petit album où il avait dessiné des vues des environs de Joigny. On y voit aussi un dessin au lavis, d'une précision minutieuse, qui représente la chambre du jeune officier, une chambre dont la principale parure est un ordre méticuleux.

Après son stage de Cavalerie, mon père fut nommé, le 3 août 1848, aide-de-camp du général Reyau, qui venait de recevoir le commandement de la brigade de Cavalerie de Lunéville. Cette nomination comblait ses vœux, puisqu'elle le rendait à la vie de famille ; néanmoins, quelques mois après, il demanda son changement, en raison du peu de sympathie qui existait entre son général et lui. Le 9 avril 1848, il fut placé à l'État-Major de la 2ᵉ Division militaire à Lille.

Au printemps de 1851, le général Brunet arriva dans cette ville pour y commander la subdivision du Nord et demanda Gustave de Conigliano pour aide-de-camp. Celui-ci, qui, au 9ᵉ dragons, s'était intimement lié avec le capitaine Kadot de Sébeville, beau-frère du général, accepta l'emploi proposé et n'eut pas à s'en repentir, car il devint l'ami de la famille Brunet.

En 1852, le général Brunet ayant passé de la subdivision du Nord à celle du Pas-de-Calais, mon père le suivit à Arras ; mais ils n'y restèrent que cinq mois, car le général reçut, en Octobre, le commandement d'une brigade d'occupation à Rome.

Gustave passa dans la Ville éternelle près de deux années, qui comptèrent parmi les meilleures de sa vie. Il y habitait, au Corso, un petit appartement dans le palais Simonetti, le *Simonetti*, où le fastueux cardinal de Bernis et Châteaubriand, ambassadeurs de France, avaient donné des fêtes célèbres. Comme ses loisirs étaient nombreux, il en profita pour visiter toutes les curiosités de Rome et des environs. Très sociable, ayant le goût du monde et de la bonne compagnie, il prit part aux nombreuses et magnifiques réceptions du patriciat romain et des ambassades ; il assista à toutes les cérémonies papales, en particulier aux impressionnants offices de la Semaine Sainte. Il eut plusieurs audiences de Pie IX, qui daigna le faire chevalier de son ordre. A la fin de son séjour en Italie, en 1854, il fit, avec le général Brunet, le voyage de Naples, où il fut témoin du miracle de Saint Janvier, et, au retour, s'arrêta au Mont-Cassin.

Les lettres que, pendant ses deux années de Rome, il écrivit à sa famille, surtout à sa sœur Amélie, sa correspondante habituelle, ont été pieusement conservées. Elles indiquent un esprit observateur, sensible à la Beauté, s'intéressant à tout et avide de s'instruire ; un caractère aimable, enjoué, modeste ; des habitudes simples ; une philosophie souriante ; un solide fonds de religion.

Le général Brunet, promu divisionnaire en 1854, à l'occasion du 15 Août, fut mis en disponibilité et rentra en France. Mon père devint donc disponible, lui aussi, mais ce fut pour peu de temps. En Octobre, il fut placé à l'Etat-Major de la Division de Cavalerie de Versailles, que commandait le général Korte. Il ne devait y rester que quelques semaines, car, au commencement de Décembre, le général Brunet, qui venait de recevoir le commandement d'une division d'infanterie à l'armée d'Orient, lui demanda de faire partie de son Etat-Major.

Le 11 Décembre, mon père partit pour Lunéville, afin de faire ses adieux à sa famille. Ces adieux furent tristes, émouvants et solennels. On en trouve le récit dans le journal de Gustave. Eugène et Louis étaient venus, l'un d'Epinal, l'autre de Ramberviller, pour embrasser leur frère avant son départ. Le 13, dans l'après-midi, au moment de se séparer, tous s'agenouillèrent dans le salon et récitèrent à haute voix les litanies de la Sainte Vierge. Puis Gustave, accompagné de ses frères, se rendit à Saint-Nicolas, où il communia le 14, pour son jubilé. C'est avec déchirement qu'il quitta ses tantes et sa grand-mère Soyer. Celle-ci avait 90 ans. Il ne devait plus la revoir, non plus que son père.

Toutes les lettres adressées par Gustave à sa famille, pendant la campagne de Crimée, existent encore et font partie de mes archives. Ecrites, comme celles de Rome, sans apprêt, sans recherche de style, elles abondent cependant en détails pittoresques, en traits heureux, et parfois — tout en gardant une extrême simplicité de forme — atteignent à la plus haute émotion.

Gustave avait quitté Versailles, le 19 Décembre, avec son ami Henri Loizillon. Celui-ci, dans une lettre à ses parents datée du 15 Décembre, disait : « C'est le général Brunet qui commande la division ; il a eu pour aide-de-camp un officier d'Etat-Major (1), qui m'en a toujours fait le plus grand éloge sous tous les rapports, et comme homme et comme militaire. Par un bienheureux hasard, ce capitaine, qui est un charmant garçon, avec lequel je me suis immédiatement lié, part avec moi. Nous allons faire tous nos achats ensemble, ce qui nous fera une grande économie à tous les deux ; ensuite, c'est une chose bien précieuse, dans des circonstances semblables, d'avoir pour collègues des amis au lieu d'étrangers, dont le caractère peut ne pas sympathiser avec le vôtre » (2).

Gustave de Conigliano retrouva le général Brunet à Marseille, et, le jour de Noël, s'embarqua avec lui sur l' « Euphrate ». Après avoir fait escale à Messine et au Pyrée, les voyageurs visitèrent Athènes et arrivèrent à Constantinople le 1er janvier 1855. Ils y restèrent pendant que la Division s'organisait à Daout-Pacha ; ils virent les principales mosquées de la ville et furent reçus par le sultan Abdul-Medjid.

Le 7 février, mon père partit pour la Crimée. Il s'était embarqué avec Loizillon sur l' « Assyrien », à bord duquel se trouvaient le Général Pélissier et le Colonel Froissart. Le 10, il était à Kamiesh, et, dès le lendemain, il allait voir son frère Adolphe, qui venait d'être promu lieutenant et qui était malade à l'ambulance de la 4e Division.

Le 5 mars, la Division Brunet alla camper à la droite de l'Armée, derrière le Moulin d'Inkermann. Le 13 mars, mon père reçut le baptême du feu. C'était le lendemain de l'ou-

____

(1) Mon père.
(2) Lettres écrites de Crimée par le capitaine d'Etat-Major Henri Loizillon, à sa famille (Paris-Flammarion s. d.).

verture de la tranchée aux ouvrages de droite. Le 10 avril,
ayant été, durant son service aux tranchées, trempé par
une pluie qui n'avait pas cessé de tomber toute la nuit, il
fut atteint d'une fièvre muqueuse qui dura jusqu'à la fin du
mois.

Le 7 juin, eurent lieu l'attaque et la prise du Mamelon-
Vert et des Ouvrages Blancs. Au cours de ce combat, mon
père fut blessé d'une balle à l'épaule droite, pendant qu'il
dirigeait l'avant-garde, composée du 4ᵉ Bataillon de Chasseurs à pied. Ce n'est qu'à un raffinement de coquetterie —
une coquetterie bien française — qu'il dut de ne pas avoir
l'épaule fracassée. Ce jour-là, il était allé à l'attaque, comme
à un bal, en spencer, « pour faire honneur aux Russes »,
et la balle qui le frappa eut son choc amorti par le plastron de ce vêtement.

Le capitaine Loizillon écrivait, à la date du 12 juin :
« Conigliano était avec le 4ᵉ Bataillon de Chasseurs qui, une
fois arrivé à hauteur du Mamelon, s'est égaillé pour courir
sur la Tour. Il a marché avec ce bataillon, bien entendu, et
c'est alors qu'une balle l'a atteint ; elle a été arrêtée par son
spencer (car il faut vous dire que nous nous étions faits très
beaux, ne voulant pas, si nous étions tués, que les Russes
puissent dire que nous n'étions pas élégants) » (1).

Voici, en quels termes, Gustave, dans une lettre du 26
juin à son frère Eugène, raconta les circonstances de sa blessure : « Sans la protection divine, j'étais tué le 7 juin. Chaque jour je remercie Dieu... J'ai reçu une balle à bout portant. C'était une balle de fusil de rempart, coupée en
deux (2). J'avais mis mon spencer galonné pour me faire
beau un jour de bataille ; or il se trouve que ce vêtement est
piqué et très rembourré. La balle a traversé ce plastron; elle
a traversé ma bretelle, ma chemise et mon gilet de flanelle.
Elle avait, par conséquent, perdu beaucoup de sa force,
quand elle a rencontré l'épaule, aussi n'a-t-elle pénétré que

____

(1) Lettre d'Henri Loizillon à sa famille.
(2) J'ai cette balle. Elle se trouve dans le petit coffret de maroquin
grenat, qui est placé dans le casier de gauche du bureau à cylindre.

de trois centimètres environ dans les chairs et elle s'est arrêtée juste à point pour ne pas briser la clavicule.

Ma blessure fut d'autant plus heureuse qu'elle ne me permit pas d'aller plus avant, jusqu'au bord du grand fossé de Malakoff, où la poignée de braves que j'accompagnais fut anéantie. En me retirant, je me soutenais à peine et je perdais beaucoup de sang. Un zouave m'aida à marcher. Je craignis très fort, pendant quelque temps, de tomber au pouvoir des Russes, mais l'ennemi ne sortit pas de la forteresse ; il se contenta de tirer de toutes pièces sur nous. Il lançait force boulets et obus ; il tirait à mitraille. Je ne conçois pas comment je ne fus pas touché, ni mon zouave. Je ne cessais de dire intérieurement : « Fiat voluntas tua », Dieu m'a protégé. Dès le commencement de l'attaque, que je savais parfaitement être intempestive et ne devoir aboutir qu'à se faire tuer, j'avais recommandé mon âme à Dieu, fait mon acte de contrition, et je mis ensuite mon amour-propre à me maintenir au premier rang ».

Le soldat chrétien est tout entier dans ces lignes. Après un séjour de quatre jours à l'ambulance, au cours duquel la balle qui l'avait frappé fut extraite, mon père put regagner sa tente où il fut soigné par le docteur Didiot, du 49ᵉ de Ligne, qui était originaire de Lunéville et, de plus, son parent par les Hugard.

C'est le 18 juin qu'eut lieu l'attaque générale de Sébastopol. Le général Brunet y fut tué. C'est à cette même bataille que tomba Adolphe de Conigliano. On juge du chagrin de mon père, que cette double perte atteignait si cruellement. A ce propos, le capitaine Loizillon, dans sa correspondance, cite un fait qui témoigne, une fois de plus, de la piété de son frère d'armes : « Mon pauvre ami Conigliano, écrit-il, au moment où nous partions pour l'attaque, me dit (il est très religieux) : « J'ai pris mon chapelet bénit par le pape et j'en ai dit une dizaine pour le général, une pour mon frère et une pour vous ». Pauvre garçon ! sur les trois, il n'y a que moi pour qui il ait réussi » (1).

____

(1) « Lettres d'Henri Loizillon à sa famille ». Lettre du 19 juin 1855.

La piété de mon père était très vive. C'était celle d'un soldat, simple, droite, confiante. Le 24 juillet 1855, il écrivait à sa sœur Amélie ces lignes admirables : « Sais-tu ce que tu devrais faire, ce que vous devriez faire tous ? Vous devriez mettre de côté toute inquiétude et vous en rapporter à la volonté de Dieu, pour ce qui me concerne comme pour toutes choses. *Il faut ne rien désirer et ne rien craindre.* Il faut toujours dire : « Fiat ». Pour mon compte je ne désire qu'une chose, c'est de mourir en état de grâce lorsqu'il plaira à Dieu de me faire quitter cette vie. Ces réflexions doivent vous paraître tristes ; c'est que vous ne voyez pas les choses comme nous les voyons ici. On n'est jamais certain, en Crimée, de voir le lendemain ; aussi est-on tellement habitué à l'idée de mourir que la mort paraît une chose toute simple ». Ceux qui ont fait la guerre de 1914-1918, qui, pendant si longtemps se sont promenés sur les confins de la vie et de la mort, ont éprouvé le même sentiment.

La blessure de Gustave fut lente à se refermer et le fit beaucoup souffrir. Le 22 juin, il apprit qu'il avait été nommé chevalier de la Légion d'Honneur par décision du 16. Le motif de sa décoration portait « Signalé comme ayant fait preuve d'une très grande bravoure, Blessé». « C'est une annotation qui en vaut bien une autre », écrit-il à sa sœur, avec une fierté modeste, le 7 août 1855.

Le chef d'état-major de la division, le colonel de Laville, avait été blessé mortellement le 8 septembre, lors de la prise de la tour Malakoff. Mon père lui succéda dans ses fonctions, qu'il garda jusqu'au 25.

Dès les premiers jours de mars 1856, un armistice avait été signé entre les belligérants. Le 13, Gustave, ayant reçu de mauvaises nouvelles de la santé de son père, demanda un congé et s'embarqua, le 15, sur le « New-York ». C'est à Marseille qu'il connut la signature de la paix.

Le 1er avril, en arrivant à Lunéville, il apprit que son père était mort depuis six jours. Quel triste retour !

Les lettres, dont j'ai parlé et dont j'ai donné plusieurs extraits, constituent un véritable journal du temps que Gustave passa en Crimée. Il n'en est pas une, pour ainsi dire, où il n'évoque le foyer familial, où il n'escompte les joies du revoir, où il ne parle de son désir de se marier. Dans toutes ces pages se manifestent une bonne humeur que rien ne trouble, un profond sentiment du devoir, une sensibilité tout à la fois délicate et disciplinée, un jugement sûr, une complète soumission à la volonté de Dieu, la sérénité d'une conscience nette. Cette correspondance laisse donc transparaître les qualités aimables et sérieuses de celui qui devait être un chef de famille parfait.

Le petit album, dont j'ai déjà parlé, illustre, en quelque sorte, ses lettres d'Italie et de Crimée. Entre autres dessins, on y voit, reproduite avec une fidélité scrupuleuse, une curieuse vue du cimetière où fut enterré le général Brunet.

Gustave, peu après son retour en France, écrivit dans son journal cette phrase, qui est une fervente action de grâces : « Le bon Dieu a bien voulu m'aider à supporter cette épreuve (la mort de son père). Il m'a donné une grande consolation en suggérant à ma chère cousine Clotilde de consentir à devenir ma femme ».

Clotilde L'Hotte et Gustave de Conigliano étaient cousins issus-de-germains, puisque leurs grand'mères Conigliano et Dalancour, deux demoiselles Hugard, étaient sœurs. Mon père avait déjà demandé sa cousine en mariage en 1852, mais Clotilde, qui ne souhaitait rien de plus que la continuation de son bonheur de jeune fille, avait alors répondu négativement. Lorsque, quatre ans plus tard, elle se ravisa, mon père fut d'autant plus heureux de son consentement qu'il l'avait attendu plus longtemps et presque sans espoir.

Le mariage de mes parents eut lieu à Lunéville, le même jour que celui de mon oncle Anatole L'Hotte avec Mlle Fanny Boyé. On avait choisi, pour cette double cérémonie, le 15 juillet, fête de Saint Henri, patron de Mme L'Hotte. Cinq jours après, mes parents partirent pour Strasbourg, où, quelques semaines plus tôt, mon père avait été nommé à l'Etat-Major de la 6e Division militaire. Les débuts du ménage y furent assez difficiles, car ses revenus étaient modestes. Ma mère n'avait apporté en dot qu'environ

2.200 francs de rente. Quant à mon père, il ne possédait guère que sa solde.

Ils quittèrent leur sympathique garnison le 11 juin 1859. Ce ne fut pas pour longtemps. Mon père avait été, en effet, nommé, le 5 juin, à l'Etat-Major de la 4ᵉ Division d'Infanterie de l'Armée d'observation, au Camp de Châlons ; mais, après avoir rejoint son poste, il obtint, le 20 septembre, d'être réaffecté à l'Etat-Major de la 6ᵉ Division militaire, qu'il avait quitté trois mois auparavant.

Au cours de son séjour au Camp de Châlons, mon père prit part à de grandes manœuvres qui se déroulèrent en présence de l'Empereur. Pendant le défilé final, les officiers à mesure qu'ils passaient devant Napoléon III, levaient leur sabre et criaient : « Vive l'Empereur ! » Mon père, qui était foncièrement légitimiste, ne crut pas, dans sa grande loyauté, pouvoir faire cette concession au régime impérial. Il remplaça le cri protocolaire par celui de « Vive l'Impératrice ! » Napoléon eut un geste de remercîment pour cette galanterie, mais en même temps un sourire désabusé. Il avait compris.

Le 1ᵉʳ janvier 1861, mon père fut nommé chef d'escadron, et, le mois suivant, affecté à l'Etat-Major de la Division de Cavalerie de Lunéville. Il devait en être le chef d'Etat-Major du 27 août 1862 au 17 septembre 1864. Mes parents qui, à leur retour de Strasbourg, s'étaient installés dans la maison L'Hotte avec leurs deux filles : Clotilde, née le 25 juin 1858, et Jeanne, née le 26 décembre 1859, occupèrent, à partir du 1ᵉʳ septembre 1862, l'appartement du premier étage de la maison Dalancour (1) qui, après la mort de ma bisaïeule, avait été loué au notaire Guérard.

Le 15 août 1863, mon père reçut la rosette d'officier de la Légion d'Honneur. Les premières semaines de l'année 64 furent cruellement attristées par la maladie et la mort de ma sœur Jeanne. Elle n'avait que 4 ans, mais c'était une délicieuse petite fille, exceptionnellement bien douée. Elle mourut, le 2 février, d'une bronchite. Le même jour,

---

(1) Ma maison actuelle, 1, rue des Capucins.

s'éteignait à St-Nicolas ma grand'tante Emilie Soyer-Willemet. C'est le 18 décembre de la même année que je vins au monde.

Gustave de Conigliano fut nommé lieutenant-colonel le 3 août 1869 et se fit mettre en disponibilité en attendant la liquidation de sa retraite qu'il avait demandée pour raison de santé. Le 6 janvier 1870, il reçut notification de sa pension de retraite — 2.594 francs — ; il fut, en même temps, rayé des contrôles.

La mise à la retraite de mon père diminuait sensiblement les revenus du ménage. Aussi, mes parents, qui avaient un train de vie assez élégant, durent-ils le restreindre, ce qu'ils firent de bonne grâce. Ils avaient deux voitures : l'une, l' « Américaine », fut vendue ; l'autre, « la calèche », en attendant le même sort, resta dans la remise d'où elle ne sortit plus, faute de chevaux. Le valet de chambre fut mobilisé au début de la guerre, en juillet 1870 ; on ne le remplaça pas et le personnel domestique se trouva réduit à une cuisinière et à une femme de chambre.

Le 12 août 1870, les Hussards de la Mort, formant l'avant-garde prussienne, firent leur entrée à Lunéville. Mes parents y étaient restés. Dès les premiers jours de l'invasion ils virent leur maison complètement occupée par la troupe. Le 14, ils avaient à loger 90 hommes du 87e régiment d'Infanterie et 5 chevaux. Puis ce furent de nombreux officiers, dont un général et son état-major. Les troupes allemandes continuèrent à passer jusqu'à la fin du mois. Toutes nos chambres étaient réquisitionnées. Mes parents ne s'étaient réservé que deux pièces : la chambre à coucher de mon père et son bureau. Nous y vivions entassés. A partir de septembre, nous n'eûmes plus qu'un officier ou deux à loger en permanence. Ces officiers se montrèrent toujours très courtois et mon père ne fut jamais inquiété, même lors de la désignation des otages. Sans doute, le prestige de son grade y fut-il pour quelque chose.

Après la guerre et jusqu'à ses derniers jours, mon père mena une existence simple, mais pleine de dignité, tout entière consacrée à des œuvres pieuses, charitables ou sociales.

Il ne faut pas s'imaginer que cette vie si bien réglée, toujours guidée par une inspiration chrétienne, fût austère ou étroite. Mon père et ma mère, qui avaient mis tant de sérieux dans leur existence, possédaient cette gaieté de bon aloi qui est la manifestation d'une excellente santé morale. Ils se faisaient enfants pour partager nos jeux et ceux de nos petits amis. Chaque année, un joli voyage ou un séjour de quelques semaines dans une contrée pittoresque embellissait nos vacances. Quand nous ne fûmes plus des enfants, on nous mena dans le monde et on « reçut » à la maison. J'ai le souvenir de soirées charmantes, auxquelles le décor « Consulat » du salon vert donnait un air très *vieille France*. On y voyait, mêlés au fond un peu « collet monté » de la société du crû, les éléments les plus brillants de la garnison de cavalerie. Ces réunions étaient cordiales, élégantes, mais sans faste. Dans la représentation mondaine, comme dans l'intimité familiale, mes parents gardaient le même bon ton, fait de politesse, de tact et de sentiment des nuances. Il n'y avait rien chez eux de mesquin ni de médiocre. Ils ne négligeaient aucun moyen de former notre goût, à ma sœur et à moi, saisissant avec empressement l'occasion d'un concert, d'une conférence, d'un spectacle « convenable », pour développer notre sens artistique et nous faire aimer les choses de l'esprit. Ils nous avaient ainsi créé l'intérieur le plus agréable qu'on puisse rêver. Les années que j'ai passées en famille, sous le toit paternel, me font maintenant l'effet d'une période enchantée. Avec Mme de Sévigné, je pourrais dire : « Jamais il ne fut une jeunesse plus riante que la nôtre de toutes façons ». Cette impression n'est pas due seulement au bien-être et aux distractions que nos parents s'ingéniaient à nous procurer, mais peut-être plus encore aux exemples qu'ils nous donnaient. A notre foyer régnaient l'ordre le plus exact, une bonne humeur inaltérable, la dignité dans les paroles et dans les manières, les égards affectueux et réciproques, l'élévation des sentiments, une union parfaite. Jamais je n'ai entendu entre mes parents une discussion, ni même un mot d'aigreur ou d'impatience. Je ne puis dire combien l'atmosphère de notre maison était calme, aimable et sereine. Aussi ma sœur et moi n'avions nulle idée de nous évader de notre intérieur. Nous l'aimions par dessus tout. C'est là le triomphe d'une éducation très souple, basée sur l'affection et discrètement vigilante.

Il fallut bien cependant le quitter un jour, ce foyer délicat et charmant. Je m'en allai le premier. En octobre 1882, j'entrai à Saint-Sigisbert, à Nancy, pour y préparer Saint-Cyr, puis, deux ans plus tard, je fus reçu à l'Ecole spéciale militaire. Pendant ma première année d'Ecole, en avril 1885, ma sœur se maria et quitta, elle aussi, la maison familiale. Mes parents se trouvèrent donc seuls dans le vieux nid, d'où « les petits » avaient pris leur vol. Leur tâche était accomplie. On eût dit qu'ils avaient attendu ce moment pour aller se reposer dans un monde meilleur.

Ma mère eut une congestion cérébrale le 3 mai 1886. Elle s'en remit, mais pas complètement, et, pendant près de trois ans, la terrible maladie continua son action sournoise. D'autres accidents, légères congestions, hémorragies nasales inquiétantes, survinrent à différentes époques, chaque fois ma mère reprenant le dessus.

En 1888, ce fut le tour de mon père. Le 26 octobre, dans la matinée, il lisait son journal dans son bureau, lorsqu'il eut une attaque. J'étais alors à Niort, sous-lieutenant au 2ᵉ cuirassiers, et j'obtins une permission pour venir le voir. J'ai conservé une impression bien triste des derniers jours où je l'ai vu en vie. Sa parole était embarrassée par une légère paralysie de la face et gênée par des quintes de toux continuelles. Souvent sa pensée s'obscurcissait. Il n'était déjà plus « lui ». Je restai à Lunéville une dizaine de jours, puis je dus repartir. Ma pauvre mère, que son vieux compagnon avait entourée, depuis deux ans et demi, de soins si anxieux et si tendres, d'une sollicitude si attentive, était devenue, à son tour, garde-malade. Elle remplit ce rôle avec un dévouement, une énergie extraordinaires chez une personne si frêle, mais elle ne put empêcher la mort de faire son œuvre. Une complication pulmonaire emporta mon bon père le 19 Décembre (1). Je n'étais pas là ! On m'attendit pour la mise en bière et je pus contempler encore une fois ses traits chéris.

L'immense cortège qui, le 22, accompagna le Colonel de Conigliano à sa dernière demeure, témoigna de l'affection et de l'estime qu'avaient inspirées à tous son inaltérable bienveillance et son caractère fait de droiture et de bonté.

J'emprunte à un article nécrologique, dû à M. du Prat et paru le 23 Décembre dans le *Journal de Lunéville*, les lignes suivantes, où l'on retrouvera une image fidèle de mon père :

« Après sa retraite, n'écoutant que l'impulsion de son cœur charitable et chrétien, il donna ses loisirs à toutes les œuvres pieuses de notre ville. Chacun sait avec quel zèle il travailla pour le bien des pauvres, au service desquels il mettait sa bourse et ses conseils, avec autant de générosité que de modeste discrétion. Dieu seul connaît tout le bien qu'il faisait et qu'il savait tenir aussi secret que possible. Il accomplissait avec une ponctualité et un dévouement rares tous les devoirs de la piété la plus vive, sans ostentation comme sans respect humain. Président des conférences de Saint Vincent de Paul, membre du Cercle Catholique, de la Société des Ecoles congréganistes, du Conseil de Fabrique de la paroisse Saint-Jacques, il a travaillé à toutes ces œuvres de la façon la plus efficace et l'on ne sait ce qu'il faut admirer le plus en lui, de l'activité qu'il déployait ou de l'humble simplicité qui caractérisait son puissant concours.

D'autres sociétés encore s'honoraient de compter M. de Conigliano parmi leurs membres : le comité du *Journal de Lunéville* a trouvé en lui, presque depuis sa fondation, un collègue aussi exact que précieux et bienveillant ; il en est de même pour le comité de la Société française de secours aux blessés militaires.

L'aménité de son caractère et l'affabilité de ses relations lui avaient acquis non seulement l'amitié et la reconnais-

____

(1) Vers 5 heures du matin.

sance de ceux qui partagent ses convictions, mais aussi le respect et la confiance des hommes qui se trouvent dans un camp opposé. Sa mort laisse des regrets à tous et, assurément, sa mémoire ne s'effacera jamais du souvenir de ceux qui l'ont connu ».

Le portrait que Charpentier, un bon peintre lunévillois, a fait de mon père en 1874, est extrêmement ressemblant. Ma sœur possède un autre portrait de lui, exécuté par un de ses amis, M. de Carcy, vers 1856, C'est un pastel ovale, où il figure en « Criméenne », et où, naturellement, il a l'air beaucoup plus jeune que dans le précédent (1), Mon père avait peu changé entre le moment où Charpentier le représenta en Lieutenant-Colonel d'Etat-Major et les dernières années de sa vie. De taille moyenne (1^{m}70), il avait pris un peu d'embonpoint, mais sans exagération. Ses cheveux, restés très abondants, avaient une jolie teinte argentée qui, avec son teint vif et ses yeux bleu clair, composaient un ensemble coloré, avenant et gai.

Deux traits caractéristiques, qu'il avait en commun avec sa sœur Amélie, étaient l'accentuation des ailes du nez et deux forts sillons soulignant les joues, des narines aux extrémités des lèvres. L'âme de mon père transparaissait à travers sa figure, toute de franchise et de bonté.

---

(1) Je possède plusieurs photographies de mon père et trois dessins au crayon qui le montrent entre 20 et 40 ans, l'un en Saint-Cyrien, l'autre en capitaine d'état-major, le troisième en civil vers 1850.

CHAPITRE XIII

**Les L'Hotte. — Mon grand-père L'Hotte, ses états de
services, ses tableaux et ses livres. — Un mot sur
mon bisaïeul Dalancour et sa famille. — Ma grand-
mère L'Hotte, sa dernière maladie. — Carrière militaire et vie civile d'Anatole L'Hotte. — Courage
dont a fait preuve « tante Fanny » pendant la
Grande Guerre. — Mes cousins : Henriette et
Arthur. — Le Général L'Hotte à Lunéville. — Ma
mère : son portrait physique et moral, sa fin. —
Ma sœur : son mariage avec René Gadel, ses en-
enfants. — Morts glorieuses d'Edouard et de Jean
Gadel. — Mon beau-frère. — Mon « curriculum
vitæ ».**

Ne voulant pas interrompre la notice biographique de
mon père, je n'ai, jusqu'à présent, parlé de ma mère qu'in-
cidemment. Je vais le faire plus en détail, et, dans cette
galerie de portraits de famille, je m'efforcerai de mettre en
belle lumière son cher visage.

Marie-Lucie-*Clotilde* L'Hotte naquit à Lunéville, le 23
novembre 1831. Elle était fille de Joseph-Nicolas L'Hotte,
capitaine de cavalerie, chevalier de Saint-Louis, et de la
Légion d'honneur, qui avait repris sa retraite en 1830, et de
Henriette-Marie-Françoise des Brissonneries-Dalancour.

Sa famille paternelle avait ses racines au plus profond
du sol lorrain. Elle était originaire du petit village de Velio,
dont les plus anciennes archives mentionnent déjà le nom
de Lhoste (Lhôte ou Lhotte). Hanzo Lhotte y figure dès les
premières années du xvii⁰ siècle. Il serait intéressant pour
un amateur d'histoire sociale de suivre l'ascension lente de

cette famille de souche terrienne, qui, dans l'espace d'un siècle et demi, s'éleva au sommet de la bourgeoisie de sa province.

Un des descendants d'Hanzo L'Hotte, à la 2ᵉ ou 3ᵉ génération, Jean Lhotte, « laboureur à Vého », mort en 1725, avait été maire de son village. Un autre Jean, fils du précédent, est encore modestement qualifié de « laboureur » dans son acte de décès du 20 septembre 1729.

A la génération suivante, Dieudonné Lhotte, né à Vého le 8 juin 1719, entreprend un important commerce de bois. Il épouse, en 1742, Claudine Rousselot, dont le père, Joseph Rousselot, était tabellion-greffier de la seigneurie de Xousse et dont la mère, Catherine Putegnat, appartenait à une lignée qu'on retrouve dans les alliances de toutes les familles rurales de quelque importance de notre région. Dieudonné Lhotte quitte le village ancestral en 1751 et va s'établir à Lorquin, où il devient fermier du grenier à sel. Lorsqu'il meurt en 1791, il est maire de cette bourgade.

Tandis qu'une de ses filles, Marie-Anne-Joseph, épouse, en 1773, Nicolas-Louis Crousse, châtelain de La Garde, avocat au Parlement de Lorraine, plus tard membre de l'Administration de la Meurthe et député à l'Assemblée législative (1), qu'une autre, Marie-Cécile, est la femme de Jean-Joseph Decker (ou Deckherr), procureur du Roi de la Maîtrise des Eaux et Forêts de Vic, puis maître particulier des Eaux et Forêts de Château-Salins ; Jean-Joseph L'Hotte, le seul survivant de ses six fils, est reçu avocat au Parlement de Lorraine, devient maître particulier des Eaux et Forêts de Phalsbourg, conseiller du Roi. Il épouse Barbe Perrin, issue d'une dynastie de maîtres de poste d'Héming, et dont le frère, Hubert Perrin, maître de poste lui-même, deviendra le beau-frère du maréchal de Lobau. Cette alliance nous apparente à plusieurs familles militaires anoblies par l'Empereur, telles les Perrin, les Villatte d'Outremont (2), etc.

Jean-Joseph L'Hotte et Barbe Perrin eurent huit enfants,

(1) Voir page 98.
(2) D'où notre cousinage avec les familles d'Hoffelize et de Châteaubodeau.

dont trois moururent en bas âge. Les survivants furent :

1° *Nicole*-Marie-Joseph (1779-1834), qui épousa, en 1805, Florimond Guérin, capitaine de carabiniers, en garnison à Lunéville, chevalier de la Légion d'honneur, appartenant à une famille de vieille bourgeoisie angevine ;

2° Marie-*Barbe* (1783-1858), mariée en l'an XI (1803), à Louis-Alexis Le Maistre-Dumesnil, qui avait été, antérieurement, compromis dans la conspiration de Frotté, et dont les ascendants occupaient à Caen une situation de premier plan (1) ;

3° *Louis*-Joseph, qui fut officier et mourut à Potsdam en 1808 ;

4° *Joseph*-Louis-Nicolas (1786-1867), mon grand-père, dont je parlerai plus loin ;

5° Nicolas-François-*Fidèle*, qui disparut au passage du Bober, le 29 août 1813. Il n'avait que 19 ans et venait de sortir de Saint-Cyr.

Les anciens « laboureurs » de Vého avaient, on le voit, troqué la charrue contre l'épée.

Joseph-Louis-Nicolas L'Hotte, le père de ma mère, était né le 13 avril 1786. Il s'était engagé, à Lunéville, au 2ᵉ Carabiniers, le 14 mars 1804, n'ayant pas encore 18 ans. Il avait fait toutes les campagnes de l'Empire, passant successivement du 13ᵉ au 8ᵉ Cuirassiers, puis au 2ᵉ Grenadiers à cheval de la Garde. A la Restauration, il fut affecté, étant lieutenant au Corps Royal des Lanciers de France, ensuite aux Cuirassiers d'Orléans. C'est avec ce dernier régiment qu'il fit, comme capitaine, la campagne d'Espagne de 1823.

Il était encore capitaine en 1830, lorsqu'il demanda sa retraite, après la chute de la branche aînée des Bourbons. Tous les combattants des guerres de l'Empire n'eurent pas, comme on serait tenté de le croire, de prodigieux avancements : témoin mon grand-père. Intelligent et lettré, passionné pour son métier, d'une exceptionnelle bravoure, il ne s'estima nullement désavantagé de se retirer, après 28 ans de services, comme capitaine, avec les croix de Saint-

---

(1) Voir dans « M. et Mᵐᵉ Dalancour », ce qui a trait à Alexis Dumesnil et à son mariage, p. 116 et 121.

Louis et de la Légion d'honneur, et cependant ses états de services étaient magnifiques !

Après le combat de Vinaros (Espagne), n'étant encore que maréchal-des-logis, il avait obtenu cette extraordinaire citation : « S'est particulièrement distingué à l'affaire qui a eu lieu le 26 novembre 1810 devant Vinaros, où lui, avec le lieutenant Pilon, du 4ᵉ Hussards, ont (*sic*) fait mettre bas les armes à une compagnie d'infanterie espagnole du 2ᵉ Chasseurs de Valence, forte de 50 hommes, après avoir essuyé leur feu ». Ces deux cavaliers faisant prisonniers, à eux seuls, toute une compagnie d'infanterie, c'est un exploit presque fabuleux !

Pendant la campagne de 1815, le 16 juin, jour de la bataille de Ligny et du combat des Quatre-Bras, la division d'infanterie que commandait le roi Jérôme, composée de jeunes troupes, est surprise, vers 3 heures du soir, et mise en déroute par une infanterie ennemie, sortie brusquement d'un bois. Mon grand-père, dont le régiment se trouvait placé en réserve entre les Quatre-Bras et Ligny, est alors détaché avec son peloton pour ramener les fuyards et trouve le roi Jérôme au milieu des tirailleurs ennemis, s'efforçant en vain de rallier sa division. Il charge aussitôt, dégage le roi et, avec son faible détachement, refoule l'infanterie ennemie dans le bois d'où elle était sortie. Sept de ses braves lanciers restèrent sur le terrain du combat.

Une telle bravoure n'alla pas sans blessures. A la bataille de Friedland, Joseph L'Hotte avait eu un doigt de la main gauche emporté par un coup de feu. A Waterloo, alors qu'il remplissait les fonctions d'officier d'ordonnance auprès du général Lefebvre des Noëttes, commandant la division de cavalerie légère de la Garde, il reçut un coup de lance qui lui fracassa la mâchoire supérieure.

Ces blessures et ces traits de courage ne reçurent, nous l'avons vu, qu'une bien modeste récompense. Une fois en retraite, le capitaine L'Hotte donna pleine satisfaction à ses goûts littéraires et artistiques. Dans sa maison de la rue Sainte-Elisabeth (maintenant numéro 44, rue Gambetta), qu'il avait héritée de son père et où était né, le 24 juin 1774, le général Haxo, il réunit une importante collection de tableaux, d'estampes, d'objets d'art de toutes sortes — un « cabinet », comme on disait au xviii° siècle. Quant à sa bibliothèque, très considérable, elle abondait en éditions rares, en précieuses reliures, en illustrations choisies. Ces livres, mon grand-père les chérissait passionnément. En feuilletant un volume (1) qui provient de sa bibliothèque, j'ai découvert, un jour par hasard, les lignes suivantes qu'il avait inscrites sur le premier feuillet :

« O mes chers livres ! un jour viendra, qui n'est sans doute pas éloigné, où vous serez étalés sur une table de vente, où d'autres vous posséderont, moins dignes de vous peut-être que votre possesseur actuel ! Vous êtes bien à moi pourtant ; je vous ai choisis un à un ; je vous ai rassemblés à grand'peine et je vous aime tant ! Mais quoi ! rien n'est stable en ce monde ».

Cette note est datée du 6 août 1864. Deux ans et demi après avoir adressé à ses livres cette pathétique invocation, mon grand-père mourait. Ses craintes ne se réalisèrent pas. Aucun de ses chers livres ne fut vendu. Ses trois enfants se les partagèrent. Ils appartiennent maintenant à ses petits-enfants et seront, un jour, la propriété de ses arrière-petits-enfants, puis de leurs descendants qui, je l'espère, les garderont, à leur tour, pieusement.

Il sera facile de retrouver chez ma mère l'influence de l'intérieur cultivé, de l'atmosphère d'art dans lesquels s'écoula sa jeunesse.

Mon grand-père n'était pas seulement un dilettante et un lettré ; il le prouva en consacrant ses loisirs à des œuvres utiles ; il faisait partie de la commission des hospices et fut un des fondateurs de la société de Secours mutuels (2) — je crois aussi de la Bibliothèque populaire (3).

---

(1) « Biographie universelle ou Dictionnaire historique », par F.-X. de Feller, augmentée de plus de 3.000 articles, rédigés par M. Pérennès, à Paris, chez Gauthier frères, 1838. Tome I. — Cet ouvrage est placé dans la bibliothèque de ma chambre à coucher, à gauche de la cheminée.
(2) En 1851.
(3) Il mourut à Lunéville, le 3 février 1867.

Il avait épousé, le 1ᵉʳ mai 1820, Mlle Dalancour (1), dont le père, Jacques-Joseph Pouponot des Brissonneries d'Alancour, né à Fontenay-le-Comte, le 12 mars 1756, était entré le 13 mars 1775, dans le fameux corps des Gendarmes du Roi (2), qui tenait garnison à Lunéville. Il s'y était marié avec Jeanne-Françoise Hugard, la fille d'un riche marchand drapier de la rue de la Porte d'Allemagne, originaire de Savoie. Lorsque la Gendarmerie de France fut licenciée en 1788, mon bisaïeul resta à Lunéville, où, quelques années plus tard, il acheta la maison que j'occupe actuellement.

Maire de la ville à trois reprises différentes, il le fut, en particulier, au moment du Traité de Lunéville, en 1800-1801. Pendant le premier quart du xıxᵉ siècle, il compta parmi les personnalités les plus marquantes de notre cité. Par son père, il appartenait à un milieu d'ancienne bourgeoisie vendéenne. Par sa mère, Henriette-Aimée Le Forestier, et par sa grand'mère maternelle, Marie-Anne Buor, il était allié à toute l'aristocratie poitevine. J'ai raconté ailleurs (3), très longuement, la vie de mes arrière-grands parents Dalancour et j'ai donné alors de nombreux détails sur leurs familles respectives. Je n'y reviendrai donc pas. Je dirai seulement un mot de ma grand'mère L'Hotte, voulant montrer, dans la formation du caractère de ma mère, l'influence de l'hérédité et du milieu. Mme L'Hotte était « une sainte dans le monde ». Je ne trouve pas d'autre expression pour déterminer l'ensemble de qualités et de vertus qu'elle présentait. Douce, aimable, gaie, de manières exquises, d'une politesse qu'on ne connaît plus, montant à cheval et dansant à ravir, bonne musicienne pour son époque, c'était une femme du monde accomplie ; c'était aussi une maîtresse de maison de premier ordre ; c'était surtout une chrétienne parfaite, adonnée aux pratiques de la charité, de la mortification et de la plus haute piété.

Elle mourut le 18 décembre 1860, après plusieurs jours

---

(1) Henriette-Marie-Françoise des Brissonneries d'Alancour, né à Lunéville le 19 août ███, morte à Lunéville le 18 décembre 1860.
(2) « Les Gendarmes Rouges ».
(3) « Figures du vieux Lunéville : M. et Mᵐᵉ Dalancour.

de souffrances atroces, dues à une maladie interne.. Pendant
cette agonie, ma grand'mère, s'oubliant pour les autres, ne
cessa de demander pardon aux personnes de son entourage
du mal qu'elle leur causait.

Alexis L'Hotte (1), qui avait pour sa mère une véritable
adoration, a relaté, presque heure par heure, les phases de
cette agonie. On lit, dans cet émouvant journal, le récit
d'un incident bien touchant.

Ma grand'mère, pour supporter ses souffrances, cherchait
des forces dans la contemplation d'un buste du Christ (2),
placé au-dessus d'une armoire, à côté de son lit ; mais, pour
le voir, il lui fallait un peu tourner la tête, et ce mouvement
lui était pénible. Pendant qu'elle s'était assoupie, entre deux
crises de douleurs, Alexis déplaça le Christ de façon que sa
mère pût l'apercevoir plus facilement. A son réveil, celle-ci
remarqua le changement et, devinant quel en était l'auteur,
eut, pour son fils, un regard d'une inexprimable tendresse.
Bien des années plus tard, mon oncle ne pouvait se rappeler ce remerciement muet sans avoir les larmes aux yeux.

Je possède, souvenir infiniment précieux, le journal (3)
que tint mon oncle Alexis des derniers moments de sa mère,
le mouchoir dont il essuya la sueur de son agonie (4), le
livre qu'elle avait au moment de sa mort, sur sa table de
chevet. C'est une « Introduction à la vie dévote » (5).

Peu de temps après la mort de Mme L'Hotte, ma mère,
qui occupait alors, au 2ᵉ étage de la maison de ses parents,
la chambre à alcôve, voisine de la lingerie, entendit, une

---

(1) Le général L'Hotte.
(2) Ce buste, grandeur nature, en plâtre, est un fragment d'un Christ
en croix, de Canova, je crois. Il appartient au colonel L'Hotte.
(3) Se trouve dans le portefeuille de chagrin noir placé dans le secrétaire
de ma chambre.
(4) Se trouve dans une boîte de sapin, sur le couvercle de laquelle mon
oncle Alexis avait écrit : « Cheveux de ma mère, de mon père, de ma
sœur. Souvenirs de ceux qui ne sont plus ».
Ce mouchoir aux initiales A. L. porte ces inscriptions tracées par Alexis :
« 17 (bénédiction) 10 h. 18 Xbre 1860. 1 h. 1/4 ».
La boîte est placée dans la partie inférieure du secrétaire de la chambre
de ma mère.
(5) Sur les feuillets de garde, on lit de la main de mon oncle :
« Henriette-Marie-Françoise des Brissonneries Dalancour. — François-
Alexis L'Hotte, 18 décembre 1860, 1 heure 1/2 ».
Ce livre se trouve dans un tiroir du petit bureau de ma chambre.

nuit — elle ne dormait pas —, une musique délicieuse qu'on n'aurait pu attribuer à aucun instrument connu. Ces accents suaves, qui semblaient partir de la pièce voisine, pénétrèrent dans la chambre de ma mère, s'approchèrent de son lit dans un ineffable *crescendo* puis parurent s'éloigner et s'éteignirent. Ma mère, certaine de n'avoir pas été le jouet d'une hallucination, fut extrêmement émue de cette communication surnaturelle. Elle s'en ouvrit à son confesseur, qui lui dit : « C'est, n'en doutez pas, votre bonne mère qui, en entrant au Ciel, a voulu vous faire part de son bonheur ».

Ma grand'mère forma sa fille à son image. C'est tout dire.

Ma mère avait deux frères, plus âgés qu'elle : l'aîné, JOSEPH-*ANATOLE*, était né à Lunéville, le 21 février 1823. Il entra à l'École Polytechnique en 1843 et sortit dans le Génie. Après avoir servi en Algérie, de 1850 à 1853, avec le grade de capitaine, il épousa, comme on l'a vu plus haut, le 15 juillet 1856, Mlle Fanny Boyé, fille d'un ancien sous-préfet de Commercy, en même temps que Clotilde L'Hotte épousait le capitaine Gustave de Conigliano. Anatole était chef de bataillon à Metz, au moment de la guerre de 1870. Cité à l'ordre de son corps d'armée, pour sa belle conduite aux journées des 14, 16 et 18 août, il fut nommé officier de la Légion d'honneur, le 19 octobre suivant. Emmené en captivité en Allemagne, il revint à Lunéville, pour assurer pendant toute la durée de l'occupation, le service des casernements, service particulièrement pénible, puisqu'il nécessitait des relations constantes avec les autorités militaires allemandes. Puis il prit une grande part, sous les ordres du général de Rivière, à la constitution des nouvelles lignes de défense. Le fort de Manonviller fut son œuvre.

Nommé lieutenant-colonel en 1878, il quitta le service en 1881. Comme l'avait fait son père, il consacra les loisirs de sa retraite à sa famille et aux bonnes œuvres. Il fut membre du Conseil de fabrique de Saint-Jacques et de la Société de l'enseignement libre chrétien.

Très doué à la fois pour les sciences, pour les lettres et pour les arts, Anatole L'Hotte était un des hommes les plus complets qu'on puisse rencontrer, mais sa culture vérita-

blement encyclopédique, sa haute valeur morale n'avaient
d'égale que sa modestie. Indulgent, affable, très bon, profondément religieux, il a laissé une mémoire respectée de
tous.

Sa mort, survenue le 11 juin 1903, fut celle du Juste et du
Chrétien.

Ma tante L'Hotte, ma marraine — « tante Fanny » —
grande, bien faite, élégante d'allures et de manières, pleine
de grâce, avait dû être sinon très jolie, du moins très séduisante. Je l'ai encore connue fort agréable.

Son père, M. Arthur Boyé, d'une famille originaire d'Épinal
~~Rambervillers~~, avait été, comme je l'ai dit, sous-préfet sous
Louis-Philippe, d'abord à Rethel, puis à Commercy.

Sa mère, Mme Boyé, née Roussel, était la plus délicieuse
vieille femme que j'aie jamais vue. Elle est morte en 1888.

Ma tante, la cinquantaine passée, était devenue très
sourde. De plus, ayant été renversée dans la rue par un
cycliste, en 1911, elle s'était cassé le col du femur et cet
accident l'avait laissée impotente. Malgré ses infirmités, elle
était restée affable et gaie et avait conservé, faisant bon ménage avec son amabilité, un caractère autoritaire et une
indomptable volonté.

Pendant toute la guerre, à part les six premiers mois où
sa fille lui tint compagnie, elle demeura seule dans sa
grande maison, supportant avec courage la mort de l'aîné
de ses petits-fils, puis celle de son Henriette chérie, ne voulant, à aucun prix, quitter Lunéville pour une région plus
tranquille, indifférente aux mille difficultés de l'existence,
aux privations, aux bombardements — une torpille tomba
sur son toit et, fort heureusement, n'éclata pas, ce qui la
divertit beaucoup — émerveillant tout le monde par son
optimisme et son énergie. Elle fut vraiment, pendant cette
période tragique, la « Gardienne du foyer ».

Ma tante eut la joie de voir son fils rentrer à Lunéville en
1919, après sa mise à la retraite et reprendre possession du
logis familial. Cette joie fut suivie d'une autre, le mariage
de sa petite-fille Simone avec le capitaine Pierre Baratchart.
Ce jour-là, bien que ne pouvant assister à la cérémonie, ni

prendre part aux réunions qui la précédèrent ou la suivirent, elle voulut revêtir la robe de velours « pensée » qu'elle avait portée, vingt-cinq ans plus tôt, au mariage de sa fille Henriette. Ainsi parée, elle demeura seule dans sa chambre du deuxième étage, participant de cœur à la fête, qui mettait une joyeuse animation dans sa vieille maison.

Deux mois et demi après, le 5 décembre 1920, elle s'endormit dans le Seigneur, âgée de 88 ans.

Mon oncle et ma tante L'Hotte eurent deux enfants :

a/ MARIE-FANNY-*HENRIETTE*, née le 10 mai 1857, à Lunéville, morte à Paris le 1er avril 1915. Douée d'une intelligence brillante, de grandes aptitudes pour les arts, d'une égalité d'humeur parfaite, d'une gaieté restée juvénile malgré les années, elle avait un caractère charmant qui faisait le bonheur de ceux qui l'entouraient. Elle épousa, le 29 mai 1895, Louis Grillot (1), alors capitaine au 18e chasseurs, chevalier de la Légion d'honneur, qui devait, dans la suite, démissionner et entrer dans l'industrie (2). En 1914, elle se trouvait à Lunéville, seule avec sa mère, impotente et sourde, au moment de l'occupation allemande et des batailles de Lorraine. Elle fit preuve alors d'un dévouement admirable, prodiguant à ma tante les soins les plus tendres et s'ingéniant à assurer sa sécurité. Elle ne rejoignit son mari à Paris, qu'en février 1915, lorsqu'elle crut le plus grand danger passé. Mais elle avait eu trop d'inquiétudes et de soucis, souffert de trop d'angoisses ; les incessants bombardements, les fusillades, les incendies, un deuil cruel, avaient ébranlé ses nerfs. Elle eut une attaque le 30 mars 1915, dans son appartement de la rue de Château-Landon, à Paris, et mourut le 1er avril, donnant, bien qu'elle eût perdu l'usage de la parole, les signes de la foi la plus vive.

b) HENRI-*ARTHUR* L'Hotte naquit à Lunéville le 3 décembre 1859. Comme nombre de ses ascendants, il entra dans l'armée. Cavalier émérite, il a soutenu l'honneur de

---

(1) Fils de Léon Grillot, architecte à Epinal, et de Marie-Laure-Augustine Patret.
(2) Il devint co-gérant des Salines Marchéville-Daguin.

son nom, auquel notre oncle, le général L'Hotte, avait donné tant d'éclat. Il a fait la grande guerre comme colonel du 12ᵉ Dragons et fut nommé, en 1917, officier de la Légion d'honneur. Atteint, au commencement de 1918, par la limite d'âge, il a pris sa retraite dans sa ville natale. Là il eut la consolation de pouvoir encore adoucir par sa sollicitude et son affection, les derniers jours de sa mère, cette mère qu'il chérissait et avec qui, pendant toute la campagne, il n'avait pas manqué, un seul jour, de correspondre, souvent au prix de quelles difficultés ! on le devine.

De son mariage avec Antoinette Deschars (1), le 22 mai 1890, il a eu cinq enfants. L'aîné, André, sorti de Saint-Cyr pour se battre, a été glorieusement tué près de Parroy, le 7 mars 1915, après avoir été, quelques jours auparavant, décoré de la Légion d'honneur pour sa folle bravoure. Il avait 23 ans et était sous-lieutenant au 31ᵉ Dragons.

Le second, Edmond, et le troisième, Robert, sont, eux aussi, officiers de cavalerie. Ils ont, tous deux, fait la guerre. De belles citations, et, pour Edmond, la Légion d'honneur, les ont récompensés de la brillante façon dont ils s'y sont comportés. Edmond, étant instructeur à Saint-Cyr, a épousé à Nantes, le 4 avril 1923, Thérèse d'Aviau de Ternay, fille du marquis de Ternay et de Mlle de Curzay. Robert, lieutenant au 31ᵉ dragons, a épousé à Nancy, le 23 avril 1924, Elisabeth Michel, fille de M. Bernard Michel et de Mlle Sérot-Alméras-Latour.

Leur sœur, Simone, s'était mariée, comme je l'ai dit, le 22 septembre 1920, à Pierre Baratchart, capitaine aux batteries d'artillerie de la Division de Lunéville.

Jean, le dernier fils de mon cousin Arthur, s'est engagé à dix-huit ans au début de la guerre. La fin de la campagne l'a trouvé avec le galon de sous-lieutenant. Il est maintenant dans l'industrie et a épousé à Paris, le 7 *juillet* 1925. Simone Hollande, fille du colonel Hollande et de Mlle Lahure.

Le second frère de ma mère était *ALEXIS-FRANÇOIS*,

---

(1) Fille de Léon Deschars, officier de cavalerie démissionnaire, et de Marie-Antoinette Cetty.

lequel naquit dans ma maison le 25 mars 1825 (1). Il deviendra le général L'Hotte, et, comme tel, sera célèbre, non seulement dans la cavalerie française, mais dans toutes les cavaleries d'Europe. Je ne retracerai pas sa vie, ni sa carrière militaire. On en trouve le récit détaillé dans son ouvrage : « Un officier de cavalerie », et dans l'appendice que j'y ai joint. Qu'il suffise de dire que le général L'Hotte fut l'écuyer le plus complet de son temps — peut-être de tous les temps — et que, père du Règlement de 1876, il fut le rénovateur de notre cavalerie.

J'emprunterai toutefois à « l'Appendice » précité, pour le reproduire ici, le portrait que j'avais tracé de mon oncle dans les dernières années de son existence.

« Lorsque atteint par la limite d'âge, il fut placé dans le cadre de réserve, c'est dans sa ville natale qu'il voulut passer la fin de sa vie. Malgré ses soixante-cinq ans, il avait conservé une remarquable vigueur physique. Bien pris dans sa taille, mince, de tournure élégante, il avait encore l'allure d'un homme très jeune. Ce qui frappait, dans son énergique visage de soldat, c'étaient ses yeux, des yeux bleu clair, dont le regard avait l'éclat, la franchise et le perçant d'une épée. Sous un tel regard, il eût été impossible à un imposteur de soutenir son mensonge.

L'aspect général était froid, glacial même, mais dans l'intimité, cette glace se fondait, le regard d'acier s'adoucissait et prenait une expression très fine sous les paupières un peu tombantes ; le sourire qui éclairait ce masque sévère avait une grâce singulière, car il révélait une grande bonté et cette gaieté qui est la santé de l'âme.

Le Général L'Hotte était un causeur exquis. Sa mémoire si fidèle, son érudition dénuée de toute pédanterie, ses habitudes d'observation et de réflexion, la correction de son langage — correction un peu surannée par ce temps d'argot — donnaient à sa conversation un charme très particulier. Il avait les manières d'une autre époque. Sa courtoisie de grand seigneur sentait le dix-huitième siècle, et, de fait,

---

(1) Dans la pièce qui est mon petit salon actuel.

par ses traditions de famille, par ses souvenirs d'enfance,
par ses études sur les manèges et les écuyers d'autrefois,
c'était un représentant du passé.

Malgré la froideur de son abord et son extrême réserve,
il était très populaire à Lunéville. Ses compatriotes en
étaient fiers, comme d'une de leurs gloires les plus pures.
Dans les rues, lorsqu'il passait, sanglé dans sa jaquette mi-
litairement boutonnée, le chapeau légèrement incliné sur
l'oreille, tout le monde le saluait et il avait la même politesse noble pour répondre au salut du petit boutiquier et à
celui du colonel. Sa bonté et sa générosité étaient sans
égales. Jamais une infortune ne s'est adressée à lui sans
être secourue, et il le faisait avec une telle discrétion que,
vraiment, suivant la parole de l'Evangile, sa main gauche
ignorait ce que donnait sa main droite.

En entrant au cadre de réserve, le général L'Hotte avait
emmené avec lui trois chevaux : « Glorieux », « Domfront »
et « Insensé ». Il les montait tous les jours, dans une sorte
de petit manège qu'il avait fait établir derrière sa maison.
Parfois il invitait quelques amis, des officiers de la garnison, à assister à son travail. Bien des hommes de cheval
ont sollicité cette faveur et ont fait, de Paris, de Saumur,
de l'étranger même, le pèlerinage de Lunéville pour voir le
vieil écuyer exécuter avec ses chevaux le travail le plus brillant et le plus savant, en obtenant d'eux cette suprême
légèreté qui avait été son but constant et « sans que le spec-
tateur le plus attentif pût apercevoir un seul mouvement de
ses aides ». Ceux qui ont eu cette bonne fortune en conservent un impérissable souvenir.

En même temps que cette vigueur physique, le Général
L'Hotte avait conservé toute sa verdeur intellectuelle. À
soixante-quinze ans, il répétait, en se l'appliquant, le mot
du vicomte d'Abzac : « Malgré mes soixante ans de pratique,
j'apprends encore chaque jour quelque chose, et je ne descends pas de cheval sans avoir une observation nouvelle à
consigner ». Il passait ses après-midi à mettre en ordre ses
innombrables notes sur l'équitation, à rédiger ses *Souvenirs*,
à lire — car c'était un liseur infatigable. Ses livres de pré-

dilection étaient « l'Imitation de Jésus-Christ », les «·Essais » de Montaigne et les « Maximes » de Napoléon. Il avait une bibliothèque considérable et son érudition militaire était immense. Nul n'a possédé comme lui l'histoire des grandes guerres napoléoniennes ; aussi quand, à propos de tactique ou de manœuvre, il défendait quelque thèse, il appuyait toujours son raisonnement d'exemples tirés de ces campagnes.

Le cadre qu'il s'était donné était en harmonie avec sa personnalité : de vastes pièces boisées, décorées avec une sobriété sévère. Aux murs, des armes, des portraits d'écuyers célèbres et de généraux du Premier Empire, des souvenirs de famille. Partout un ordre parfait, qui s'étendait des parquets, brillants comme des miroirs, aux bibelots anciens, alignés sur des consoles ainsi qu'à la parade.

La vie du Général L'Hotte, dans sa retraite, était réglée à l'égal de celle d'un soldat ou d'un moine. Entre le cheval et l'étude, il faisait, à heures fixes, de longues promenades à pied, la plupart du temps avec son frère, le Colonel L'Hotte, plus âgé que lui de deux ans. On se souviendra longtemps à Lunéville, de ces deux frères, dont l'affectueuse intimité était si touchante. Le respect de tous les entourait·

Au mois d'octobre 1902, le Général L'Hotte ressentit les premières atteintes de la maladie douloureuse qui devait l'emporter. Il dut renoncer à monter à cheval, ce qui fut pour lui un amer chagrin. Chaque jour, ses chevaux étaient lâchés successivement dans son petit manège, et, d'un balcon donnant sur ce manège, il suivait d'un œil mélancolique, la grâce libre de leurs mouvements.

La mort du frère, auquel il était si tendrement uni, survenue en juin 1903, accéléra avec une effrayante rapidité les progrès de son mal. Il ne sortit plus de chez lui, restant dans son fauteuil de longues heures à contempler, avec une fixité sombre, le feu qui flambait dans sa cheminée, été comme hiver. Il attendait la fin, stoïquement, impatient d'aller retrouver les siens, car il restait le seul de sa génération ; profondément attristé, d'ailleurs, par les évènements. « Je ne suis plus de ce temps-ci », disait-il à l'un de ses

proches, et, faisant allusion aux doctrines antimilitaristes :
« On démolit, on bafoue tout ce que j'ai adoré ». Non seulement rien ne le rattachait plus à l'existence, mais la mort
ne l'effrayait pas. Jetant en arrière un regard sur sa vie
d'une si magnifique unité, il put se rendre ce témoignage :
« Je ne crains pas la mort, car, dans toute ma carrière, je
n'ai pas une injustice volontaire à me reprocher ». Et, cor-
rigeant aussitôt l'apparente présomption de ce retour sur
son passé, il ajoute : « Mes souffrances actuelles rachète-
ront, je l'espère, les fautes que j'ai pu commettre d'autre
part ». Cette fin, courageuse et chrétienne, fut le noble cou-
ronnement d'une vie toute de justice, de travail et d'honneur (1) ».

Il s'éteignit le 3 février 1904.

J'ai parlé des lointains ascendants de ma mère, de ses
parents, de ses frères ; il me reste à parler d'elle, et, au
moment d'entreprendre cette douce tâche, j'éprouve beaucoup d'émotion et un peu d'appréhension. Serai-je capable
de dépeindre cet objet de ma tendresse, de ma vénération,
de mon culte : « Maman » !

Aucune de ses photographies ne donne une idée juste de
sa physionomie. Toutes durcissent son regard et ses traits.
C'est que, au repos, le visage de ma mère était sévère, mais
dans la conversation, il s'animait et s'adoucissait. C'est
ainsi que ses yeux gris-brun, qui, pour les inconnus, avaient
une froideur intimidante, devenaient singulièrement ex-
pressifs sous l'action d'un sentiment ou d'une émotion. Son
front et son nez étaient d'un modelé irréprochable ; sa bouche, grande, aux lèvres fines, laissait entrevoir de belles
dents. Ses cheveux étaient très noirs, et son teint coloré,
s'était, avec l'âge, légèrement couperosé. Elle était d'une
taille un peu au-dessous de la moyenne, mais la dignité qui
émanait d'elle la rendait imposante. Ses mains et ses pieds,
d'une petitesse remarquable, étaient parfaits de forme. Sa
démarche avait une distinction inconnue, à présent, des
femmes les plus élégantes. Vers quarante ans, ma mère

---

(1) Un officier de cavalerie. Appendice.

avait pris un assez fort embonpoint, qui disparut totalement pendant ses dernières années.

J'ai donné un aperçu du milieu dans lequel elle avait été
élevée, des influences qui avaient présidé à sa formation. Son éducation, entourée de soins attentifs, avait acquis
une perfection qu'on ne soupçonne plus. C'était l'œuvre de
ma grand'mère, et celle-ci avait eu son plein épanouissement
sous la Restauration. Or, cette époque, si elle n'a plus connu
l'élégance et la splendeur de l'Ancien Régime, a poussé l'art
du savoir-vivre à un point de raffinement qui n'a pas été
dépassé. Clotilde L'Hotte avait donc été à bonne école. Sous
la direction de M. Cobus, un artiste doublé d'un homme de
bien, elle avait appris le dessin et la peinture (1), elle jouait
du piano, chantait, écrivait agréablement ; elle dansait à
merveille et avait poussé très loin l'étude de la botanique (2).

Dans les réunions mondaines, on recherchait sa conversation, fine et spirituelle. Ses manières, son jugement, son
tact avaient fait d'elle un arbitre du bon ton, alors que sa
modestie la prédisposait à ne pas faire usage de cette
autorité.

Dans son intérieur, elle était attachée à tous ses devoirs,
et, par sa bonté, l'égalité de son humeur, sa gaieté, par son
expérience de maîtresse de maison qui ne dédaignait pas
les détails de l'office et de la lingerie, elle créait autour
d'elle un atmosphère de bien-être et de paix.

Le sentiment du devoir, qui dominait son existence familiale, réglait aussi ses relations de société. Il n'était pas de
personne plus exacte à rendre une visite ou à répondre à
une lettre. A notre époque de laisser-aller et de sans-gêne
égoïste, cette fidèle observation des règles de la bienséance
provoquerait plus d'étonnement que d'admiration.

La politesse, a-t-on dit, est la forme mondaine de la
Charité. Ma mère pratiquait cette dernière vertu dans tou-

---

(1) On possède, dans ma famille, de nombreux tableaux et dessins exécutés par ma mère avec beaucoup de talent.
On trouvera un témoignage de ses goûts artistiques dans la relation de
son premier voyage à Paris, voyage qu'elle fit en juin 1849.
(1) J'ai conservé tous les herbiers de ma mère.

tes ses acceptions : charité de la bourse et charité du cœur.
Jamais je ne l'ai entendue, pas plus d'ailleurs que mon
père, médire du prochain, ni même formuler un jugement
malveillant. Elle y avait du mérite, car elle avait un sens
très vif du ridicule. Parfois un éclair de malice un peu mo-
queuse passait dans ses yeux, mais la discipline chrétienne
intervenait aussitôt et le trait prêt à jaillir était rengainé.
Ce respect d'autrui venait, chez elle, aussi bien d'une habitude religieuse que d'une grande distinction d'esprit. Un
manquement à la charité n'est pas seulement un péché,
c'est une faute de goût. L'un comme l'autre répugnait à ma
mère.

Enfin elle était une fervente catholique, accomplissant
avec une scrupuleuse fidélité — et cela, malgré une santé
fragile — tous les préceptes de l'Eglise. Je vois encore
l'ardeur concentrée avec laquelle elle priait, dans ce coin de
sa chambre dont elle avait fait son oratoire et où se trouve
encore aujourd'hui son prie-Dieu.

Son extrème délicatesse de conscience se nuançait d'un
peu d'inquiétude. Dans sa jeunesse, elle avait beaucoup
souffert de scrupules. Peut-être était-ce une réminiscence
inconsciente du Jansénisme qui, jadis, avait fait tant de
ravages dans nos régions.

A partir de son mariage, la vie de ma mère est si étroi-
tement liée à celle de mon père que je n'ai rien de particulier à en dire. Les grands chagrins de sa vie furent la
mort de sa mère, celle de son père, celle de sa fille Jeanne
— cette dernière épreuve eut en elle un très douloureux
retentissement dont elle ne se remit jamais complètement
— enfin, dans ses tout derniers jours, la mort de son mari.

J'ai dit plus haut que ma mère avait eu une congestion
cérébrale en mai 1886. Sa santé devait en rester ébranlée
pendant les années qui lui restaient à vivre. C'est alors que
mon père l'entoura des soins les plus affectueux, l'emme-
nant aux eaux de Niederbronn et de Bains, s'ingéniant à lui
épargner toute fatigue et tout souci. Il fut frappé, à son
tour, de la même maladie. Ma mère le soigna, comme elle
avait été soignée par lui, avec un dévouement admirable,

faisant preuve, malgré son triste état de santé, d'un courage
et d'une énergie qui ne se démentirent pas un instant,
même au moment de la mort de son cher compagnon.
Mais elle ne put lui survivre. Il y avait deux mois qu'elle
était veuve lorsque, le 19 février 1889, elle eut une nouvelle
attaque, qui la priva tout de suite du mouvement et de
l'usage de la parole. Son intelligence cependant paraissait
encore vivante. Elle essaya d'écrire quelques mots mais ces
pénibles efforts n'aboutirent qu'à tracer des signes incom-
préhensibles. Je garde précieusement le papier auquel ma
mère bien-aimée a tenté de confier sa dernière pensée.

Par une fatalité navrante, elle n'avait près d'elle aucun
de ses enfants. J'étais au loin, en garnison à Niort, et ma
sœur avait, quelques jours avant, mis au monde Jean, son
troisième enfant. Dans la nuit du 23 au 24 février, mon
oncle et ma tante L'Hotte, ainsi que ma cousine Henriette,
voyant que le dernier moment approchait, restèrent auprès
de la mourante. Son confesseur, l'abbé Barbier, (1) vint lui
donner une suprême absolution. Elle s'éteignit le 24, vers
2 heures du matin. Ma sœur, que mon beau-frère avait
amenée, presque portée, jusqu'à notre demeure, eut la
triste consolation de voir notre mère respirant encore.

Appelé le 23, par une dépêche très alarmante, je quittai
Niort aussitôt et j'arrivai à Lunéville le 24 au soir, me
leurrant d'un reste d'espoir. A la gare m'attendaient mon
beau-frère, mon oncle Anatole et Henriette. A leurs regards,
à leur silence, je compris que j'étais orphelin. Trente-six
ans se sont passés depuis cette affreuse minute (2) et je ne
puis y penser sans éprouver à nouveau la sensation d'écrou-
lement, de fin de tout, que je ressentis alors. Pour la première fois, personne ne me tendit les bras lorsque j'entrai
dans la vieille maison. Je trouvai ma mère dans le bureau,
couchée sur le petit lit de fer où, deux mois plus tôt, mon
père avait été exposé. Son visage avait une majesté sévère
que je n'oublierai jamais.

---

(1) Depuis vicaire général à Nancy.
(2) J'écrivais ces lignes en 1925.

Le foyer béni, où j'avais passé mon enfance et mon adolescence si heureuses, n'existait plus. Pour en commémorer les souvenirs, nous restions seuls, ma sœur et moi.

CLOTILDE-MARIE-JOSEPH de Conigliano, ma sœur bien-aimée, était née, comme je l'ai dit, à Lunéville, le 25 mai 1858. Demi-pensionnaire au Couvent de Ménil, elle y fit sa première communion et y resta jusqu'à l'âge de 18 ans. Le 9 avril 1885, elle épousa un ancien ami d'enfance, René Gadel, fils de feu Prosper Gadel et d'Amélie Grosjean. La famille Gadel, de vieille souche campagnarde et lorraine, était originaire d'Igney près Blâmont, (1) et la branche à laquelle appartenait mon beau-frère, s'était fixée, depuis deux générations, à Laneuveville-aux-Bois, par suite du mariage de son aïeul, devenu plus tard, maire de ce village et conseiller général, avec Mlle Jacquemin.

Mon beau-frère, tout en gardant la maison de campagne qu'il tenait de son grand-père, habitait Lunéville. Le jeune ménage s'installa d'abord au numéro 16 de la rue des Bosquets, dans un immeuble de famille, dont Madame Gadel occupait un étage. Puis, en avril 1890, il transporta ses pénates dans la maison portant le numéro 49 de la rue Gambetta, qui appartenait en propre à mon beau-frère, mais avait été louée jusqu'alors.

Rue des Bosquets, ma sœur avait eu ses trois enfants :

Clotilde-Amélie, le 31 janvier 1886 ;

Edouard-Nicolas-Prosper, le 17 février 1887 ;

Jean, le 31 janvier 1889.

Ma nièce (Clotilde IV), a épousé, le 9 avril 1907, Georges André, notaire à Lunéville, fils de M. Charles André, architecte à Nancy, et de feue Maxime Manginot. Ses trois enfants sont :

Clotilde (Clotilde V), née à Lunéville, le 23 octobre 1908 ;

Claude, né à Lunéville, le 28 mars 1911 ;

Jean-Marcel, né à Angers, le 10 août 1917.

Mes deux neveux, Edouard et Jean, s'engagèrent tous deux

---

(1) Nicolas Gadel, le cinquième aïeul de mon beau-frère, vivait à Igney, dans la seconde moitié du XVII° siècle.

dans la Cavalerie, suivant en cela les traditions de leur famille maternelle, le premier, au 9ᵉ Dragons, à Lunéville, le 9 septembre 1907, le second, au 12ᵉ Cuirassiers, à Rambouillet, le 1ᵉʳ octobre 1910.

Edouard, après avoir été reçu à Saumur, fut promu sous-lieutenant au 11ᵉ Dragons, à Belfort, en septembre 1912.

Jean avait eu ses galons de maréchal-des-logis en janvier de la même année.

Pendant la guerre, ils firent, l'un et l'autre, leur devoir — et plus que leur devoir — avec une admirable vaillance. De très belles citations les en récompensèrent. De plus, dans les premiers mois de la campagne, Edouard fut nommé lieutenant et Jean sous-lieutenant. Ce dernier, presque aussitôt après sa nomination, passa au 3ᵉ Zouaves bis.

Le 30 avril 1915, au cours des furieux combats livrés autour d'Ypres, il fut tué d'une balle au front, au bord du canal de l'Yser, en entraînant sa troupe à l'attaque.

Le 6 février 1917, à quelques lieues de là, son frère aîné, Edouard, fut blessé grièvement à la cuisse d'une grenade, en défendant sa tranchée contre un puissant coup de main allemand. Transporté à l'ambulance anglaise de La Panne, il mourut le lendemain, à l'aube. Les circonstances dans lesquelles il avait été blessé sont particulièrement glorieuses.

Il faut en lire le récit dans une lettre adressée à mon beau-frère, le 18 février, par le lieutenant de vaisseau Contamine, commandant le secteur. Ce récit se termine par ces lignes : « S'il est possible d'adoucir votre peine, Monsieur, je peux vous dire que la mort héroïque de votre fils a sauvé la tranchée et l'existence de ceux qui l'occupaient. L'endroit où il est tombé était le dernier où l'on pouvait arrêter l'attaque ennemie et, s'il ne s'y était pas précipité aussi rapidement, les cinquante dragons et marins qui occupaient la première ligne étaient faits prisonniers, sans pouvoir se défendre. Je vous assure, Monsieur, que si, un jour, mon tour doit venir, je souhaite d'avoir une mort aussi glorieuse et utile que la sienne ».

Le vœu d'Edouard avait été exaucé. Dans une lettre qu'il

avait écrite à ses parents, en prévision de sa mort, il disait :
« Si jamais Dieu veut que j'aille rejoindre mon petit Jean (1)
que sa volonté soit faite et qu'il me permette d'avoir une fin
digne de mes ayeux, de mon pays et de ma foi. Je l'en ai
tellement prié, ainsi que la Sainte-Vierge !... Ma mort
sera, je pense, de quelque utilité pour la France et une
force nouvelle qui l'acheminera vers la victoire certaine...».
Ces paroles sont d'un preux et d'un croyant.

Bien qu'Edouard et Jean n'aient pas porté mon nom, leur
sang, — ce sang qu'ils ont si généreusement versé pour la
France — était, pour moitié, le même que celui qui coule dans
mes veines. Aussi est-ce avec fierté, avec une fierté douloureuse, mais radieuse, que j'évoque, à la fin de ces pages
consacrées à l'histoire de ma famille, le souvenir de ces deux
jeunes héros (2).

Mon beau-frère ne put supporter ces deuils si cruels. Lentement miné depuis lors par la maladie à laquelle résista
longtemps sa robuste constitution, il s'éteignit à Lunéville,
le 9 novembre 1923.

J'emprunte à une notice nécrologique (3) parue à son
sujet dans le Bulletin de l'Association des Anciens Elèves
du Collège de Lunéville, les lignes suivantes, qui donnent
une note très juste sur sa personnalité.

« D'abord facile, toujours prêt à obliger, il se faisait tout de
suite aimer. Maire de la commune de Laneuveville-aux-Bois,
il y passait une grande partie de l'année, dans cette ancienne
propriété de famille que, pendant la Guerre, la ligne de feu
rendit inhabitable et inaccessible. Durant plus de vingt
ans, il fut le conseiller affectionné de ses administrés, pour
lesquels il se dépensait sans compter, et il ne se résolut à
remettre sa démission que lorsque les progrès de la maladie
le contraignirent à ne plus quitter Lunéville.

Cette vie agricole, à laquelle il avait donné une large part

______

(1) Son frère, tué sur l'Yser, le 30 avril 1915.
(2) Edouard et Jean, tous deux décorés de la Croix de guerre, reçurent
la croix de la Légion d'honneur à titre posthume.
(3) Due à la plume de M. Emile George, ancien notaire, président de
l'Association.

de son existence, avait fait de lui un grand ami des arbres ; elle lui permit d'être un des plus heureux adeptes du reboisement.

...Ses amis conservent le souvenir de sa sincère et expressive cordialité, ...de son caractère généreux et loyal qui ne se montrait pas seulement dans sa conversation et ses manières, mais encore dans ses yeux et les traits de sa physionomie ouverte et sympathique ».

J'ajouterai que mon beau-frère aimait à la passion la chasse, la pêche, tout ce qui constitue « la vie au grand air ». C'était un magnifique exemplaire de « terrien ».

Peu après la mort de son mari, en septembre 1924, ma sœur quitta sa maison (1), devenue trop grande pour elle seule et vint s'installer dans la mienne, au 2ᵉ étage, qui avait été transformé pour la recevoir. Nous passerons donc, l'un près de l'autre, le temps qui nous reste à vivre et nous vieillirons dans cette demeure où se sont écoulées les années si heureuses de notre enfance et de notre jeunesse. C'est une grande douceur pour nous deux.

Il ne me reste plus qu'à parler de moi.

Je me bornerai à donner mon « curriculum vitæ ». Ce sera bref. S'il prenait, un jour, à l'un de mes arrière-neveux la fantaisie de se documenter plus complètement sur ma modeste personne, il aurait, comme source de renseignements :

Mes papiers militaires (grand portefeuille ministre en maroquin vert) ;

Le journal de mon père, continué par moi ;

Mes notes de manœuvres et de voyages. (Elles sont consignées dans de petits carnets que contient le tiroir du milieu du bureau à cylindre).

Mon journal de guerre (même place) ;

Mes cahiers de dépenses,

Certaines lettres que j'avais écrites à mes parents, particulièrement de Saint-Cyr (tiroir du milieu du grand bureau plat),

----

(1) Elle la vendit quelques mois plus tard à M. Paul Ferry.

Ma correspondance avec Mme Caffin (1) (tiroir de droite du bureau plat) et les nombreuses lettres que j'ai conservées.

Je suis né à Lunéville, dans ma maison, le 18 décembre 1864. J'ai reçu, à la Mairie, le prénom de HENRI, et, à l'église ceux de HENRI-Louis-François-Marie-Joseph. Mon parrain fut mon oncle Louis de Conigliano ; ma marraine, ma tante L'Hotte.

J'ai appris à lire chez Mme Biotte ; puis je suis allé en classe chez M. Royer, rue de Lorraine. En octobre 1873, je suis entré comme externe, à l'Institution Bienheureux-Pierre-Fourier, alors rue de Viller, où j'ai fait ma première communion le 12 juin 1876. J'ai été confirmé, le même jour, par Mgr Foulon, évêque de Nancy, depuis archevêque de Besançon et cardinal. Je suis resté au Bienheureux-Pierre-Fourier jusqu'à ma philosophie inclusivement.

De 1882 à 1884, je me suis préparé au concours de Saint-Cyr, à Saint-Sigisbert, à Nancy.

Entré à Saint-Cyr en 1884, avec le n° 204 sur 400, j'en suis sorti en 1886, avec le n° 76. J'avais fait ma seconde année d'Ecole comme brigadier.

Sorti du cours de Saumur avec le n° 18 sur 75, je fus nommé sous-lieutenant au 2ᵉ Cuirassiers, à Lunéville. J'ai suivi ce régiment à Niort, lorsqu'il a changé de garnison en août 1888.

Mon deuxième galon m'a fait passer au 1ᵉʳ Cuirassiers, à Angers, le 25 septembre 1890.

Ayant été nommé, le 11 juin 1891, officier d'ordonnance du Colonel (depuis Général) Descharmes, commandant la 2ᵉ brigade de Cuirassiers, je suis revenu à Niort, où était le siège de la brigade.

____

(1) Lorsque, en septembre 1888, étant jeune sous-lieutenant, je vins tenir garnison à Niort, avec le 2ᵉ cuirassiers, je fus recommandé, par des amis communs, à Mᵐᵉ Caffin, qui habitait cette ville. Peu après mon arrivée en Poitou, je perdis, en l'espace de deux mois, mon père et ma mère. Prise de pitié pour le pauvre orphelin désemparé que j'étais, Madame Caffin me témoigna une affection véritablement maternelle, qui dura jusqu'à sa mort, survenue le 27 juin 1914.

Ce n'est pas la seule amitié que j'aie trouvée à Niort. Mᵐᵉ de Salaignac, née Millon de Montherlant, qui avait été très liée avec mon oncle, le général L'Hotte, fut aussi pour moi une amie délicieuse. C'était, comme Mᵐᵉ Caffin, une épistolière exquise, et l'on retrouvera, dans mes tiroirs, de nombreuses pages de son élégante écriture. Elle est morte en août 1917.

J'ai quitté cette ville pour Paris, avec la 2ᵉ brigade de Cuirassiers, le 28 septembre 1892.

Le général Descharmes fut mis au cadre de réserve en juillet 1896. Je cessai, à ce moment, mes fonctions d'officier d'ordonnance et fus détaché à l'État-Major de la 1ʳᵉ Division de Cavalerie jusqu'au 1ᵉʳ janvier 1897. Je repris, à cette date, un peloton au 1ᵉʳ Cuirassiers, qui était caserné au quartier Dupleix.

Par décret du 2 mars 1898, je suis nommé capitaine en second au 9ᵉ Dragons, à Lunéville.

Je passe capitaine commandant au 26ᵉ Dragons, à Dijon, par décision ministérielle du 12 juillet 1903. Je rejoins mon nouveau régiment, après avoir fait une demande de permutation avec le capitaine de Noiron, du 18ᵉ Chasseurs. Cette demande est accordée et la permutation paraît à l'*Officiel* du 19 Août.

Le 27, je rentre à Lunéville et je prends le commandement du 1ᵉʳ escadron du 18ᵉ Chasseurs.

Nommé chevalier de la Légion d'honneur, lors de la promotion du 25 décembre 1909, je suis décoré, le 8 janvier suivant, dans la cour du Château, par le général de Mas-Latrie.

En 1910, je prends les fonctions de capitaine-instructeur, tout en restant au 18ᵉ Chasseurs.

Le 29 juillet 1911, je suis promu chef d'escadrons au 8ᵉ Dragons, toujours à Lunéville. Je vais suivre, à Saumur, le cours des chefs d'escadrons, du 26 avril au 26 juin 1914.

Le 30 juillet suivant, j'exécute, avec mon régiment, les opérations de la mobilisation de couverture. Le 2 août, mobilisation générale. Je conduis au « point N » (Roville-devant-Bayon) les chevaux et les hommes qui ne sont pas mobilisables, puis je rejoins mon régiment le 4, juste à temps pour y apprendre la déclaration de guerre de l'Allemagne. Le lendemain, nous quittons Lunéville pour une campagne qui devait durer 51 mois (Voir mon journal de guerre).

Le 3 juillet 1915, je suis nommé lieutenant-colonel et je passe au 12ᵉ Dragons, commandé par mon cousin L'Hotte.

Ce régiment, comme le 8e, faisait partie de la 2e Division de Cavalerie.

Lorsque mon cousin est atteint par la limite d'âge anticipée en mars 1918, je prends le commandement du 12e, sans me douter de la somme de soucis que me réservait ce commandement au cours de l'année 1918.

Le 19 avril, en Flandre, au début de la bataille du Kemmel, je suis nommé colonel.

Je suis officier de la Légion d'honneur, le 12 juillet.

Le 11 novembre, l'armistice surprend le 12e Dragons, en Belgique, non loin de Gand. J'amène mon régiment en Alsace par une série d'étapes qui dure deux mois, en plein hiver.

Nous sommes cantonnés d'abord à Bœrsch, près d'Obernai, puis à Colmar où nous restons jusqu'au 18 mai 1919.

Nous en partons alors pour aller en occupation dans le Hunsruck, à peu près à égale distance de Mayence et de Coblence. De là, afin d'intimider le Boche qui fait des difficultés pour signer le traité de paix, nous franchissons le Rhin et pénétrons dans la Hesse, jusqu'à l'extrême limite de la zône neutre.

Après la signature de la paix, mon régiment revient à Colmar, sa garnison définitive.

J'étais colonel en Alsace ! Jamais, au cours de ma carrière, je n'avais osé faire un si beau rêve.

Le 14 juillet 1919, je passe, avec mon étendard, sous l'Arc-de-Triomphe — minute enivrante qui a compensé quatre années de dangers, de misère et d'angoisses.

La Guerre finie, une fois mon régiment réorganisé, je fus hanté d'un désir passionné de rentrer *chez moi*. Mais j'appréhendais l'instant où il me faudrait rompre les liens si forts et si doux qui m'attachaient à mon régiment. Sur ces entrefaites, mon nom parut au tableau de départ pour les T. O. E. (1). Ma décision en fut brusquée, et, en août 1920, je demandai ma retraite. Ce faisant, j'avançais de plus de quatre ans l'heure de ma dernière étape, car la limite d'âge ne m'aurait atteint qu'en décembre 1924.

____

(1) Théâtre des opérations extérieures.

Je fis mes adieux à mon cher 12ᵉ Dragons le 23 octobre et je quittai Colmar le 27.

C'est le 30 novembre 1920 que je fus mis à la retraite. Depuis cette époque, je vis dans ma vieille demeure familiale — délicieusement satisfait d'une existence calme et remplie, d'occupations conformes à mes goûts, du voisinage des miens — au milieu de mes bouquins, de mes bibelots, de mes souvenirs. Je ne souhaite plus qu'une chose, réaliser jusqu'au bout le vœu du poète :

> Naître, vivre et mourir dans la même maison...

J'ai terminé ce que Bussy-Rabutin appelait « une petite histoire généalogique ». Pour la parachever, cette « petite histoire », il suffira d'y ajouter — quand Dieu voudra — la date de ma mort. Cette date marquera, en même temps que ma propre fin, celle d'*Une Famille* (1).

______

(1) C'est-à-dire qu'il n'existera plus aucun mâle de mon nom.

*Lorsque j'avais abordé cette étude, je m'étais pro-
posé d'écrire ce que nos pères appelaient un « Livre
de raison ». Entraîné — je le constate trop tard —
par l'évocation du passé, surtout de celui auquel je fus
mêlé, je me suis écarté quelque peu de mon programme
et, souvent, dans les derniers chapitres surtout, l'impas-
sibilité du document a fait place à l'attendrissement
du souvenir.*

*Que ceux à qui sont destinées ces pages me par-
donnent si ce livre de raison est devenu, presque à mon
insu, un livre de cœur.*

ERRATA ET ADDENDA

PAGE 1. — LIGNE 5 : Ces pages étaient déjà sous presse lorsque j'ai appris, grâce à l'obligeance du directeur des Archives de Strasbourg, M. Georges Delahache, quelques nouveaux et intéressants détails sur mon quatrième ayeul, Marie-Joseph Conigliano.

J'ai su, de cette façon, que c'est à Vérone qu'il était né. Donc rien d'étonnant à ce que je n'aie pas découvert son nom dans les archives de Venise. Cette extraction véronaise n'infirme, d'ailleurs, en rien, la tradition de l'origine vénitienne, Vérone ayant fait partie des possessions de la Sérénissime République de 1405 à 1509 et de 1516 à 1797.

C'est bien en 1686 ou 1687 qu'est né Joseph Conigliano. Car il avait environ trente ans (triginta circiter annos natus) lorsque, le 27 juin 1716, il acquit le droit de bourgeoisie à Strasbourg.

PAGE 10. — LIGNE 10 : Marie-Joseph Conigliano s'est marié à Landau, patrie de sa femme, Marguerite Marigny (ou Marignié)

PAGE 10. — LIGNE 25 : Il est mort le 17 juin 1754 et non pas le 17 janvier.

PAGE 38. — LIGNE 18 : Grâce à de nouvelles recherches, jai pu connaître le lieu et la date du décès de ma trisaïeule Conigliano née Marie-Joseph Mathieu. Elle est morte à Lunéville, dans son domicile de la rue Brutus, c'est-à-dire au château du prince Charles, le 27 Germinal an IX (avril 1800), à trois heures de l'après-midi.

PAGE 45. (Note 1). — Barbé-Marbois, après avoir occupé successivement, sous Louis XVI, des fonctions diplomatiques et consulaires, avait eu le poste d'Intendant de Saint-Domingue, à une époque où mon arrière-grand-oncle, François-

Jean-Chrysostôme Conigliano faisait partie du Conseil souverain de cette colonie.

PAGE 53. — LIGNE 8 : Ferdinand Pichon de Châteaufort, devenu veuf, s'est remarié, à Paris, le 17 mai 1927, avec sa cousine-germaine, Marguerite Limbourg.

PAGE 57. — LIGNE 24 : Conigliano de Clarenthal se signala au siège de Lille en 1792 et commanda la Division du Centre au blocus de Maëstricht (1793). (Charavay. *Les généraux morts pour la Patrie.* 1ʳᵉ série (1792-1806), Paris 1893, p. 4).

PAGE 62. — LIGNE 7 : Mathias Richard de Batilly est mort à Lunéville, faubourg d'Austerlitz (actuellement avenue Voltaire, au Petit-Château), non pas en 1833, comme je l'avais dit à la suite d'un renseignement inexact, mais le 9 décembre 1812, à 3 heures du matin.

PAGE 82. — LIGNE 20 : Louis-Etienne Conigliano achète le château du Prince Charles après la mort de ce prince, le 15 septembre 1781. Il le revend le 22 Nivose an XII (1804) à son beau-frère et à sa sœur, Mathias Richard de Batilly, ancien lieutenant-colonel d'infanterie, et Charlotte-Marguerite de Batilly, née Conigliano.

Après son veuvage, cette dernière, conjointement avec sa fille, Charlotte-Joséphine de Batilly, épouse de Firmin Marie (plus tard vicomte de Fréhaut), général aide-de-camp de Sa Majesté le Roi d'Espagne, vend cette propriété, le 16 janvier 1813, à MM. Charles-Dieudonné-Gabriel, comte de Bourcier de Villers, chevalier de Saint-Louis, ancien capitaine de cavalerie, demeurant à Nancy, et à François-Louis-Joseph, baron de Bourcier de Montureux, chevalier de Saint-Louis, colonel au service de France, ancien préfet de la Corse, et Mme Jeanne-Françoise de Thomassin, comtesse de Bienville, son épouse, demeurant ensemble à Nancy.

MM. de Bourcier de Villers et de Montureux (1) ne restent

---

(1) Le baron de Bourcier de Montureux était le grand-oncle de ma tante Zoé de Conigliano et le comte de Bourcier de Villers était un de ses cousins éloignés.

propriétaires du château du Prince Charles que pendant
quatre ans, car ils le cèdent, le 18 avril 1817, à M. Joseph-
Sébastien Castara et à Mme Marguerite-Françoise Muel, son
épouse, qui, trois ans, après, le 5 décembre 1820, le reven-
dent à Charles-Auguste Saucerotte, Conseiller à la Cour de
Russie, et à Mme Auguste-Sophie de Mussig, son épouse.
C'est ainsi que le Château du Prince Charles devint la propriété de la famille Saucerotte, qui le conserva jusqu'en
1895, date à laquelle il lui fut acheté par M. Théophile Fenal,
industriel, et Mme Lucie Gadel, son épouse (2).

PAGE 89. — LIGNE 4 : M. Travailleur eut pour frère le général de ce
nom, si populaire à Lunéville, qui mourut à Nice en 1926,
âgé de 93 ans.

Les Travailleur, originaires de Dieuze, se sont fixés à Lunéville vers le milieu du XVIIIᵉ siècle. Ils étaient de petite,
mais ancienne, bourgeoisie, et se sont alliés aux Antoine,
aux Joly et autres vieilles familles de notre cité.

PAGE 91. — LIGNE 14 : J'avais déjà remis à l'imprimeur cette étude
familiale, lorsqu'il me fut donné de feuilleter une liasse de
vieux papiers faisant partie des archives Parisot. Ces documents m'ont permis de rectifier certaines erreurs de la
notice relative à ma grand'tante Clémentine Conigliano et
d'y ajouter quelques détails.

C'est le 29 décembre 1813 — et non le 25 — que Jeanne-
Clémentine-Marie-Louise est morte à Rosières-aux-Salines,
sans doute en donnant le jour à sa fille, Marie-Lucie (plus
tard Mme Gœtz).

Ce n'est pas en 1806 qu'elle épousa Jean-François Parisot, mais en 1813, le 21 avril.

Cette date de 1806 est celle de son premier mariage (contrat le 14 juillet), car les papiers en question m'ont appris
— ce que j'ignorais totalement — qu'elle était veuve lorsqu'elle épousa M. Parisot. Son premier mari était *Jean-
François Henry*, propriétaire à Rosières, fils de Charles-
François Henry, avocat et notaire, demeurant à Rosières,

---

(1) Mᵐᵉ Fenal est la sœur de mon beau-frère René Gadel.

plus tard maire de cette ville, et de Claude Grandmangin.

Jean-François Henry décéda le 12 juin 1812, laissant, de son union avec Clémentine Conigliano, deux filles jumelles Anne-Clémentine-Louise et Jeanne-Elisa, qui moururent, l'une le 14, l'autre le 20 mars 1818. On raconte que Jeanne-Elisa est morte du chagrin causé par la mort de sa sœur, ce qui expliquerait le rapprochement tragique de ces deux décès survenus à six jours d'intervalle.

Ma cousine Duvot, née Parisot, possède deux inventaires dressés par M⁺ Jean-François-Hyacinthe Chanot, notaire à Rosières, le 14 mars 1813 et le 25 juin 1814.

Le premier, qui suivit le décès de Jean-François Henry, nous renseigne sur le mobilier — plutôt modeste — et la garde-robe, assez bien fournie, du défunt (1), ainsi que sur sa dot, qui se composait d'une somme de 2.370 fr. et de quelques arpents de vignes situés sur les bans de Dombasle, Varangéville et Rosières.

Le second inventaire, celui de 1814, a été dressé à la suite du décès de Clémentine Conigliano. On y retrouve des meubles déjà signalés dans l'inventaire précédent, « un lit en vernis gris avec ses rideaux, baldaquin et tapis en toile de Jouy » ; un autre lit « en vernis gris, à rideaux, baldaquin et tapis en toile de coton à carreaux bleus » ; un lit d'enfant « à baldaquin et rideaux d'indienne à fond blanc » ; un petit secrétaire en cerisier avec sa tablette de marbre ; un buffet en noyer et une armoire en chêne ; une commode en cerisier à dessus de marbre ; deux commodes et un secrétaire en noyer ; un bureau en poirier ; deux trumeaux ; une table de nuit « fermante » avec sa tablette de marbre ; une table ronde en noyer avec roulettes, garnie de cuivre : deux encoignures en chêne, « avec petites armoires dans le bas » ; deux douzaines de chaises paillées ou autres. Le linge de maison, aussi bien que celui de la défunte, est abondant et la batterie de cuisine formidable. Par contre, la garde-robe est assez simple : 6 cornettes de mousseline, une de bazin,

---

(3) A signaler : « 12 gilets, tant de bazin, d'anquin (*sic*) que de soye », 1 culotte blanche de casimir, 1 culotte de nankin, 3 pantalons, 1 habit de drap bleu, 2 douzaines de paires de bas et 4 douzaines de chemises, etc.

ornée de dentelles ; 6 béguines de toile ; « une capotte de perkalle garnie de mousseline » ; 4 paires de poches et 4 paires de bas de soie ; 3 robes de toile, 2 à raies bleues et une à raies jaunes ; 4 robes d'indienne de différentes couleurs ; 2 robes de mousseline, l'une brodée, l'autre unie ; 2 robes de taffetas blanc, dont l'une garnie de rubans ; une robe de soie couleur puce, « très menée », une vieille jupe de taffetas rayé ; 2 robes de levantine, l'une grise et l'autre noire ; une robe noire en gros de Nismes, une robe de pékin blanc et une autre couleur beurre frais ; un chapeau de paille noire.

Presque pas de bijoux : deux paires de boucles d'oreilles en or, dont l'une ornée de fausses perles ; une paire d'anneaux d'or ; 2 épingles d'or ; une alliance ; une petite bague à plaque d'or ; un débris de collier en or et un collier en cheveux avec une petite croix d'or ; des boucles de jarretières en argent ; une montre ancienne en or émaillé et une autre en argent.

PAGE 91. — LIGNE 17 : *Jean-François Parisot* est né à Nancy le 23 septembre 1786. Sa mère, Lucie Robert, après la mort de son mari, Claude-Nicolas Parisot, avocat, conseiller du Roi, « général provincial des Monnaies de Lorraine et de Bar », se remaria avec Antoine Berlier, propriétaire à Roville, et se fixa dans ce village. De son second mariage, elle eut un fils, Thomas Berlier, propriétaire à Roville, et une fille, Dorothée-Elisabeth, mariée à Jean-Charles-Marie Thiriet, docteur en droit, avocat à la Cour royale de Nancy, y demeurant.

Jean-François Parisot fut inspecteur des Haras, et non pas, comme je l'ai dit par erreur, directeur du Haras de Rosières.

PAGE 92. — LIGNE 23 : Les archives des Parisot m'ont fourni quelques renseignements sur *Bernard-François-Louis Conigliano*, particulièrement sur son décès et sa succession. Sa mort projette quelques clartés — bien ternes, il est vrai — sur sa vie, dont j'avais dit (page 92) que je ne savais rien.

Cette vie, d'ailleurs dépourvue d'intérêt, est celle d'un jeune célibataire désœuvré, dans une bourgade provinciale. Il n'habitait pas Nancy, ainsi que je me le figurais, d'après des souvenirs assez confus, et c'est à Rosières-aux-Salines qu'il est mort, le 21 octobre 1821, âgé de trente-deux ans, « dans la maison habitée par Monsieur son père ». D'autre part, son inventaire ne mentionne aucun meuble comme étant sa propriété, sauf un bois de lit avec matelas, traversin, paillasse, « duvet » et rideaux « fort vieux ». Le tout estimé 16 fr., fut laissé, du consentement unanime des héritiers, à « la fille de secours ». De cette absence de mobilier personnel et de cette cohabitation avec son père, au moment de son décès, on peut conclure que Bernard faisait ménage commun avec ce dernier.

S'il ne possédait en propre aucun meuble, mon grand-oncle avait toutefois une garde-robe assez bien montée, celle d'un faraud de village au temps de Louis-le-Désiré. On y remarque une grande capote grise et une autre « de drap couleur marron », un habit bleu barbeau, une culotte de casimir, quatre pantalons — un bleu, un vert et deux gris — cinq gilets blancs et neuf autres de couleurs variées, onze cravates, vingt-trois chemises, quatorze paires de bas blancs, deux paires de bottes et une paire d'escarpins.

« Il n'était pas sans rien », comme on dit en Lorraine. De sa grand'mère Hugard, il avait hérité deux petites fermes à Rosières, un « gagnage » à Gondrexon et un autre à Laneuveville-aux-Bois. Mais ces biens étaient hypothéqués pour plus du tiers de leur valeur, si bien que, après leur vente et le remboursement des dettes, il ne resta que 9.666 fr. à partager entre les cinq héritiers.

C'est que l'oisiveté de Bernard n'allait pas sans dépenses. Certaines notes et factures retrouvées dans son dossier indiquent qu'il avait des habitudes de café et qu'il aimait les cartes. En somme, une pauvre existence ! Je ne crois pas que ce grand-oncle compte jamais parmi les illustrations de la famille.

Page 101. — Ligne 14 : Je possède également, venant de l'abbé Jennat, un précieux manuscrit du XIII° siècle, « la Légende dorée », encore *bardé* de sa reliure primitive — une solide reliure en bois recouverte de cuir et qui garde des traces de fermoirs. Ce manuscrit avait fait partie de la bibliothèque des chanoines réguliers de Saint-Remy et avait été donné par l'abbé Jennat à mon grand'père L'Hotte.

Page 102. — Ligne 7 : Maurice Denis est décédé à Favières, le 15 octobre 1926, à l'âge de 58 ans. Son fils Jean, né en 1895, était mort pour la France pendant la grande guerre.

Page 119. — Ligne 7 : Parmi les objets ayant appartenu à mon grand-oncle Soyer-Willemet, qui sont parvenus jusqu'à moi, j'avais oublié de signaler la petite échelle de fer dont il se servait dans sa bibliothèque. Je lui ai gardé le même usage.

Page 121. — Ligne 22 : La grande découpure en papier, ornée, en son centre, d'une pieuse enluminure, et qui surmonte mon prie-Dieu, pourrait bien être une œuvre de ma grand'mère Conigliano. Elle avait appartenu à ma tante Amélie.

Page 122. — Ligne 5 : Ma grand'tante Pauline Soyer (mère Adélaïde) est morte au couvent de Saint-Nicolas, non pas en 1873, comme le disait mon texte par suite d'une faute d'impression, mais en 1876.

TABLE

CHAPITRE XII

CHAPITRE XIII

Tableaux Généalogiques

Familles CONIGLIANO.

BUSSENNE et FOURNIER.

Miot. Le Clerc, Mathieu.

HUGARD.

HARVIER et LA TOURNELLE.

ARISTAY DE CHATEAUFORT.

RICHARD DE BATILLY.

CROUSSE.

DOUSSET, WILLEMET et SOYER.

PIERSON.

PARISOT.

BOURCIER DE MONTUREUX.

BLANCHEUR.

L'HOTTE.

BATHO.

ROUGET DE GOURCEZ.

GADEL.

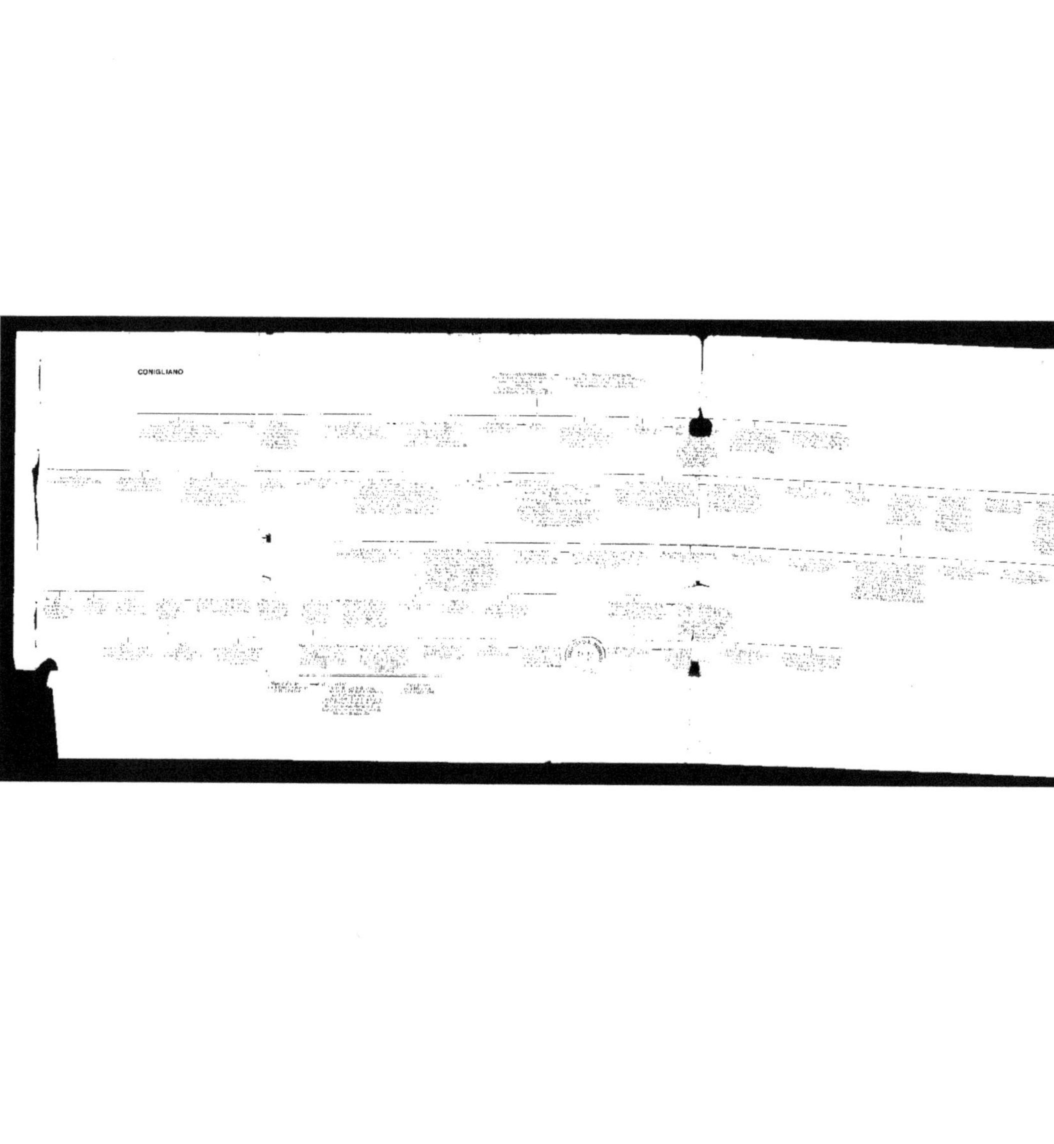

CONIGLIANO

Descendance de Michel Bussenne et de Marguerite Conigliano

Michel Bussenne,
seigneur de Bathelémont, du fief du Toupet
et de la vonerie de Bures, « intéressé
dans les affaires du Roi (Stanislas) »,
né à Annoires (Franche-Comté) 1705
† à Bathelémont-les-Bauzemont
le 27 octobre 1773

✕ (1739) **Marguerite Conigliano,**
née à Strasbourg en 1725,
fille de Marie-Joseph Conigliano
et de Marie-Marguerite Marigny

Marie-Joseph-Michel de Bussenne,
[seig]neur d'Igney, conseiller du Roi, substitut
Procureur général du Parlement de Metz,
né à Lunéville, le 6 mai 1740,
ép. à Metz, le 1er octobre 1765, Marie-
Thérèse Mary, fille de François Mary,
négociant, conseiller-échevin et juge-consul
de Metz, et de Thérèse Willaume

N.
mort-né le 19 mai
1741, à Lunéville

Christophe-François,
né à Lunéville, le
2 janvier 1745
† à Lunéville, le
11 janvier 1745

François-Simon de Bussenne
de Schlagberg, écuyer, conseiller du
Roi, commissaire des Guerres au
département du Haut-Dauphiné,
né à Lunéville, le 1er septembre 1745,
ép. Marie-Vincent-Nicole Audoul
de Saint-Julien, dame de Schlagberg

Catherine,
née à Lunéville
19 mai 1747

**Jean-
Chrysostôme,**
né à Lunéville,
8 sept. 1748

Jeanne-Marguerite,
née à Lunéville, 17 mai 1750,
ép. (20 juillet 1772) Léopold-André Fournier,
écuyer, cap. d'infanterie au service du
grand-duc de Toscane, plus tard seigneur
de Bathelémont, fils de Henri Fournier,
substitut du Procureur général de la Chambre des Comptes de Lorraine, et d'Anne-
Marthe Le Febvre

[Mar]ie-Joseph-François[-Léo]pold de Fournier,
[se]igneur voué de
[Bu]res, clerc tonsuré
[au] diocèse de Nancy,
† à Bathelémont,
le 30 août 1774

Léopold-Charles,
né à Bathelémont,
le 17 mai 1773

**Léopold-Marie-
Simon-Auguste,**
né à Bathelémont,
le 10 mars 1783

Louise-Léopoldine,
née à Bathelémont le
12 septembre 1784,
† fille à Vandœuvre,
le 18 décembre 1868

N.
morte en naissant
à Bathelémont le
3 mai 1787

Marie-Cécile-Adélaïde,
née à Bathelémont,
le 28 octobre 1788,
† à Limoges en 1830
(ou 1827)
ép. (7 sept. 1813)
N. Ardant du Picq,
poète et littérateur,
conservateur des hypo-
thèques

Joséphine,
née en...
† fille à Vandœuvre
en mai 1853

N., née en...
ép. N. d'Olivier
de Bonne

N. Ardant de Picq
colonel de cavalerie

**Charles
Ardant du Picq,**
ép. N.

**Caroline-Sophie-
Madeleine-Louise
de Bonne,**
née en 1814,
† fille à Nancy, le
7 janvier 1892

Léon A. du Picq

Georges A. du Picq
juge au tribunal
de Mauriac (1892),
ép. N.

**Paul Ardant
du Picq,**
officier d'infanterie

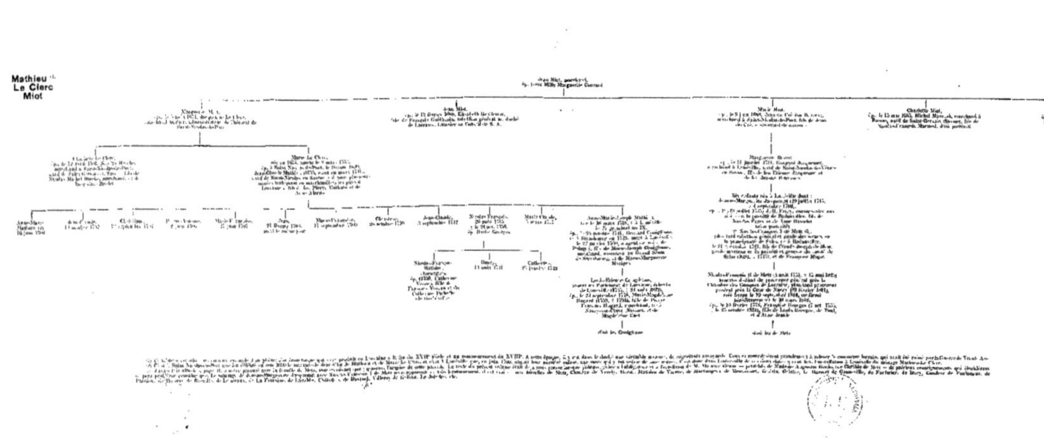

Mathieu
Le Clerc
Miot

Hugard

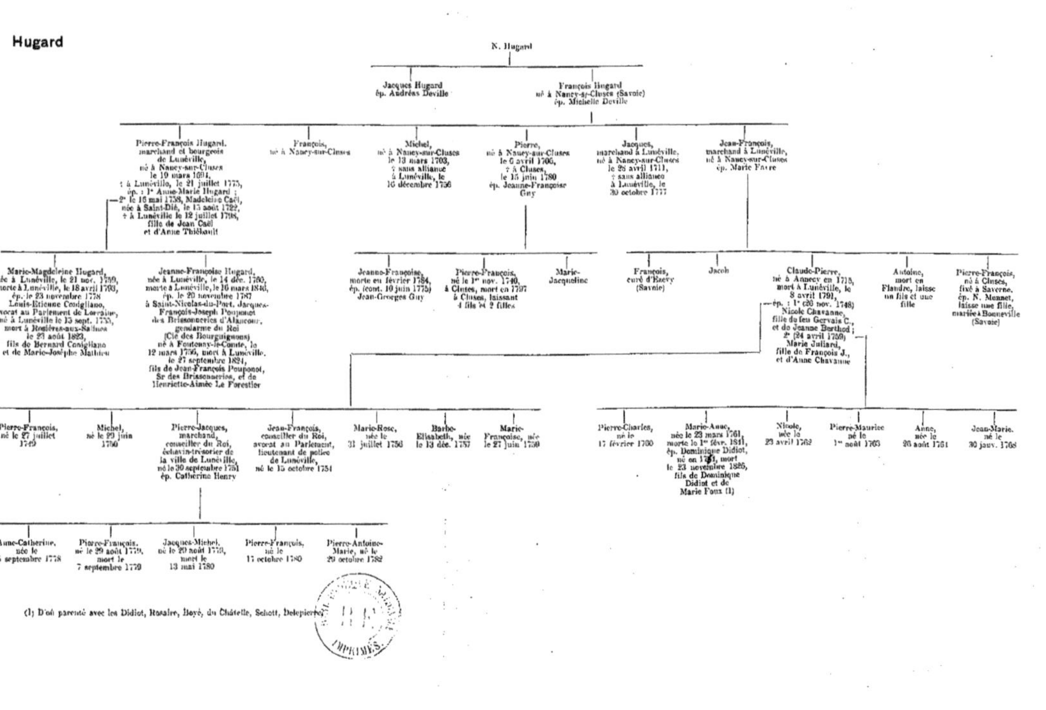

(1) D'où parenté avec les Didiot, Rosaire, Boyé, du Châtelle, Schott, Delepierre.

Harvier
et La Tournelle

Jean-François Harvier,
avocat au Parlement de Metz,
† à Metz en novembre 1743
— ✕ —
Marguerite Gilbert

Jean-François Harvier
avocat du Roi au bailliage de Metz,
† à Metz le 10 février 1769
— ✕ —
(12 février 1765) Anne-Gabrielle Conigliano,
née à Lunéville, le 23 mars 1749, fille de
Bernard Conigliano et de Marie-Joseph Mathieu,
remariée le 24 février 1772 à François-Pascal-Gabriel
d'Aristay de Châteaufort, chevalier, Seigneur
de Delouze et de la Ménagerie, capitaine de dragons,
morte à Vittonville le 7 novembre 1821

Pierre-Antoine Harvier,
né à Metz, le 5 février 1767
mort sans postérité

Anne-Marie-Françoise,
ép. le 3 mars 1789 Charles-Marie-Thérèse,
comte de la Tournelle, capitaine au Rgt « Royal-
Champagne-Cavalerie », fils de Georges-François,
vicomte de la Tournelle, chevalier, Seigneur de Solgne,
de Chanteloup et du fief d'Essay-en-Nivernais,
ancien colonel du Rgt de Nice, brigadier des Armées
du Roi, † le 5 février 1784, et d'Anne-Louise-Charlotte
Le Vayer, † le 8 septembre 1782

Anne-Gabrielle-Victorine
née à Metz, le 16 avril 1792
morte fille

Charles-Louis-Aimé, comte de la Tournelle,
capitaine de cuirassiers (1790, mort le 13 nov. 1860) [1]
ép. (17 décembre 1829) Thérèse du Coëtlosquet,
née le 9 mars 1801, † le 6 février 1880, sans postérité,
fille de Jean-Baptiste Gilles, baron du Coëtlosquet,
gentilhomme d'honneur de S. A. R. le comte d'Artois,
mestre-de-camp en second au Rgt « Dauphin-Infanterie »,
puis colonel du Rgt de « Bretagne »,
et de Charlotte-Eugénie de Lasalle, dame de
Distroff (2)

[1] Il mourut au château de Dombasle-sur-Seille.
[2] La comtesse de la Tournelle, née du Coëtlosquet, était sœur de Madame de Foblant et du comte du Coëtlosquet, par conséquent tante de M. Maurice de Foblant, du baron de Ravinel, député au Corps législatif, et de nombreux Coëtlosquet.

Aristay de Châteaufort

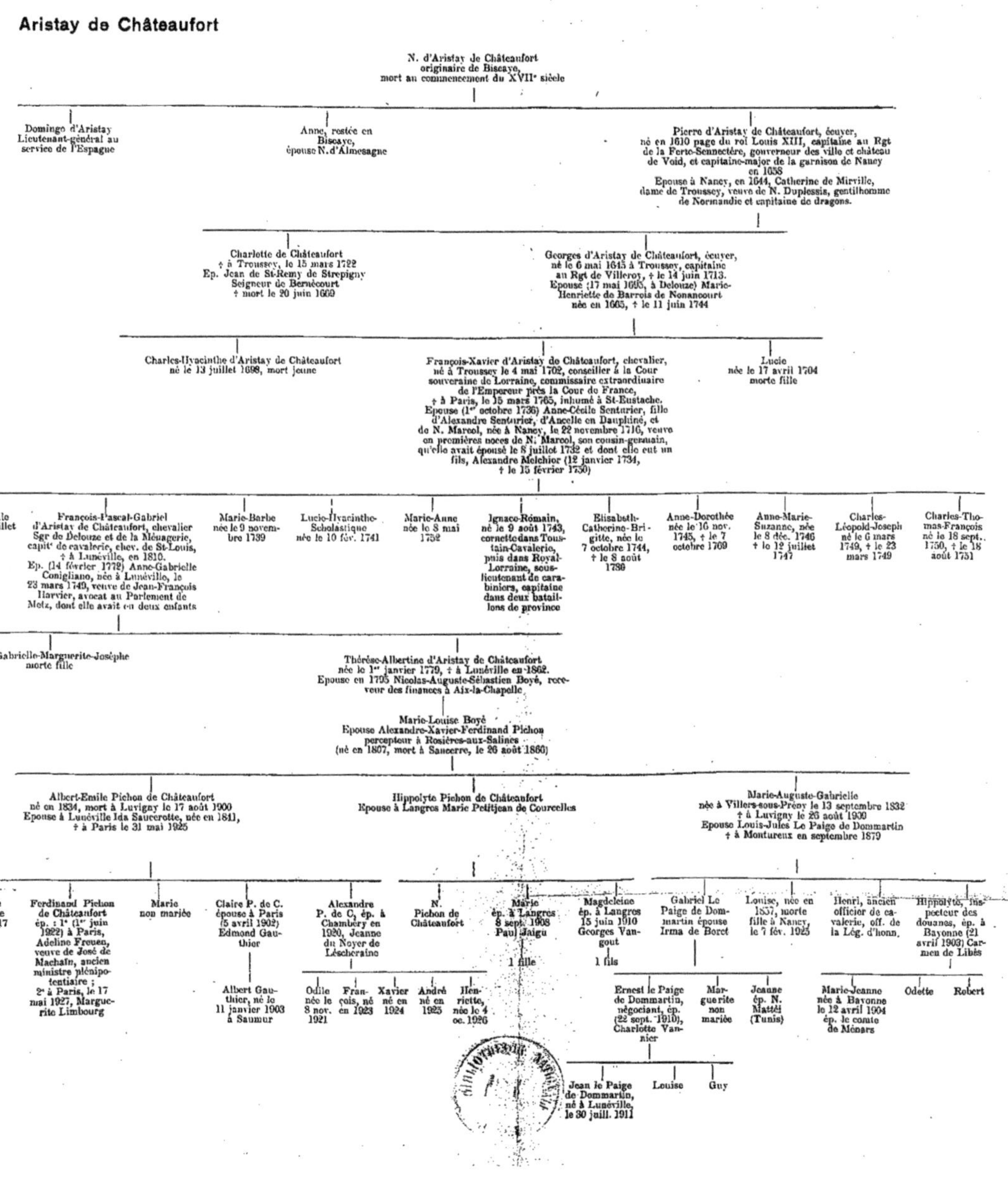

Richard de Batilly
et
Marie de Fréhaut

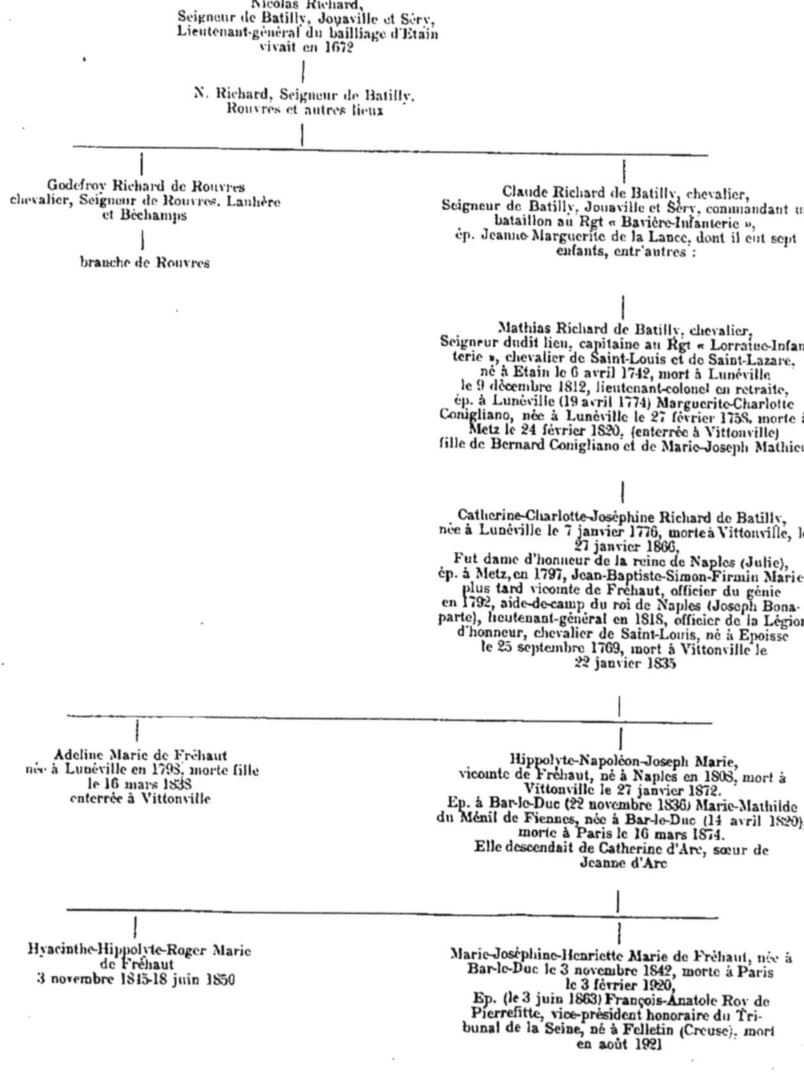

Nicolas Richard,
Seigneur de Batilly, Jouaville et Séry,
Lieutenant-général du bailliage d'Etain
vivait en 1672

N. Richard, Seigneur de Batilly,
Rouvres et autres lieux

Godefroy Richard de Rouvres
chevalier, Seigneur de Rouvres, Lauhère
et Béchamps

branche de Rouvres

Claude Richard de Batilly, chevalier,
Seigneur de Batilly, Jouaville et Séry, commandant un
bataillon au Rgt « Bavière-Infanterie »,
ép. Jeanne-Marguerite de la Lance, dont il eut sept
enfants, entr'autres :

Mathias Richard de Batilly, chevalier,
Seigneur dudit lieu, capitaine au Rgt « Lorraine-Infanterie », chevalier de Saint-Louis et de Saint-Lazare,
né à Etain le 6 avril 1742, mort à Lunéville
le 9 décembre 1812, lieutenant-colonel en retraite,
ép. à Lunéville (19 avril 1774) Marguerite-Charlotte
Conigliano, née à Lunéville le 27 février 1758, morte à
Metz le 24 février 1820, (enterrée à Vittonville)
fille de Bernard Conigliano et de Marie-Joseph Mathieu

Catherine-Charlotte-Joséphine Richard de Batilly,
née à Lunéville le 7 janvier 1776, morte à Vittonville, le
27 janvier 1866,
Fut dame d'honneur de la reine de Naples (Julie),
ép. à Metz, en 1797, Jean-Baptiste-Simon-Firmin Marie,
plus tard vicomte de Fréhaut, officier du génie
en 1792, aide-de-camp du roi de Naples (Joseph Bonaparte), lieutenant-général en 1818, officier de la Légion
d'honneur, chevalier de Saint-Louis, né à Epoisse
le 25 septembre 1769, mort à Vittonville le
22 janvier 1835

Adeline Marie de Fréhaut
née à Lunéville en 1798, morte fille
le 16 mars 1838
enterrée à Vittonville

Hippolyte-Napoléon-Joseph Marie,
vicomte de Fréhaut, né à Naples en 1808, mort à
Vittonville le 27 janvier 1872.
Ep. à Bar-le-Duc (22 novembre 1836) Marie-Mathilde
du Ménil de Fiennes, née à Bar-le-Duc (14 avril 1820),
morte à Paris le 16 mars 1874.
Elle descendait de Catherine d'Arc, sœur de
Jeanne d'Arc

Hyacinthe-Hippolyte-Roger Marie
de Fréhaut
3 novembre 1845-18 juin 1850

Marie-Joséphine-Henriette Marie de Fréhaut, née à
Bar-le-Duc le 3 novembre 1842, morte à Paris
le 3 février 1920,
Ep. (le 3 juin 1863) François-Anatole Roy de
Pierrefitte, vice-président honoraire du Tribunal de la Seine, né à Felletin (Creuse), mort
en août 1921

Crousse

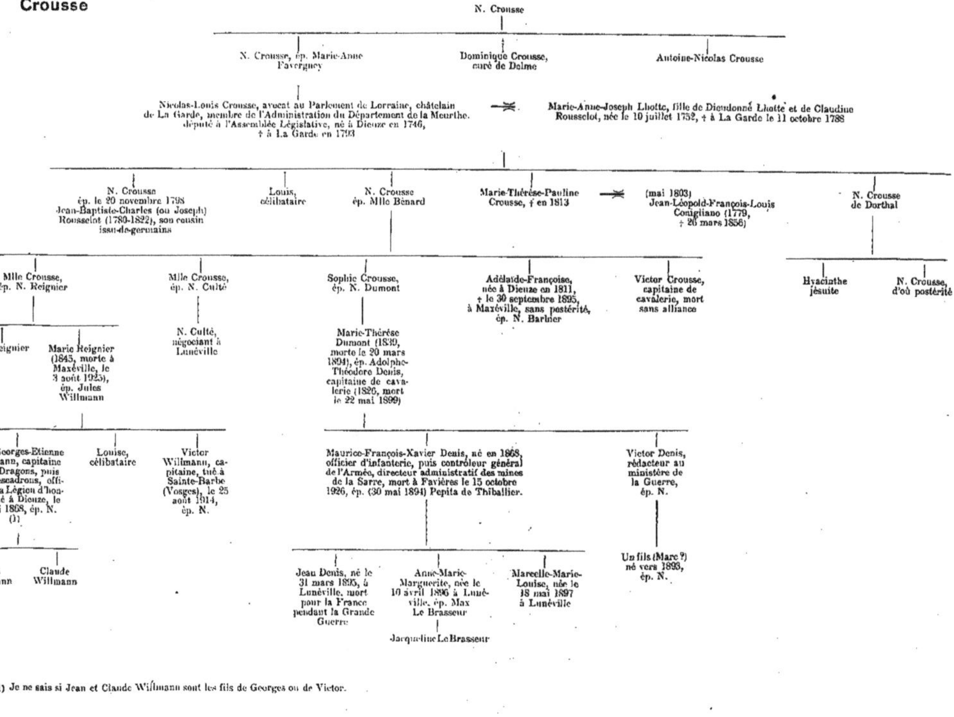

(1) Je ne sais si Jean et Claude Willmann sont les fils de Georges ou de Victor.

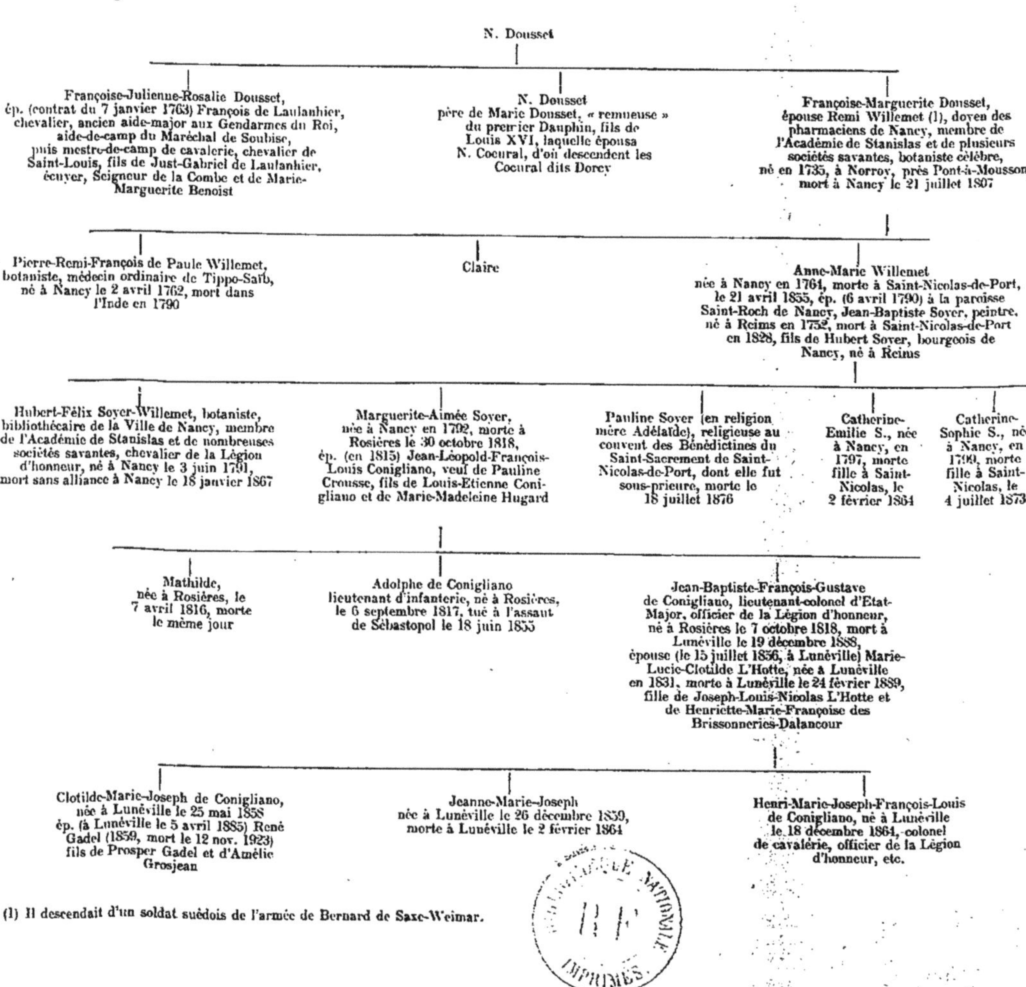

N. Dousset

Françoise-Julienne-Rosalie Dousset,
ép. (contrat du 7 janvier 1763) François de Laulanhier,
chevalier, ancien aide-major aux Gendarmes du Roi,
aide-de-camp du Maréchal de Soubise,
puis mestre-de-camp de cavalerie, chevalier de
Saint-Louis, fils de Just-Gabriel de Laulanhier,
écuyer, Seigneur de la Combe et de Marie-
Marguerite Benoist

N. Dousset
père de Marie Dousset, « remueuse »
du premier Dauphin, fils de
Louis XVI, laquelle épousa
N. Cocural, d'où descendent les
Cocural dits Dorey

Françoise-Marguerite Dousset,
épouse Remi Willemet (1), doyen des
pharmaciens de Nancy, membre de
l'Académie de Stanislas et de plusieurs
sociétés savantes, botaniste célèbre,
né en 1735, à Norroy, près Pont-à-Mousson,
mort à Nancy le 21 juillet 1807

Pierre-Remi-François de Paule Willemet,
botaniste, médecin ordinaire de Tippo-Saïb,
né à Nancy le 2 avril 1762, mort dans
l'Inde en 1790

Claire

Anne-Marie Willemet
née à Nancy en 1761, morte à Saint-Nicolas-de-Port,
le 21 avril 1855, ép. (6 avril 1790) à la paroisse
Saint-Roch de Nancy, Jean-Baptiste Soyer, peintre,
né à Reims en 1752, mort à Saint-Nicolas-de-Port
en 1828, fils de Hubert Soyer, bourgeois de
Nancy, né à Reims

Hubert-Félix Soyer-Willemet, botaniste,
bibliothécaire de la Ville de Nancy, membre
de l'Académie de Stanislas et de nombreuses
sociétés savantes, chevalier de la Légion
d'honneur, né à Nancy le 3 juin 1791,
mort sans alliance à Nancy le 18 janvier 1867

Marguerite-Aimée Soyer,
née à Nancy en 1792, morte à
Rosières le 30 octobre 1818,
ép. (en 1815) Jean-Léopold-François-
Louis Conigliano, veuf de Pauline
Crousse, fils de Louis-Etienne Conigliano et de Marie-Madeleine Hugard

Pauline Soyer (en religion
mère Adélaïde), religieuse au
couvent des Bénédictines du
Saint-Sacrement de Saint-
Nicolas-de-Port, dont elle fut
sous-prieure, morte le
18 juillet 1876

Catherine-
Emilie S., née
à Nancy, en
1797, morte
fille à Saint-
Nicolas, le
2 février 1864

Catherine-
Sophie S., née
à Nancy, en
1799, morte
fille à Saint-
Nicolas, le
4 juillet 1873

Mathilde,
née à Rosières, le
7 avril 1816, morte
le même jour

Adolphe de Conigliano
lieutenant d'infanterie, né à Rosières,
le 6 septembre 1817, tué à l'assaut
de Sébastopol le 18 juin 1855

Jean-Baptiste-François-Gustave
de Conigliano, lieutenant-colonel d'Etat-
Major, officier de la Légion d'honneur,
né à Rosières le 7 octobre 1818, mort à
Lunéville le 19 décembre 1888,
épouse (le 15 juillet 1856, à Lunéville) Marie-
Lucie-Clotilde L'Hotte, née à Lunéville
en 1831, morte à Lunéville le 24 février 1889,
fille de Joseph-Louis-Nicolas L'Hotte et
de Henriette-Marie-Françoise des
Brissonneries-Dalancour

Clotilde-Marie-Joseph de Conigliano,
née à Lunéville le 25 mai 1858
ép. (à Lunéville le 5 avril 1885) René
Gadel (1859, mort le 12 nov. 1923)
fils de Prosper Gadel et d'Amélie
Grosjean

Jeanne-Marie-Joseph
née à Lunéville le 26 décembre 1859,
morte à Lunéville le 2 février 1864

Henri-Marie-Joseph-François-Louis
de Conigliano, né à Lunéville
le 18 décembre 1864, colonel
de cavalerie, officier de la Légion
d'honneur, etc.

(1) Il descendait d'un soldat suédois de l'armée de Bernard de Saxe-Weimar.

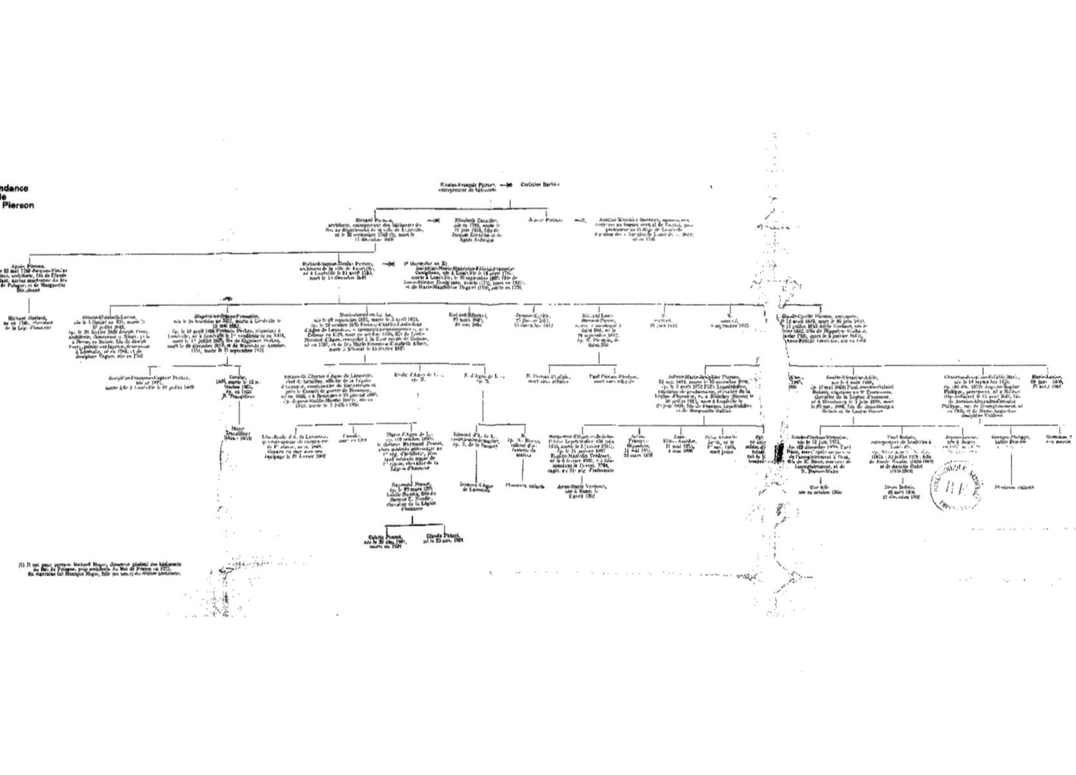

Descendance
de
Pierson
Nicolas-François Pierson, entrepreneur de bâtiments — Christine Barbier

Parisot

Nicolas Parisot, demeurant à Ligny-en-Barrois, fut anobli par le duc Charles IV le 15 septembre 1625, était mort avant le 20 septembre 1632. — Barbe Asselin, veuve de Ferry Ruiant

---

Nicolas Parisot, demeurant à Ligny-en-Barrois — (contrat du 8 septembre 1625) Catherine de Bourson, fille de Charles de Bourson, conseiller d'État de S. A. en sa cour souveraine de St-Mihiel, et de Catherine Maillet

Isabeau, était, en 1625, femme de Charles Perrin, écuyer, prévôt de Ligny

---

Jacques Parisot, né le 3 novembre 1626, conseiller en la cour des « Grands Jours » de Saint-Mihiel, épouse Dorothée Sarrazin, fille de Charles S., Sgr de Saint-Agnant et de Rambucourt, procureur général d'Apremont, et de Jehanne Barrois

Nicolas Parisot, né le 18 février 1633

Claudine, née le 6 avril 1634

Marthe, née en avril 1635

François Parisot, bourgeois de Bar, né en 1636 — François-Guillaume Narrat

---

Antoine Parisot, écuyer, lieutenant aux Gardes de S. A. R. Léopold, duc de Lorraine, ép. Thérèse Rolin

François Parisot, ép. Marie Mariet, † en 1748

Henri-Gabriel Parisot, avocat au Parlement, échevin en l'église N.-D. de Bar, né à Bar le 6 avril 1692 † à Bar sans enfants, le 31 août 1751, ép. le 18 juillet 1724 Catherine Lefebvre

Claude Parisot de Marne, marchand à Bar

Anne-Catherine Parisot, née en 1696, † le 20 janvier 1773, ép. (13 février 1718) Charles-Louis de Toustain de Rambure, Sgr de Salmagne, mestre-de-camp de cavalerie, chevalier de Saint-Louis, † 24 janvier 1770

Claude-François Parisot, lieutenant-colonel de cavalerie au service de France, aide-major des Gardes du Corps du roi de Pologne, chevalier de Saint-Louis, ép. le 14 avril 1750, à Dieuze, Marie-Thérèse de Bazillon, fille de Nicolas de Bazillon, secrétaire des commandements et finances de S. A. R. le duc Léopold, et d'Elisabeth de Brem, décédée à Bar, le 5 déc. 1761

Gabriel Parisot, conseiller au bailliage et siège présidial de Verdun, ép. N. Maupassant

N. Parisot, jésuite, † en Amérique

Catherine Parisot, ép. N. de Vaillant, conseiller au Parlement de Metz

---

Claude-Nicolas Parisot, gendarme du Roi (1774), président de la Cour des Monnaies de Nancy, né le 13 janv. 1751 à Dieuze, † à Nancy, le 15 octobre 1787, ép. le 4 janvier 1774 Lucie Robert, née à Bar le 26 septembre 1755, mariée en secondes noces à Antoine Bertier, propriétaire à Roville, † à Roville le 6 avril 1811, fille d'Antoine Robert, sgr de Juhainville et du fief de l'Aigle, conseiller du Roi, en son hôtel de ville de Bar, et de Marie Goult. Eut six enfants, dont deux laissèrent postérité

Jean-François Parisot, d'abord capitaine d'infanterie légère, puis inspecteur des Haras, maire de Rosières-aux-Salines, chevalier de la Légion d'honneur, né à Nancy le 22 septembre 1786, mort à Rosières le 7 octobre 1864 —
1° (21 avril 1813) Jeanne-Clémentine-Marie-Louise Conigliano, née à Lunéville le 23 novembre 1785, † à Rosières le 29 décembre 1813, fille de Louis-Etienne Conigliano, avocat au Parlement de Lorraine, et de Marie-Madeleine Hugard. Elle avait épousé en premières noces Jean-François Henry, mort le 12 juin 1812 (d'où deux filles jumelles mortes jeunes) ;
2° Adélaïde-Marie-Magdeleine Conigliano, née à Lunéville le 11 septembre 1791, † à Rosières le 7 janvier 1883

Nicolas-Antoine Parisot

Lucie Parisot, née le 11 nov. 1813, † à Kreuznach en septembre 1852, ép. le 4 août 1834, Louis Goetz, maître de poste à Saverne, † à Paris en 1884

Clémence-Françoise-Adélaïde P., née le 25 janvier 1824, † à Rosières le 22 novembre 1906

François-Louis-Camille Parisot, juge de paix, né le 29 août 1830, † à Rosières, le 27 janvier 1915, ép. Amélie-Alexandrine-Adélaïde Renaut, née à Lunéville, le 6 novembre 1833, fille de Victor-Antoine Renaut, avocat, né en 1796, et de Adélaïde-Alexandrine Clément, née en 1800

Jean-Louis-Camille-Léon Parisot, né le 6 mars 1836, † à Rosières, le 16 juillet 1922, notaire, puis sous-préfet de Lunéville, de Reims, préfet de l'Ariège, trésorier-payeur général des Vosges, maire de Rosières, chevalier de la Légion d'honneur, ép. le 5 mai 1873 Claire Scart, veuve de N. Beauvais, † le 17 avril 1921, fille de Adolphe Scart et de Clarisse Fouillard

---

Marie-Adèle Parisot, non mariée, née le 10 avril 1860

François-Victor-Jules Parisot, chef de bataillon d'infanterie, officier de la Lég. d'honneur, né le 12 sept. 1861, ép. à Nancy, le 5 juin 1894, Marie Rimmel, de Boulay, fille de Jean-Jacques Rimmel, né en 1819, et de Elisabeth-Thérèse Remlinger, née en 1830

Georges Parisot, né en 1874, mort à Rosières le 12 sept. 1885

Henri Parisot, receveur des finances à Montmédy, puis à Saint-Dié, ép. à Paris le 5 mars 1910 Thérèse Cosson, fille d'Emile Cosson et de Juliette Lefèvre

Lucie Parisot, ép. à Rosières le 15 fév. 1921 René Duvot, capitaine au 5e hussards, chevalier de la Légion d'honneur

---

Jean Parisot, né à St-Brieux, le 3 octobre 1895, capitaine-aviateur, chevalier de la Légion d'honneur, ép. à Lyon le 12 juin 1922 Germaine Martinot, fille de Léonard Martinot et de Marie-Madeleine Peyras

André, né à St-Brieux le 23 déc. 1896

Renée, née à Stenay le 6 déc. 1902

Germaine, née à Montmédy le 10 déc. 1910

Denise, née à St-Dié le 30 juill. 1918

Hélène, née à St-Dié le 27 juin 1920

Georges, né à St-Dié le 29 avril 1922

Marie-Thérèse-Jacqueline, née le 22 octobre 1923 à Lyon

urcier de Montureux

Mathieu de Bourcier, vivait en Béarn en 1265

Jean de Bourcier, lieutenant du Roi ès Pays-Bas, ép. Jeanne du Bled, fille de Raoul du Bled, chevalier

Paul de Bourcier (1310-1380), ép. (5 décembre 1337) Ameline de Damas

Robert de Bourcier, écuyer de Jean duc de Bourgogne, ép. Isabeau de Longwy

Renaud de Bourcier, sgr de Burlémont, chambellan de Philippe, duc de Bourgogne, ép. Anne de Rougemont

Pierre de Bourcier, chevalier, sgr de Burlémont, capitaine de 120 hommes d'armes au service de Charles le Téméraire, tué à la bataille de Nancy le 5 janvier 1477, ép. Anne de Berthod, fille de Claude, écuyer, sgr de Saint-Aubin et d'Anne de Beyvrez

- Bernard de Bourcier, maître d'hôtel de Jean d'Albret, roi de Navarre, ép. Pierrette de Sauvage, fille de Ferri de Sauvage et de Yolande de Cromambourg, tige des Sgrs de Barre, b^n de Lézignan, Mis de St-Aunez, gouverneurs de Lescate, branche éteinte en la personne de Charles, marquis de St-Aunez, gouverneur de Lescate, capitaine d'une compagnie de chevau-légers, né en 1638, mort sans postérité
- Huguette, ép. Claude de Sauvage, écuyer, capitaine de 10 chevaux au service du duc de Bourgogne, (2 mars 1475)
- Raymond de Bourcier, chevalier, comte d'Irpe, page du comte de Charolais et enseigne de 120 hommes d'armes, ép. (3 octobre 1496) Jeanne de Brœie, fille de Colbart, chevalier, sgr des Berfins et de Perronelle du Donjon

Charles de Bourcier, comte d'Irpe, baron de Fez, sgr de Burlémont, capitaine de chevau-légers de S.M.I., ép. (31 décembre 1529) Françoise de Dintheville, fille d'Antoine, chevalier, sgr de Dintheville, et de Barbe de Sainte-Maure

- Jean, capitaine d'une compagnie de carabiniers au service de Philippe II, roi d'Espagne
- Claude de Bourcier, chevalier, ép. Alison Cochet (ou Bogadour), dame d'Anzainvilliers

- François, sgr d'Anzainvilliers, ép. Jacquette de Bar
- Jean de Bourcier, archer des gardes de S. A. le duc de Lorraine, ép. Marguerite du Saulget, fille de Claude du Saulget, archer des gardes de Charles III, duc de Lorraine, et de Claudine de Sanglier

- Pierre de Bourcier, archer des gardes du duc Charles IV de Lorraine, ép. Catherine de Sauvage, fille de Louis de Sauvage, écuyer, et de Gertrude du Saulget
- François, écuyer, capitaine au Régiment d'Epinal
- Jeanne-Marguerite

Jean de Bourcier, chevalier, lieutenant général du bailliage du comté de Vaudémont, ép. Marthe de Pierresson

- ...aude-François, Marie-Thérèse, ...rien de Nibles
- Jean-Léonard, baron de Bourcier, premier président de la Cour souveraine de Lorraine, † le 3 septembre 1726, ép. Anne Boulet, fille de noble Nicolas Boulet et de Jeanne Prinet
- Joseph-Hubert, lieutenant-général au bailliage du comté de Vaudémont, tige des comtes de Bourcier de Villers
- ⟶⨯ 1° Marie-Catherine Grandmaire, fille de noble Parisot Grandmaire, 2° Marguerite de Fisse
- Mathieu, doyen du Chapitre de Saint-Mihiel
- Gaspard
- Charlotte-Louise, ép. Pierre de Toustain, marquis de Viray, lieutenant-colonel de « Dauphin-Cavalerie »

- ...Louis de Bourcier, baron (puis comte) de Montureux et de Mervaux, d'Arracourt, procureur général de la cour souveraine de Lorraine, [ép.] Marguerite-Françoise de Barrois, fille de François, chevalier, sgr de ...urs, baron de Manonville, conseiller d'Etat de S. A. R., son envoyé extraordinaire à la Cour de France
- Joseph de Bourcier, baron de Manonville, sous-lieutenant de chevau-légers de la Garde du grand-duc de Toscane, puis capitaine de dragons de S. M. I.
- Marie-Anne, ép. N. Labbé, chevalier, baron de Chrisey, secrétaire d'Etat
- Marthe, ép. N. Arnould
- N., capucin, † 1723
- N., fille (1692-† 1709)
- N., religieuse de la Visitation de Nancy

- ...Augustin de B., chevalier, comte de Bourcier, baron de Montureux, d'Arracourt et de Vaihey, brigadier des Armées du Roi, colonel du rgt de Montureux, chevalier de Saint-Louis, † le 7 janvier 1769, [ép.] 9 octobre 1750 Marguerite de Durfort, dame d'honneur de S. A. R. ...a duchesse d'Orléans, fille de François de Durfort, sgr de Caujac et de Marie de Gauthier
- Jean-Louis, chanoine de la Collégiale Saint-Georges
- François-Léonard, comte de Bourcier, baron de Montureux et de Mervaux, officier du Rgt « Royal-Cavalerie », ép. Anne-Gabrielle de Millet de Chevers, fille de Claude-Abraham de Millet, baron de Chevers, président de la Chambre des Comptes de Lorraine, et d'Anne-Charlotte Le Febvre de Saint-Germain, d'où postérité
- Marguerite

- ...çois-Joseph-Dieudonné, comte de Bourcier de Montureux (1760-Nancy le 16 décembre 1840), capitaine au Rgt « Royal-Picardie », officier à l'Armée de Condé, chevalier de Saint-Louis, [ép.] ...mélie de Cœurderoy, fille de Michel-Joseph de Cœurderoy, marquis d'Aulnoy, premier président au Parlement de Lorraine
- Gabriel-Georges-François de Bourcier, comte de Saint-Aunez, officier au Rgt d'Alsace, puis à l'Armée de Condé
- François-Louis-Joseph, baron de Bourcier de Montureux (1768-1838), officier au Rgt de Monsieur, puis à l'Armée de Condé, colonel de cavalerie de l'armée anglaise, chevalier de Saint-Louis et de la Légion d'honneur, préfet de la Corse, puis de la Dordogne, puis de l'Ardèche, ép. Jeanne de Thomassin de Bienville, fille du comte de Bienville et de N. de Ferrette, de l'illustre maison souveraine de Ferrette, d'où un fils, Arthur (1805-1870), mort sans alliance

- ...lie, comte de Bourcier de Montureux (1787-1828), ...ier aux Gardes d'honneur, mousquetaire rouge, ...de-camp du maréchal de Vioménil, chevalier de la Légion d'honneur et de Saint-Ferdinand, ...p. Virginie de Vertille de Richemont, fille du comte de Richemont
- Jules, comte de Bourcier de Montureux, ép. Amélie-Cécile de Gourcy, d'une famille de l'ancienne chevalerie lorraine, venue d'Irlande en 1260 (1791 † à Pont-à-Mousson 20 février 1873), fille du comte Charles de Gourcy, et de Charlotte-Victoire du Houx de Dombasle
- Zoé, ép. Édouard du Bois, comte de Riocour
- Eugène, comte de Montureux, capitaine de carabiniers, chevalier de la Légion d'honneur (1794-† 1878), ép. Octavie de Ravinel, fille du baron de Ravinel, officier au service d'Autriche, et de Charlotte de Saint-Beaussant (1813-† 18 avril 1893 à Nancy)
- Amélie, ép. N. du Raillardy de Prautois, officier aux Gardes du corps de Louis XVIII

- ...nte Paul de Bourcier de Montureux, établi en Belgique, ...le 4 septembre 1839 Louise de Reul
- Eugénie, ép. Eustache-Édouard Le Clerc marquis de Lesseville, né en 1822, † le 20 août 1900
- Anatole, officier au service de l'Autriche
- Zoé de Bourcier de Montureux, ...p. Eugène de Coriigliano, magistrat
- Raoul, comte de Bourcier de Montureux, né en 1835, mort le 14 mai 1925 à Paris, épouse Marthe de Louvencourt († 1921), fille du comte de Louvencourt et d'Emma de Gondrecourt
- Léonard

- ...nce, comte de Montureux
- Alice, ép. le 2 juillet 1868 Lucien Breuls du Tichen
- Paul Le Clerc, marquis de Lesseville, ép. 1° N. de Poulouz ; 2° N.
- Edith, morte fille
- Berthe, non mariée
- Léopold de Coriigliano, avocat, né à S.-Dié le 3 mars 1870, mort sans alliance à Angoulême 28 septembre 1877
- Marie, née à Saint-Dié le 27 sept. 1840, morte fille au Thillot, le 6 juin 1926
- Louis, avocat, né à Epinal, le 7 janv. 1844, mort sans alliance à Lunéville, le 13 mars 1871
- Arthur, comte de Montureux, né en 1861, officier de cavalerie, ép. le 3 mai 1887 Marie-Henriette-Louise Moreau de la Rochette, morte en 1924

- Paul — Emma
- Henriette, ép. le 9 août 1911 le baron Roger de Valaunezay, chambellan de S. S. Pie X
- Eugène de Bourcier, vicomte de Montureux, né en 1888
- Nicole, ép. le 29 avril 1920 à Paris, le comte Guy de Gontaut-Biron, lieutenant au 5e Chasseurs

Blancheur

François Blancheur, procureur au bailliage de Nancy, ép. Barbe Mengin, de Bruyères

Sœur Emérite Blancheur, Supérieure du Couvent de Vézelise

N. Blancheur, ép. François Gouy, procureur au bailliage de Nancy
d'où les Gouy, Gouy de Bellocq-Fenquières, des Aulnois, Rondot de Crevoizier

Pétronille Blancheur, ép. Claude Denys, procureur au Parlement de Metz (ou de Nancy)
d'où les Denys, Poinsignon, Aerts, Purnot, Bertin, Sers, Moreau

Charles-François Blancheur, reçu avocat au Parlement de Nancy, le 6 mars 1750, procureur au bailliage de Nancy (vivait encore en 1784), ép. Barbe Frimont († 30 juin 1794), fille de Pierre-François Frimont, greffier en chef de la prévôté de Gondreville, et de Jeanne Fréry vivaient encore à Gondreville en 1767

François-Joseph-Nicolas Blancheur, négociant à Nancy, mort sans postérité le 16 octobre 1815 ép. Pétronille Garnier

Barbe-Pétronille, née le 16 mai 1767, ép. le 5 août 1791 Charles Villiez

Pierre-François Blancheur, né le 14 juin 1758, mort le 6 fév. 1839 ép. le 23 juillet 1785 Agnès-Angélique André (morte le 28 mars 1828), fille de Joseph André, procureur ès compagnie souveraine (13 mars 1730, † le 18 juillet 1811), et de Barbe Janelle (21 décembre 1733, † le 27 mars 1806)

Joseph-François Blancheur, notaire à Nancy, né le 16 août 1786, mort le 27 août 1873, ép. Marie-Catherine-Victoire Marmod, née à Nancy le 8 mars 1791, morte le 28 mars 1868

Thérèse-Henriette (dite Adèle) Blancheur, ép. Dominique-Honoré Marmod, conseiller de préfecture à Bar-le-Duc, mort le 12 avril 1869
d'où les Marmod, Simonin, Rivière

Marie-Agnès-Lovely, née en 1815, morte à Nancy le 4 janvier 1863, ép. Antoine-François-Léopold Mamelet, avocat à Nancy, mort en 1874
d'où les Mamelet et Dodun

Antoine-Nicolas (dit Victor) Blancheur, notaire à Nancy (14 déc. 1816, † en 1898), ép. (1847) Adélaïde-Marguerite-Pauline Brocart, née à Docelles le 16 avril 1826, morte en 1901
d'où les Collin, Lejeune, Patte, Houot

Marie-Elisabeth (1820-† le 16 avril 1890) ép. Adolphe Ferry, notaire à Nancy, mort le 5 sept. 1872 sans postérité

Marie-Thérèse-Henriette (dite Adèle), née en 1822, morte à Lunéville le 6 oct. 1879, ép. en 1851 Paul-Henri-Louis de Conigliano, juge de paix à Lunéville (1812 † le 30 juillet 1880)
d'où les Conigliano, Arnould, Rouget de Gourcez

Louise-Angélique (1825-† 1914), ép. Sébastien-Antoine-Auguste Digot, avocat à Nancy, célèbre lotharingiste (1815-† le 29 mai 1864)
4 fils morts sans alliance

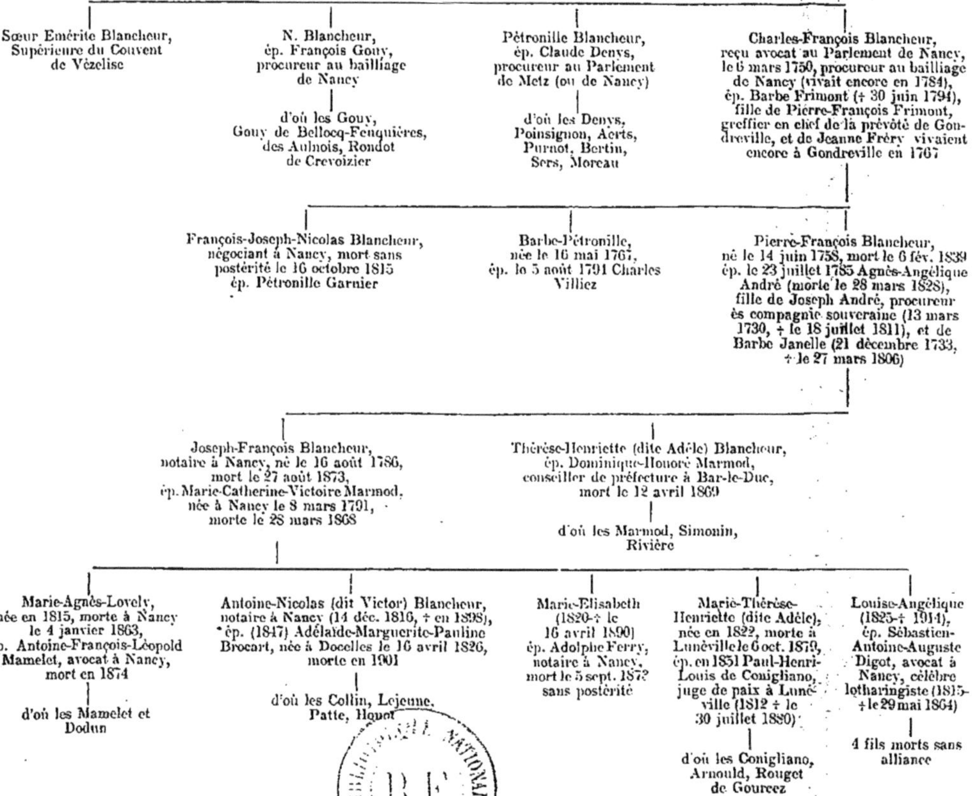

L'Hotte

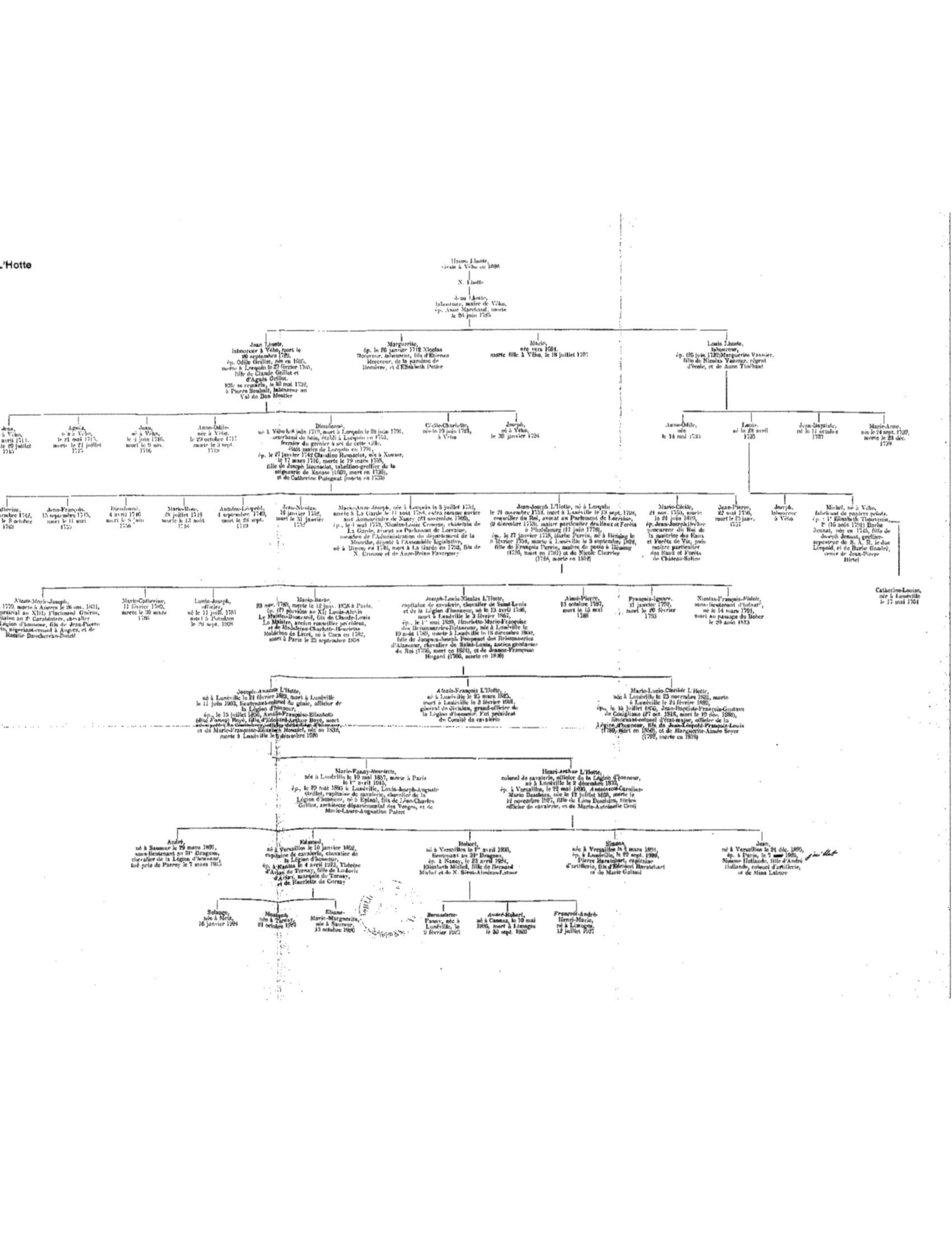

Batho [1]

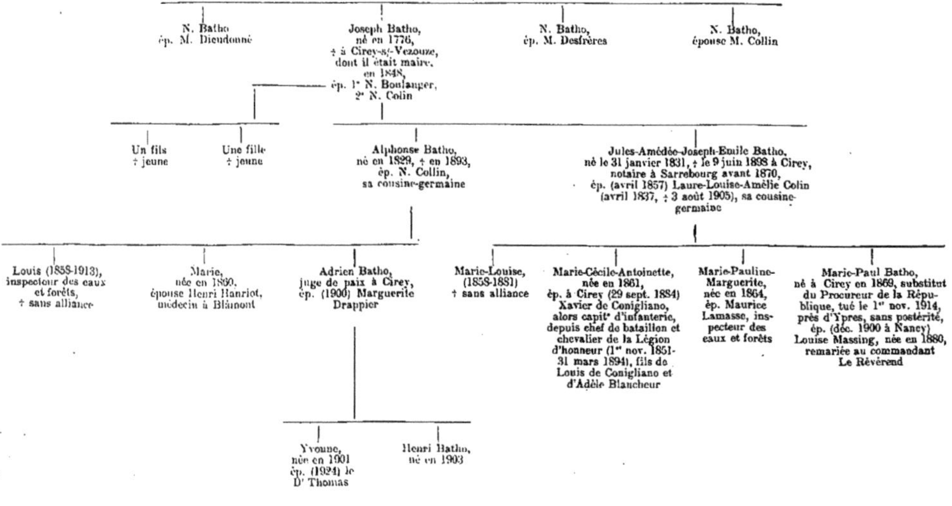

(1) D'après une tradition, cette famille serait issue de l'illustre maison hongroise des Bathori.

Rouget

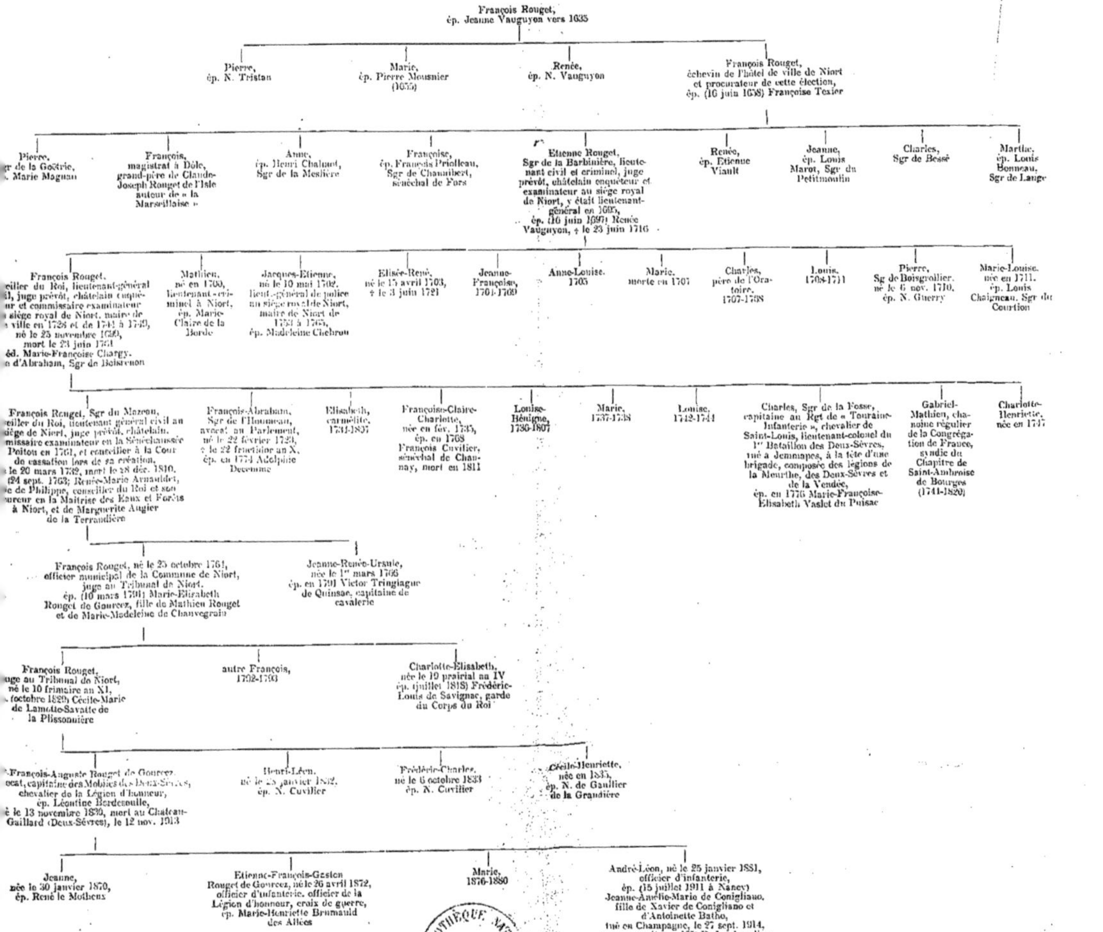

François Rouget,
ép. Jeanne Vauguyon vers 1635

Pierre,
ép. N. Tristan

Marie,
ép. Pierre Mousnier
(1655)

Renée,
ép. N. Vauguyon

François Rouget,
échevin de l'hôtel de ville de Niort
et procurateur de cette élection,
ép. (16 juin 1658) Françoise Texier

Pierre,
Sgr de la Goëtrie,
ép. Marie Maguan

François,
magistrat à Dôle,
grand-père de Claude-
Joseph Rouget de l'Isle
auteur de « la
Marseillaise »

Anne,
ép. Henri Chalmot,
Sgr de la Meslière

Françoise,
ép. François Priolleau,
Sgr de Chaudibert,
sénéchal de Fors

Etienne Rouget,
Sgr de la Barbinière, lieutenant civil et criminel, juge
prévôt, châtelain enquêteur et
examinateur au siège royal
de Niort, y était lieutenant-
général en 1695,
ép. (16 juin 1699) Renée
Vauguyon, † le 23 juin 1716

Renée,
ép. Etienne
Viault

Jeanne,
ép. Louis
Marot, Sgr du
Petitmoulin

Charles,
Sgr de Bessé

Marthe,
ép. Louis
Bonneau,
Sgr de Lauge

François Rouget,
conseiller du Roi, lieutenant-général
civil, juge prévôt, châtelain enquêteur et commissaire examinateur
au siège royal de Niort, maire de
la ville en 1728 et de 1741 à 1749,
né le 25 novembre 1680,
mort le 23 juin 1751
éd. Marie-Françoise Chargy,
fille d'Abraham, Sgr de Boisrenon

Mathieu,
né en 1700,
lieutenant-cri-
minel à Niort,
ép. Marie-
Claire de la
Borde

Jacques-Etienne,
né le 10 mai 1702,
lieut.-général de police
au siège royal de Niort,
maire de Niort de
1751 à 1765,
ép. Madeleine Chebrou

Elisée-René,
né le 15 avril 1703,
† le 3 juin 1721

Jeanne-
Françoise,
1704-1709

Anne-Louise,
1705

Marie,
morte en 1707

Charles,
père de l'Ora-
toire,
1707-1798

Louis,
1708-1711

Pierre,
Sg de Boisgroillier,
né le 6 nov. 1710,
ép. N. Guerry

Marie-Louise,
née en 1711,
ép. Louis
Chaigneau, Sgr de
Courtion

François Rouget, Sgr du Mazeau,
conseiller du Roi, lieutenant général civil au
siège de Niort, juge prévôt, châtelain,
commissaire examinateur en la Sénéchaussée
du Poitou en 1761, et conseiller à la Cour
de cassation lors de sa création,
né le 20 mars 1732, mort le 28 déc. 1810,
ép. (24 sept. 1763) Renée-Marie Arnauldet,
fille de Philippe, conseiller du Roi et son
procureur en la Maîtrise des Eaux et Forêts
à Niort, et de Marguerite Augier
de la Terrandière

François-Abraham,
Sgr de l'Houmeau,
avocat au Parlement,
né le 22 février 1723,
† le 22 fructidor an X,
ép. en 1774 Adelphine
Deromme

Elisabeth,
carmélite,
1734-1837

Françoise-Claire-
Charlotte,
née en 1735,
ép. en 1768
François Cuvilier,
sénéchal de Chau-
nay, mort en 1811

Louise-
Hénique,
1736-1807

Marie,
1737-1738

Louise,
1742-1744

Charles, Sgr de la Fosse,
capitaine au Rgt de « Touraine-
Infanterie », chevalier de
Saint-Louis, lieutenant-colonel du
1er Bataillon des Deux-Sèvres,
tué à Jemmapes, à la tête d'une
brigade, composée des légions de
la Meurthe, des Deux-Sèvres et
de la Vendée,
ép. en 1776 Marie-Françoise-
Elisabeth Vaslet du Puisac

Gabriel-
Mathieu, cha-
noine régulier
de la Congréga-
tion de France,
syndic du
Chapitre de
Saint-Ambroise
de Bourges
(1741-1820)

Charlotte-
Henriette,
née en 1747

François Rouget, né le 25 octobre 1764,
officier municipal de la Commune de Niort,
juge au Tribunal de Niort,
ép. (10 mars 1791) Marie-Elisabeth
Rouget de Gourcez, fille de Mathieu Rouget
et de Marie-Madeleine de Chauvegrain

Jeanne-Renée-Ursule,
née le 1er mars 1766
ép. en 1791 Victor Tringlague
de Quinsac, capitaine de
cavalerie

François Rouget,
juge au Tribunal de Niort,
né le 10 frimaire an XI,
ép. (octobre 1820) Cécile-Marie
de Lamotte-Savatte de
la Plissonnière

autre François,
1792-1793

Charlotte-Elisabeth,
née le 19 prairial an IV
ép. (juillet 1818) Frédéric-
Louis de Savignac, garde
du Corps du Roi

François-Auguste Rouget de Gourcez,
avocat, capitaine des Mobiles des Deux-Sèvres,
chevalier de la Légion d'honneur,
ép. Léontine Bordenouille,
né le 13 novembre 1832, mort au Château-
Gaillard (Deux-Sèvres), le 12 nov. 1913

Henri-Léon,
né le 23 janvier 1832,
ép. N. Cuvilier

Frédéric-Charles,
né le 6 octobre 1833
ép. N. Cuvilier

Cécile-Henriette,
née en 1835,
ép. N. de Gaullier
de la Grandière

Jeanne,
née le 30 janvier 1870,
ép. René le Motheux

Etienne-François-Gaston
Rouget de Gourcez, né le 26 avril 1872,
officier d'infanterie, officier de la
Légion d'honneur, croix de guerre,
ép. Marie-Henriette Brumauld
des Allées

Marie,
1876-1880

André-Léon, né le 25 janvier 1881,
officier d'infanterie,
ép. (15 juillet 1911 à Nancy)
Jeanne-Amélie-Marie de Conigliano,
fille de Xavier de Conigliano et
d'Antoinette Batho,
tué en Champagne, le 27 sept. 1914,
comme capit. au 125e R. I., chevalier
de la Légion d'honneur,
croix de guerre

Marie-François-Xavier
Rouget de Gourcez,
né à Poitiers,
le 30 août 1912

Bernard-Marie-
Etienne,
né à Poitiers,
le 30 juillet 1911

Gadel

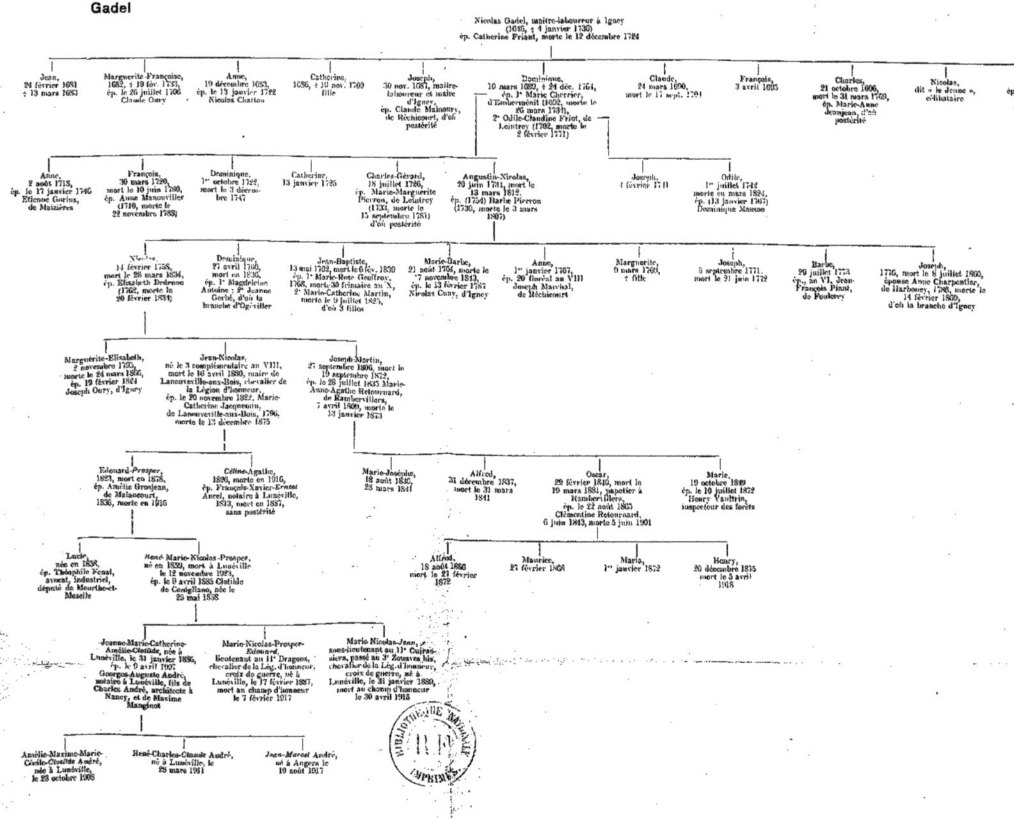

www.ingramcontent.com/pod-product-compliance
Ingram Content Group UK Ltd.
Pitfield, Milton Keynes, MK11 3LW, UK
UKHW022010170726
13837UKWH00001B/106